# 蒙台梭利文集

第一卷 发现儿童

[意]蒙台梭利 著

田时纲 译

人民出版社

马利亚·蒙台梭利（Maria Montessori，1870—1952）

# 中译者序

一

　　马利亚·蒙台梭利（Maria Montessori，1870—1952）是20世纪杰出的儿童教育家。1870年8月31日，蒙台梭利出生于意大利安科纳省基亚拉瓦莱（Chiaravalle）市。她的父亲亚历山德罗（Alessandro）出身于博洛尼亚贵族家庭，1875年赴罗马在王国财政部任要职。她的母亲蕾尼尔德（Renilde）是个酷爱读书又笃信宗教的女性。她的舅父安东尼奥（Antonio）是一位具有科学、自由精神的神甫，其将科学与宗教融合的倾向，其行云流水的写作风格，对年轻的蒙台梭利均有影响。

　　蒙台梭利自幼受到良好教育，父母对她要求严格。13岁，蒙台梭利入罗马皇家米开朗琪罗技术学校。16岁以优异成绩从技校毕业后，蒙台梭利到皇家列奥纳多·达·芬奇技术学院学习。该校只有两名女生，为免遭男生骚扰，课余时间她不得不待在室内。天资聪慧的蒙台梭利，勤奋刻苦地学习数学和自然科学，均取得优异成绩。临近毕业时，蒙台梭利对生物学产生强烈兴趣，从而下定决心改学医学。

1890 年秋，蒙台梭利到罗马大学注册；1892 年转入该校医学院学习。当时学医的女生凤毛麟角，颇受歧视，她常等男生就座后，才走进大教室。当男生冲她吹口哨以示轻蔑时，她说："你们越使劲吹，我越要努力攀登！"1894 年，蒙台梭利荣获罗利基金会奖，该奖每年只授予一位优秀医科大学生。1896 年夏，蒙台梭利的毕业论文以 105 分的高分通过，成为意大利首位女医科大学毕业生。良好的医学训练使蒙台梭利形成临床分析和科学观察的能力。

从医学与外科学系毕业后，蒙台梭利到罗马大学医学院附属医院任精神病临床助理医生，在诊断、治疗患精神疾病儿童时，开始对弱智儿童的治疗产生兴趣。她广泛阅读美国精神病医生塞甘（Séguin）和法国医学家伊塔尔（Itard）的著作。

在该医院，蒙台梭利和同为助理医生的蒙台萨诺（Montessano）相爱了。1898 年 3 月 31 日，他们的儿子马里奥出生。但蒙台萨诺拒绝迎娶蒙台梭利，后与别的女人结婚。蒙台梭利的母亲为了维护女儿的名誉，把马里奥送到农村的远亲家秘密抚养。蒙台梭利定期去乡间探望儿子；但直至马里奥长到 15 岁，母子才相认。蒙台梭利终身未嫁，和儿子相依为命，厮守一生，儿子成为母亲事业的有力助手。应当说，这段痛苦的情感经历对蒙台梭利献身儿童教育事业不无影响。

1897—1898 年，蒙台梭利到罗马大学旁听教育学课程，期间她认真研读了卢梭、裴斯泰洛齐、福禄培尔的教育理论著作。此外，她还对意大利犯罪学家隆布罗索（Lombroso）和意大利人类学家塞尔吉（Sergi）的思想产生兴趣。

1898 年 9 月，在都灵召开的全国教育大会上，蒙台梭利首次提出"智障儿童问题主要是教育问题而不是医学问题"的观点，在医学界和教育界引起强烈反响。

从 1899 年起，蒙台梭利到罗马女子高等师范学院教授卫生学和人类学（直至 1917 年）。1900—1902 年，蒙台梭利在弱智儿童教育师范学校任校长。离开校长职务后，她到罗马大学哲学系学习哲学、教育学和实验心理学，此时开始探索应用人类学原理教育正常儿童的方法。1904 年，蒙台梭利由塞尔吉推荐，任罗马大学特聘教授，在医学与自然科学系讲授人类学（直至 1908 年）。

蒙台梭利儿童教育家生涯是从创办"儿童之家"开始的。1907 年 1 月，应罗马不动产协会会长之邀，她到罗马圣洛伦佐贫民区创办第一所"儿童之家"。"儿童之家"主要招收 3—6 岁儿童，通过特制教具等新手段，对学童进行系统、独特的感觉、日常生活及智力练习，获得极大成功，受到社会各界的普遍关注和好评。俄国大文豪托尔斯泰的爱女称，她在"儿童之家"看到实现父亲伟大梦想的希望之光。至 1909 年，在罗马和米兰已创办多所"儿童之家"。

1909 年，蒙台梭利的《应用于"儿童之家"幼儿教育的科学教育学方法》（以下简称《科学教育学方法》）出版，立即在全意大利引起轰动。数年内，各种语言的译本如雨后春笋般涌现。1912 年 4 月，在美国出版第一个英译本，4 天内售完，不得不加印，至年末共售出 17410 册。同年，法译本面世。1913 年，德语、波兰语、俄语三种译本出版。1914—1915 年，日语、罗马尼亚语、爱尔兰语、西班牙语和荷兰语的译本面世。1917 年丹麦语译本出版。这些译本有助于蒙台梭利教育理论在世界范围内的传播，来自各国的参观者纷纷到罗马考察"儿童之家"。为适应形势需要，1913 年在罗马创办第一个蒙台梭利教师培训班，来自 17 个国家的学员由蒙台梭利亲自授课。这一年，蒙台梭利应邀到美国讲学，历时三周，受到普遍欢迎；哲学家杜威、发明家爱迪生给予高度评价，威尔逊总统亲自接见并宴请。为了推动蒙台梭利运动的发展，直至第二次世界大战爆发前，她多次去美国、英国、法国、德国、荷兰、西班牙、奥地利等国开办培训班，培养蒙台梭利学校教师，尤其是在伦敦隔年开办为期 6 个月的国际培训班最为成功。

1929 年 8 月，在弗洛伊德、马可尼、皮亚杰、泰戈尔等文化名人支持下，国际蒙台梭利协会（AMI）在荷兰成立，蒙台梭利担任协会主席。随后在一些国家成立分会。

在法西斯掌权初期，墨索里尼曾想利用蒙台梭利的国际声望为自己服务。她尤其得到教育大臣金蒂莱（G.Gentile）的支持，至 1927 年在全意大利兴办 70 多所蒙台梭利学校，出版儿童教育学月刊《蒙台梭利理念》。但由于蒙台梭利的教育思想和墨索里尼的"信仰、服从、战斗"的奴化教育方针水火不容，蒙台梭利的和平主义鲜明立场和墨索里尼的军国主义、侵略扩张政策针锋相对，导致蒙台梭利和法西斯政权最终决裂。1933 年头两个月，蒙台梭利辞去所有公职。1934 年 4 月，法西斯当局下令关闭所有蒙台梭利学校。她被迫离开祖国去西班牙。在西班牙内战爆发后，又去荷兰继续自己的事业。在纳粹统治下的德、奥等国，蒙台梭利著作被禁止阅读，蒙台梭利学校被关闭。蒙台梭利运动在欧洲遭受严重挫折。

1939 年，受印度神智学会邀请，并得到甘地和泰戈尔的支持，蒙台梭利到印度各地开办教师培训班，创办蒙台梭利儿童学校，获得巨大成功。1944 年，她还去锡兰办学。1946 年，蒙台梭利从印度返回荷兰。两年后，又去印度。1949 年，还去巴基斯坦指导培训蒙台梭利学校教师和兴办蒙台梭利儿童学校。

1947 年，蒙台梭利重返意大利，在罗马出席"儿童之家"创办 40 周年纪念活动。在她的晚年，各种荣誉纷至沓来：苏格兰教育学院"荣誉院士"，阿姆斯特丹大学"荣誉博士"、裴斯泰洛齐世界奖、国际妇女博览会金质奖章……她因对世界和平事业的贡献，三次被提名为"诺贝尔和平奖"候选人。

她在生命的最后几年，仍在勤奋工作。她每天 7 点半起床，工作至深夜 1 点。加纳邀请她讲学和办学，家人和朋友鉴于她已 82 岁高龄，建议她不要去；但她坚持要去，说非洲的孩子们需要她。1952 年 5 月 6 日，蒙台梭利在诺德韦克（荷兰）的朋友家花园中休息。她让马里奥去买非洲地图，当儿子买回时，发现母亲的心脏已停止跳动。

## 二

蒙台梭利在近半个世纪的儿童教育实践中，不断总结经验，撰写出一部又一部理论著作。在其众多儿童教育理论著作中，选出一部多卷本《蒙台梭利文集》决非易事。中文版《蒙台梭利文集》，根据国际蒙台梭利协会推荐书目，以意大利语权威版本为蓝本，涵盖蒙台梭利的八本主要著作。按写作时间、内容和篇幅，中文版《蒙台梭利文集》分为五卷。

第一卷，《发现儿童》，是蒙台梭利 1909 年发表的成名作《科学教育学方法》的第 5 版，于 1950 年出版。1913 年《科学教育学方法》第 2 版面世，增加了两章（教具在练习中的次序及等级，"儿童之家"的纪律）。其第 3 版 1926 年出版，增加了 4 章（绘画和表现艺术，音乐艺术的开端，宗教教育，凯旋的驷马战车）；删去了两章（"儿童之家"的章程，建议的时刻表）。1935 年第 4 版面世，仅在文字上做些微修改。

《发现儿童》回顾蒙台梭利教育体系的理论渊源及形成历程，总结

"儿童之家"的办学经验，主要论述 3—6 岁幼儿教育理论及方法，是幼儿园建设和儿童早期教育不可或缺的指南。同《科学教育学方法》相比，《发现儿童》在结构布局、内容增删、文字润色上下了很大工夫。从某种意义上讲，它是对成名作的再创作。比如《科学教育学方法》设 22 章，《发现儿童》设 26 章。中文版删去"宗教教育"一章，因为既不符合国情（在幼儿园设祭坛），又显然过时（西方国家小学均取消宗教课）。

第二卷，《小学内自我教育》，其副标题是"科学教育学方法续篇"，是蒙台梭利 1916 年的著作。蒙台梭利主要论述 6—12 岁儿童的教育理论及方法；她着重阐述其整体教育观，强调对儿童的注意力、意志力、想象力、智力及道德感进行全面训练和培养。此外，对学校环境和教师素质提出新要求。中文版删去第二部分"教材"，因为近一半内容涉及意大利语言和文学。

第三卷，《家庭中的儿童》和《童年的秘密》。

《家庭中的儿童》是蒙台梭利 1923 年在布鲁塞尔举办的系列研讨会上的报告汇编，1936 年意大利文版出版。这是一本"父母必读"，是作为教育者的父母的思想和行动的指南。它有助于避免父母和子女之间形成代沟，从而避免彼此间的不理解、不和谐及冲突。

《童年的秘密》在 1938 年出版意大利文版。它主要研究幼儿（尤其是 3 岁内幼儿）的生理、心理的发展及其特征；以实例分析幼儿心理畸变的各种表现、成人与幼儿的冲突；阐述幼儿教育理念及方法、儿童的权利和父母的使命。

第四卷，《为新世界而教育》和《如何教育潜在成人》。两本书是蒙台梭利于 1943 年在印度戈代加讷尔（Kodaikanal）举办的学术研讨会上所作报告汇编，分别于 1946 年和 1948 年出版。它们是蒙台梭利儿童教育理论在第二次世界大战期间的深化和发展。

《为新世界而教育》对儿童的个性进行科学分析，阐述儿童心理及智力发展的可能性及巨大潜力。《如何教育潜在成人》先是揭示蒙台梭利教育体系成功的秘密；接着通过介绍地球史和古代文明发展史，阐述宇宙整体观教育方案，最后论述蒙台梭利式教师的培训。

第五卷，《儿童的心智》和《教育与和平》。

《儿童的心智》是蒙台梭利于1949年撰写的一部力作，1952年意大利文版出版。她深入探索构成儿童心智的"胚胎"期，界定儿童心智最初形态的特征、局限和巨大潜力。她认为儿童的心智具有吸收力，正如他们能吸收身体发育所需所有营养一样，也能吸收心智发展所需的所有养分。她指出3—6岁是儿童形成智力及性格的关键时期。

《教育与和平》是20世纪30年代蒙台梭利在瑞士、比利时、丹麦、荷兰、英国召开的欧洲和平大会、国际蒙台梭利代表大会等会议上所作报告汇编，1949年在米兰出版。在战争危险濒临欧洲时，蒙台梭利敏锐地提出教育与和平的关系问题；在战争爆发前后，她进一步强调教育的首要目的是人格的完善和人类的进步，只有培养教育出热爱和平的个体，才能实现世界和平。

蒙台梭利教育体系在世界范围内产生广泛影响，进入新世纪仍然兴盛不衰，深受孩子们的喜爱。蒙台梭利的著作被翻译成37种文字，在110多个国家发行，受到儿童教育工作者和孩子家长的普遍欢迎。蒙台梭利儿童学校遍布全球。美国教育家对蒙台梭利赞赏有加：若离开蒙台梭利体系，在当代不可能讨论幼儿教育问题。她得到德国教育家的高度评价：在教育史上，像蒙台梭利这样影响深远的教育家寥若晨星。意大利历史学家认为：蒙台梭利是20世纪的代表人物之一，她不仅是伟大的教育家，还是杰出的社会改革家、真正的人道主义者和和平主义者。

蒙台梭利教育体系内容丰富，包括教育理论和教学方法，受到高度评价和特别关注的要点如下：

（一）"吸收性"心智

蒙台梭利通过大量实验、观察和研究，独具慧眼地指出，6 岁以下幼童具有和成人截然不同的"心智形式"，她称做"吸收性"心智。年龄越小，这种差异就越大，从而新生儿最大。这种形式首先涉及无意识心智，其次涉及潜意识心智，同时有意识观念不断显现，表明幼童具有从环境中吸收形象的能力。当心智迷宫收集那些形象时，虽然幼童不具有学习所必需的心智能力（自觉注意力、记忆、推理），但他们能够吸收"母语"的一切，包括所有语音和语法的特征。不仅如此，幼童在无意识年龄段所吸收的东西，由于天生的力量，将会持续存在并和个性同一，以至母语成为人类个体的独特属性。幼童在人生的头两年，用其吸收性心智为个体的所有特征奠定基础，虽然他们对此毫无察觉。年幼的儿童（2 岁和 2 岁多一点）即使不活动，也能取得惊人成绩。3 岁幼童的运动性活动突显，他们通过这类活动积淀经验，从而确定"意识心智"。于是，运动器官促成本质的变化。随着年龄的增长，儿童的吸收性心智能力逐渐减弱，意识心智组织逐渐发展。蒙台梭利认为，无论如何，在整个童年时期，吸收性心智能力都存在；在吸收期获取的东西，不是铭记在心的东西，而是在活机体中深深扎根的东西。

蒙台梭利指出，口语是在 2—5 岁这个年龄段发展的。在此时期幼童的注意力自发地转向外物，他们既好动，记忆力又很强。在此时期，他们所有心理—运动通道畅通，肌肉运动机制确立。在生命的这一时期，由于口语的听觉通道和运动通道的神秘联系，听觉似乎能够引起口语的复杂运动，在接受刺激后口语复杂运动本能地发生。大约从 3 岁半到 4 岁，幼童的话语像弹簧很不连贯；在更晚些时候（4 岁多几个月），他们通过以前练习善于清晰感知词语的语音；至 5 岁，他们已记忆并理解不少词语。众所周知，在此时期才能获得语音的所有声调特征，以后若想获得徒劳无益。同样，在童年形成的语言缺陷，比如方言缺陷或由坏习惯造成的缺陷，成年后难以改变。事实上，某些成人尽管文化修养不低，但口语却不完美，从而妨碍他们优雅地表达自己的思想，大都是童年形成的缺陷。

(二) 感觉教育

蒙台梭利认为，3—6 岁是感觉形成期，也是敏感期。从教育的生物目的和社会目的看，前者在于帮助个体自然发展，后者在于培养个体适应环境，对幼童进行感觉教育都至关重要：因为感觉发展先于高级智力活动的发展。因此，恰恰应当在幼儿期帮助感觉发展。感觉教育不仅拓宽了感觉的领域，而且还为智力发展提供了日益牢固和丰富的基础。感觉教育促使儿童与环境接触并对环境考察，把其智力提升到积极有效的观念的高度，否则其智力的抽象功能缺少感觉根据、精确性和灵感。

通过感觉教育，可以提高幼童的注意力和观察力，并为积极向上的精神状态打下坚实基础。

此外，通过感觉教育，可以发现并纠正幼童可能的缺陷，否则到某个时期缺陷突显并无法弥补，造成终身不能适应环境（耳聋、近视眼）。

感觉教育若在成年期进行，将会十分困难并事倍功半。培训一种手艺的秘诀就在于利用 3—6 岁幼儿期，因为幼童自然地倾向完善感觉和运动。这一原则不仅适用于手工劳动，而且也适用于智力实践活动。比如，一位厨师了解菜肴的配料及烹调时间，也知晓制作菜肴的操作规程，但当他要用鼻子闻味以掌握烹饪时间，或用眼观察并用手操作以适时加入作料时，他若没有接受充分的感觉教育，就不会烹饪出可口菜肴。同样，一位年轻医生因没有系统地掌握触诊、叩诊、听诊的技能，分辨不清房颤、共鸣、心音、气息和杂音，从而在确诊时迟疑不决，也因为缺乏感觉教育和行医实践。众所周知，成人为成为钢琴家进行手部训练几乎不可能，就在于已经错过感觉教育的最佳时期。

由此可见，幼儿教育的重点是感觉教育，而不是掌握书本知识。对幼童绝对不应忽视"机不可失"的感觉教育，甚至在小学和整个学习阶段，都不应忽视感觉教育；否则，只能培养出纸上谈兵的书呆子、"傻博士"，而不会造就从事人类各种活动的实践家。

蒙台梭利主张，感觉教育，按触觉、视觉、听觉、嗅觉和味觉的顺序进行，为孩子提供的教具从简到繁，让他们自主地、反复地应用这些教具做练习，以提高辨别物体大小、轻重、冷热、形状、颜色等性质的能力，初步培养鉴赏力和审美情趣。不仅如此，蒙台梭利还把感觉教育和画、写、读、算的教学有机结合，注意手（眼、耳、舌……）脑并用，促使感官和大脑的协调，让学童兴趣盎然地、自发地进入画、写、读、算的学习阶段。

（三）纪律教育

在蒙台梭利教育体系中，纪律应当是积极的。一个人守纪律，并不像哑人那样人为地沉默寡言，或像瘫痪者那样不活动。那不是一位守纪律者，而是一个受压抑的碌碌无为者。真正的守纪律者，是自己的主人，因此当需要遵循生活准则时，他能自觉地掌控自己。

为了获得纪律，指望责备、说教完全无用，起初这些手段给人以有效的假象；但很快，当真正纪律出现时，那座"沙塔"轰然坍塌。真正纪律的最初曙光源于工作：在一个确定时刻，学童对一件工作产生浓厚兴趣，他们注意力高度集中，持之以恒地做自己的练习。学童一旦专注于一种工作，我们就应当小心翼翼地保护。

幼童的不守纪律，实际上是肌肉不守"纪律"。他们不停地无序地活动：躺倒在地，摆出奇怪的姿势，大声呼叫。说到底，幼童存在一种潜在倾向，旨在探寻动作的协调，免些时候将会实现这种协调。面对乱动的幼童，成人往往命令他们："像我这样，不要动！"却没有作具体说明。对于正在生长发育的个体来说，仅靠一个命令不可能调整心理—肌肉的复杂系统。

旧式教育认为，儿童应当摧毁自己的意志以服从命令。然而，这不合逻辑，因为他们不能摧毁不拥有的东西。我们这样做，就会犯下滥用权力的大错，我们就会阻止他们形成自己的意志，造成严重后果——他们变得唯唯诺诺、胆小怕事。

儿童和成人截然不同。成人由于坏刺激而喜欢混乱，并在其可能的限度内服从一个强有力的命令而让意志转向，在其可能的限度内朝着公认的秩序发展。相反，我们主要应帮助幼童自愿运动，并逐步提高运动水平。这样守纪律的幼童不像从前只知道要乖，而是实现了飞跃，成为能够自我完善的"小大人"，为此他们感到欢欣鼓舞。实际上，"不要动，要乖"混淆了两个截然不同的观念。美德不可能通过惰性获得，儿童的美德通过运动来体现。在幼儿教育中，外在活动是实现内在发展的手段，内在发展又需要外在手段：工作使幼童实现内在完善，而自我完善的幼童能够更好地工作，更好的工作吸引他们，从而他们能继续完善。由此可见，纪律不是一个事实，而是一种途径，沿着这一途径，儿童能准确地，甚至可以说科学地确立美德的概念。

幼儿的自由，不仅限于学校（社会环境）提供利于他们心灵成长，而且利于整个生命体，从生理到机体活动发展的"最佳条件"。

幼儿的自由，不应理解为放任自流，进行外在、无序、无目的的活动，而是将其生命从阻碍正常发展的障碍中解放出来。自由应当以集体利益作为其限度，教育者应当制止任何冒犯或伤害他人的行为和不得体、不礼貌的行为，教师和家长必须及时制止这些无益或有害的活动。我们可以命令孩子们各就各位、遵守秩序，但首先要他们学习、领会集体秩序原则，这是纪律教育中至关重要的。在"儿童之家"，通过不断重复作"肃静课"练习，来培养学童的组织性、纪律性。教育者应当铭记：我们要的是促进积极、工作和向善的纪律，而不是趋向惰性、被动、消极、奴性的纪律。

（四）独立性教育

蒙台梭利认为，幼儿教育应培养独立性。众所周知，谁若不能独立，谁就不可能有自由；因此，为了实现独立，应当从幼年开始引导个人自由的积极表现。对幼儿的任何有效的教育活动，都应帮助他们在独立的道路上前进，要让他们凭借自己的力量完成最初形式的活动。我们要帮助他们自己走和跑，上下楼梯，捡拾落地的物品，穿衣脱衣，洗脸洗澡，说话流畅，清楚表达自己的需要，努力尝试实现自己的意愿。

我们若服侍孩子们，就会阻碍他们进行自发的有益的活动。我们给他们洗脸、喂饭……，就像他们对待自己的洋娃娃，把他们视为没有灵魂的玩偶。我们从未想过，孩子们不干，不是不会干，但以后必须干，而且天生具有学习干的所有手段。一位年轻母亲给自己孩子喂饭，或年轻母亲吃饭时没有让孩子观察、模仿。这样的母亲不是好母亲，她冒犯了孩子的人的尊严。众所周知，教孩子吃饭、洗脸、穿衣，比给他喂饭、洗脸、穿衣更加困难，更需要耐心，所费时间更长。前一种是教育者的工作，后一种是"仆人"的工作。不仅如此，后种工作十分危险、有害，除为孩子的生命发展设置了障碍，还产生更严重的长远后果——他将变得懒惰消极，心智衰竭萎缩，长大碌碌无为。

实际上，成人不理解幼童。幼童缓慢地、持之以恒地完成自己喜爱的运动，例如穿衣脱衣、打扫卫生、洗脸洗澡等等。他们做这些事很有耐心，努力克服因机体发育而产生的各种困难。当我们看到他们那么艰难、那么费时，而我们轻而易举地瞬间就可完成，就代替他们做了。我们给幼儿穿衣、洗脸，我们从他们手中夺下他们爱不释手的东西，我们把菜汤盛在碗里，再用勺子喂食。在为他们服务后，我们以极不公正的态度判断他们，说他们笨拙无能。我们往往认为他们缺乏耐心，恰恰由于我们没有耐心等待他们行动。我们说他们"蛮横"，恰恰由于我们对他们专横跋扈。当我们冒犯他们的心灵，他们就奋起反抗，大声哭叫，甚至乱踢乱打，以捍卫自己的生存权利。

其实，成人按自己的情况判断儿童，认为儿童预先确定外在目的，从而竭力帮助他们实现目的。相反，儿童具有未意识到的、发展自身的目的。因此，他们酷爱有待实现的东西，比如喜欢自己穿衣、洗脸、玩泥巴、玩沙土，他们真正的享乐是成长。然而，成人竭力促成实现主观认定的儿童的目的，结果妨碍他们成长，剥夺他们的欢乐，会令他们伤心、烦恼，甚至火冒三丈。成人的类似错误还有，将自己的爱好强加给儿童，孩子天生爱画画，非让他学弹钢琴；孩子爱跳舞，非让他学唱歌，诸如此类，不一而足。

在"儿童之家"，学童参加实际生活—"劳动"训练，他们自己洗脸洗澡、穿衣脱衣，进而打扫卫生、摆放餐具……通过这种训练，学童强化了肌肉，能准确地使用器具，还能使注意力高度集中，纪律性加强，尤其是通过"劳动"培养了一种真正的"社会情感"：在喜爱的环境中，在一个集体中，互帮互助，完成一项有益活动，既增进了友谊，又培养了爱劳动的精神。

（五）新型教师

蒙台梭利眼中的新型教师，没有师道尊严，决不认为自己永远正确，而是谦虚谨慎，甘当儿童的"小学生"，不断地完善自己。教师要有爱心，对自己的学生要像母亲一样。教师不是发号施令的指挥官，而是孩子们和蔼可亲、睿智、开放的向导。为此，教师要做耐心的观察家，兼具科学家的精准和贤哲的洞见。教师要激发生命，让生命自由发展，给予孩子们阳光，指引他们继续前进。幼儿教师的一堂近乎完美的授课应当"惜话如金"，应当精心考虑并选择那些不可或缺的词语。教师的语言要通俗易懂，杜绝一切空话和假话。换言之，深思熟虑的话语应最大限度的简单并表达准确的真理。教师少讲授，多观察，多思考，尤其要发挥指导学童心理活动和生理发育的作用。

综上所述，蒙台梭利教育体系强调，儿童是积极的主体，蕴藏着创造力和志趣爱好，却受到成人制定的旧教育制度的"压迫"。因此，首要的任务是解放儿童。教育者（教师和家长）的基本目标应是创造必要条件，让儿童的创造力与志趣爱好充分展现。因此，幼儿园（包括小学）的办园宗旨是促使儿童的自我发展和自我教育。教育者要为儿童创造一个适应他们生理和心理成长的美好环境。教育者要尊重儿童的人格和自发性，让他们自由选择和从事自己的活动。强调儿童早期教育，尤其是感觉教育的重要性；让儿童通过使用系列发展教具，持之以恒地练习，以促进健康人格的形成和智力的发展、提高。

蒙台梭利教育体系，继承了西方教育理论的人文主义传统，吸收了她那时代的教育学、心理学、人类学、生理学、生物学、哲学的最新成果，总结了她的智障儿童特殊教育、"儿童之家"教学改革、儿童教育实验与研究的长期经验，具有科学性、人道精神和现实性。毋庸讳言，蒙台梭利受过神智学的影响，其某些理论观点具有神秘主义色彩，其某些方法具有片面性。

# 三

他山之石，可以攻玉。早在 1916 年，一位中国女士就给蒙台梭利写过一封热情洋溢的书信，盛赞她"尊重儿童，关爱儿童，让儿童自己做事情"的教育理念。然而，在民族独立、人民解放成为时代主题的旧中国，人们不可能关注幼儿教育问题，更不可能理解蒙台梭利教育体系的意义。20 世纪 30 年代初，蒙台梭利曾致函中国教育部长，邀请中国派员参加罗马举办的国际培训班，却遭到拒绝。

新中国成立后，儿童教育向"苏联老大哥"学习、"全盘苏化"，蒙台梭利教育体系受到批判，被扣上"资产阶级"、"唯心主义"、"自然主义"等"大帽子"。

1978 年后，改革开放的春风也吹到儿童教育"园地"。从 90 年代初，蒙台梭利著作中译本陆续出版。从 90 年代中期，蒙台梭利幼儿园从东到西、从大城市到中等城市，在全国遍地开花。然而，不少人对蒙台梭利教育体系理解偏颇，把它仅视为一种教学法。其实，教学法仅仅是其教育体系的一部分，如果脱离其理论体系，只学其教学法，无异于只学皮毛、不学根本。甚至，某些方法会随着时代前进而过时。此外，不少"蒙氏"幼儿园背离蒙台梭利精神，它们强调其贵族性和天才性，并据此高收费。那些"蒙氏"幼儿园园长不知道，蒙台梭利教育体系是在对智障儿童的教育实践中构思的，是在创办"儿童之家"（罗马贫民区工人子女幼儿园）的实践活动中形成的。蒙台梭利儿童教育学，从本质上看，是大众的（平民化的）和普通的（非天才的）。

杰出科学家钱学森提出一个严肃问题：为什么我们的学校总是培养

不出杰出人才？

著名数学家丘成桐指出一个严酷现实：中国缺乏年轻、有创造力的人才。

国人都知道：中国本土科学家至今无缘诺贝尔自然科学奖（我们的邻国日本、印度、巴基斯坦却有缘；请注意，在亚洲，它们是开展蒙台梭利运动较早的国家）；在影响人类20世纪生活的20项重大发明中，没有一项是中国人的发明。

为什么？中国缺乏一流教育。因为只有一流教育，才能培养一流人才，建设一流国家。国力较量始于教育，人才培养始于幼儿。近期，在全球21个受调查国家中，中国孩子的想象力排名倒数第一，创造力倒数第五。这一事实反映中国儿童教育体制的僵化和滞后。让我们应用蒙台梭利教育理念，尝试剖析一下中国儿童教育的现状。

（一）儿童未获彻底解放

蒙台梭利讲，科学教育学首要的任务是解放儿童。鲁迅在"五四"运动前夜，大声疾呼"救救孩子"。在新世纪，我们的孩子在社会、学校、家庭诸方面仍有待解救。

在社会，由成人主宰，作为弱势群体的儿童的权利常常受到侵害。在社会转型期，农村中4000多万留守儿童，城市里"低保户"和农民工的子女，其权利更易受到侵害。比如，江苏乡镇私人幼儿园一辆七人座校车硬塞入二三十个孩子，造成一个4岁女童窒息身亡。

在学校，有些教师对孩子缺乏爱心，用体罚来维护师道尊严。比如，深圳一位六年级班主任，连续扇了一个犯错不服软的男孩23个耳光。甘肃通渭一小学校长，一怒之下揪下未完成作业男孩的耳廓。

在学校，在应试教育的"统治"下，孩子们受到压制，不能自发地表现其个性，如蒙台梭利所言，他们像死人一样被固定在自己座位上，就如同被大头针钉住的蝴蝶，同时他们张开获得贫乏知识的翅膀，但这样的翅膀已不能振翅高飞。

在家庭，具有传统观念的家长，把孩子视为"奴隶"，自己具有绝对统治权与支配权，孩子丧失自己选择人生道路和自由发展的权利。一旦孩子未按家长意志办，轻者讽刺挖苦，重者连骂带打。在浙江嘉善，一个3岁女童因背不对"床前明月光"的诗句，被母亲失手打死。在广州顺德区，一个9岁女童因玩耍不上英语班，被其父当街暴打而亡。

在家庭，望子成龙的家长，为实现自己的理想，把自己制订的目标强加于孩子。比如，家长逼着不喜爱弹钢琴的孩子苦练，孩子因压力过大、郁郁寡欢，甚至发生自残、自杀的悲剧。

在城市家庭，儿童多为"独二代"，他们成为三个家庭的"核心"和"宝贝"，这种特殊地位极易使他们成为溺爱对象。家长不是帮助他们开展自发的有益的活动，而是"大包大揽"、"越俎代庖"，阻碍他们健康成长。

蒙台梭利深刻批判道："面对这种对生命的遗忘和冷漠，要知道那些都是我们的孩子和后代啊。我们难道不该感到脸红，感到困惑和羞愧吗？"

教师和家长，我们不要做"暴君"，不要打骂孩子，不要讽刺和贬低孩子，拴住他们的手脚。我们要做耐心的观察家，发现儿童的天赋和潜力；做热忱的向导，指导并促进他们愉快地、自发地"工作"，向着个体的自由、和谐、全面发展的理想目标迈进。我们要尊重孩子，他们在人格上和我们平等；我们要关爱、保护、帮助孩子，他们在社会中处于弱势。

（二）儿童教育忽视综合素质培养

在新世纪，教育者和家长普遍重视儿童早期教育，但存在"提前"、

"过度"和"片面"等弊端，影响儿童身心的健康发展。

有的幼儿园把小学的教学内容，如算术和写字提前进行；小学低年级把高年级课程提前教授；这不仅是事倍功半，而且是贻误良机（错过"敏感期"）。

不少小学采用"题海"战术，给学生留大量作业，这是"过度"（量的过度）；家长让孩子既学钢琴、画画，又学"奥数"、英语，这也是"过度"（质的过度）。过犹不及，儿童早期教育应当把握好"度"，要符合儿童生理、心理和智力发展的规律。

"片面"反映在重智轻德、体，重书本知识轻实际操作，重死记硬背轻举一反三。比如，幼儿园里大背唐诗；小学校里大背"三字经"、"弟子规"，甚至要求孩子背《新华字典》。

其实，儿童早期教育并不着眼于学习知识，而应关注全面培养儿童的综合素质。

儿童要有健康的体魄，要让他们参加户外运动，多做富有童趣的传统游戏，防止过多看电视、玩"网络游戏"。要让3岁以下幼儿玩好、玩够、玩愉快，不要让他们接触"电脑"。在3—6岁的敏感期，主要应引导儿童动手触摸、用眼观察、用耳倾听、用舌尝味，通过跟自然环境的接触，借助使用发展教具和实际物品，提高儿童感官的辨识能力，增强探索自然的兴趣。在反复的感觉练习中，增强注意力，产生成就感，确立自觉纪律性和集体观念。

教师和家长要鼓励儿童参加力所能及的家务劳动和各种有益活动，培养他们独立自主、积极进取、团结互助、热爱劳动、勤于思索的良好品质。

教师和家长不应要求儿童"乖"、"听话"、"顺从"，要鼓励他们独立思考、"异想天开"，挑战"书本"和"权威"，坚持不懈地开发并提高他们的想象力和创造力。

（三）评选"三好生"伤害幼小心灵

在中国小学实行评选"三好生"制度，初衷是树立榜样，鼓励先进，带动后进，促进孩子"德智体"全面发展。然而，其积极作用不大，其负面影响深远。众所周知，儿童的生理、心理和智力正处于发展和未成熟阶段，因此首先应培养他们人人平等、互帮互爱的人道主义精神，而不是有点儿"残酷"的竞争精神；应发掘每个孩子的潜力，让他们自由、愉快地成长，而不是突出个别"尖子生"；应让他们树立集体荣誉感，而不是个人优越感。我们知道，"三好生"有名额限制，评上的少数孩子容易滋生优越感；未评上的孩子占多数，他们感受到一定心理压力，自尊心、自信心受到伤害，有的孩子听到班主任没有念到自己名字时，立即痛哭流涕，这种对幼小心灵的伤害会让他们抱恨终身。

"三好"标准往往很难把握，从而好动、好说话、好思考、不听话的男孩被视为坏学生，而考试成绩好、循规蹈矩、唯唯诺诺、甚至爱打小报告的女孩易被"评为""三好"。从而，影响儿童树立正确道德观，阻碍形成健康的人格，破坏了学生的团结……

在应试教育一统天下的今天，"三好生"具有诸多功利价值，如加分、当班干部、择校、保送等"附加值"。从而，使"三好生"评选沦为功利的竞争，为评上"三好"，有权有钱的学生家长"八仙过海，各显其能"，"强势"孩子大搞"公关"，结果从小学刮起腐败之风，儿童遭到社会病毒的侵扰，既破坏教育公平的原则，又造就了官气十足的"五道杠"（一位大城市的少先队副总队长）……

在蒙台梭利学校，学童没有任何竞争压力，不参加任何强制性的竞赛活动；也不采用外在性奖励及虚假刺激手段。在现代文明国家的小学，也不评"N好"。鉴于"评三好"弊大利小，教育界有识之士一再强烈呼吁废止小学评选"三好生"制度。

（四）"神童班"扼杀潜在天才

杰出人才匮乏的中国，对"神童"特别瞩目，急功近利的教育者把兴办"神童班"视为培养杰出人才的捷径，结果只能扼杀潜在的天才。20多年前，某名牌大学首开"少年班"，把智商高、学习成绩超常的少年，单组一班，进行超前、特殊的大学教育。如今，那些昔日的"神童"又怎样呢？有的出家当了和尚，有的得了精神疾病，少数成才者也够不上杰出。据统计，北京高校所办的"少年班"的成才率仅为20%。在大学"少年班"试验基本失败后，中学开始接办"神童班"，除了满足家长的虚荣心，为办班者带来经济利益外，对培养杰出人才也不会有大贡献。这是因为"神童班"违背了儿童发育和成长的客观规律。思想贫乏的教育者没有把"神童"当成"童"，而是当成"神"——不食人间烟火的学习机器，忽视儿童，哪怕是"神童"，其生理、心理和智力必须同步、协调发展。俗语说"十年树木，百年树人"，大教育家孔子说"欲速则不达"。那些办班者为什么没有耐心（如蒙台梭利所言），硬要做"拔苗助长"的蠢事呢？在这样的"神童班"，少数潜在天才得不到健康的发展和循序渐进的提高，将会被扼杀。在"神童班"之外的更多潜在天才（据说，布鲁诺和爱因斯坦4岁时还不会说话），又被"近视眼"或"势利眼"的教育者人为地低估和忽视，极易错失成才的机会。众所周知，杰出人才不是通过儿童的精英教育选拔出的，而是建立在国民普遍接受高质量教育基础之上的，因此我们应努力创造条件，给予所有儿童平等的、高质量的教育机会。

近代以降，中国没有涌现享誉世界的教育家，没有形成影响深远的教育理论。在中华腾飞的伟大时代，有历史责任感的中国儿童教育工作者，应当结合中国实际，学习国外先进教育思想，包括蒙台梭利教育体系，继承中国优秀文化传统，吸收当代人文、社会、自然科学的最新成果，积极实践，大胆探索，形成适应时代需要、具有中国特色的儿童教育体系，在新世纪教育史上，弓写上光辉的一页。

田时纲

2011 年 5 月 15 日

# 再版附记

2014年2月，《蒙台梭利文集》出版，受到读者欢迎和好评。

北京一位女编辑写道："作为一个三岁孩子的妈妈，我和我的家庭很幸运地得益于这套书的教育思想。从书的内容来讲，这是我所见的最有针对性和实践指导意义的儿童教育理论著作。从书的翻译质量来讲，真正做到了信、达、雅，行文通俗流畅，很有韵律感。"

河南一位女作家因《蒙台梭利文集》成为我的朋友，她说道："您的翻译让我读起来总是非常亲切，娓娓道来的感觉。"

江西一位蒙台梭利校长在网上组织《童年的秘密》读书会，让我给读者说几句话。我写道："蒙台梭利80年前的力作，今天阅读仍倍感亲切，因为她揭示的真理没有过时，她指出的问题仍然存在。"

时隔4年，《蒙台梭利文集》能够修订再版，令我备受鼓舞——证实它的独特性和优越性：国际蒙台梭利协会推荐书目，根据意大利语权威版本译出。

在交人民出版社付梓之前，我全面校改译文，纠正一些错别字和使用不当的标点符号。我可以负责任地说：修订版质量"更上一层楼"。然而，仍不免有不足之处，切望读者不吝赐教。

田时纲

2018 年 9 月 21 日

# 目 录

# 发现儿童

## LA SCOPERTA DEL BAMBINO

# 前　言

　　如果在意大利文版第三版出版时，我曾感到有义务对我在工作之初撰写的一本著作作出判断的话，那么在42年之后此书再版时，我更感到有责任这样做。我的动机保持不变，但是我的工作的发展，在我们学校孩子们身上取得的意想不到的结果，已经大大超越合情合理的期望。过去不可能修订此书，如果不完全重写，这不仅关乎内容，而且涉及形式。现实不允许这样做，但有必要列出系列完整的、涉及我们经验扩展到全世界的心理学和教育学各个方面的专著。某些著作业已出版（《童年的秘密》、《儿童的心智》、《如何教育潜在成人》、《心理算术》、《心理几何》等）；其他著作正在编辑之中。

　　在此版中我只想澄清某些论题，尤其强调我们的工作不仅仅是创造新教育法的成果这一事实。我们得出的结论在新书名——《发现儿童》中进行表述。在数章之后我将全貌地概述最新发展。因此，提请读者注意本书的大部分是在我们试验之初撰写的，并且往往涉及当时流行的各种科学理论及试验，或涉及那些时日的特殊情况。时代已经变化，科学取得巨大进步，我们的工作也是如此；但我们的原则得以证实，我们的信念更加坚定：人类能有希望解决自己的问题，其中最急迫的是和平与

**发现儿童**

团结问题，如果人类把自己的注意力和力量转向发现儿童，转向正在成长发育的人类个体的伟大潜力的发展的话。

马利亚·蒙台梭利

浦那，1948 年 11 月

# 一　对学校应用科学的批判性思考

　　我不想陈述一篇科学教育学的论文，这些准备性笔记仅仅旨在推广一种教育经验颇为有趣的结果；这种经验似乎为实际应用新方法开辟了道路，那些新方法倾向于让教育学广泛运用科学经验，又不动摇其建立在思辨原则上的自然基础。人们夸大其词地断言，并且多年来不断重复：正如医学所做的那样，教育学也倾向于逃离纯粹思辨领域，以便让它建立在经验的实证调查基础之上。从韦伯①到费希纳②、冯特③和比奈④，生理心理学或实验心理学已经成为一门新科学，它似乎注定要为新教育学奠定基础，正如旧心理学为哲学教育学奠定了基础一样。应用于学生体质研究的形态人类学也仿佛成为新教育学的另一支柱。

　　然而，说实话，所谓科学教育学从未形成，也从未被界定。它是人们泛泛而谈而实际并不存在的含糊不清的东西。几年前，在意大利由几

---

① 韦伯（E.H.Weber,1795—1878），德国解剖学家、生理学家。其代表作为《触觉与普通感觉》（1846），被誉为"实验心理学"基础。

② 费希纳（G.T.Fechner,1801—1887），德国物理学家、哲学家，创立心理物理学的关键人物。

③ 冯特（W.Wundt,1832—1920），德国生理学家、心理学家，公认的实验心理学奠基人。

④ 比奈（A.Binet,1857—1911），法国心理学家。在法国实验心理学发展中起决定性作用，对智力测量作出重要贡献。

位名医创办了一些所谓科学教育学学校，旨在培养开辟教育学新方向的教师。这类学校取得巨大成功，可以说接纳了意大利所有教师。由于以前新学术从德国和法国引进意大利，现在这些教师对意大利人类学派感兴趣，此学派注意在儿童生长的不同时期进行方法论观察，并且使用精确工具进行度量。譬如，大约 50 年来，塞尔吉[①] 在我国教师中不懈努力传播新理念：在科学地指导的观察中探寻教育革新的源泉。塞尔吉说："今天，社会生活提出紧迫的需要：改革教育和教学的方法，谁为此而奋斗，就是为人类再生奋斗。"

在其教育学论文集《教育与教学》（思想）中，他浓缩了课程和宣传性讨论会的内容，并指出人们期望的革新之路在于以教育人类学和实验心理学为指导，对受教育者进行系统的研究。

他写道："几年来，我一直在为一种人类教学和人类教育的理念奋斗，我越是反复思考，就越认为它既正确又有益。这种理念旨在构建自然方法，为了实现此目的，我们必须对人们进行大量准确并合理的观察，尤其在童年时进行这种观察，因为人们在童年就奠定了教育与文化的基础。"

他接着写道："确实，测量头部和身材等并不意味着构建教育学；但意味着走上通向教育学的道路，因为，我们若对受教育者缺乏直接认识，就不可能对其进行教育。"

塞尔吉的权威足以使我们确信：一旦仅从现象经验认识了个体，教育个体的艺术就会应运而生；这一思想在塞尔吉的追随者中引起（正如经常发生那样）思想混乱，他们把对学生进行经验研究和对学生进行教育混为一谈。因为，他们认为前者是通向后者的道路，那么后者自然会产生，他们甚至把教育人类学直接称作科学教育学。这些新思维的皈依者举着"传记卡"的大旗，以为一旦把这面旗帜插在学校的阵地上，就会赢得战役的胜利。

因为，所谓科学教育学的学校只教授学员们掌握人体测量法，使

---

[①] 塞尔吉（Giuseppe Sergi，1841—1936），意大利人类学家。

用触觉测量仪并收集病史资料。于是，所谓科学型教师队伍就这样形成了。

确实，国外的情形也大同小异。

在法国和英国，尤其在美国，人们在小学里尝试人类学和教育心理学的研究，他们幻想从人类测量和心理测量中发现学校革新之路。在这一研究方向取得进步之后，从冯特的心理学到比奈的著作，又进行了对个体的研究，但相同的误解并未改变。不仅如此，几乎没有教师而全是医生在从事此类研究，后者更感兴趣的是医学而不是教育学，他们奢望对心理学和人体测量学作出特殊贡献，他们组织自己的工作，不是为了构建人们期待的科学教育学。最终，人类学家和心理学家并未开始在学校教育儿童，而教师也未上升到实验科学家的高度。

相反，学校的实际进步要求研究方向和思想的真正协调，这就召唤科学家进入学校的无比崇高的阵地，并提高现在教师较低的文化水平。为了实现这种非常实际的理想，在罗马创建了教育大学。它旨在改变教育学的地位，冲破其作为哲学学科的次要分支学科的局限（正如目前在意大利的处境），把教育学提升到一种独立学科的地位，正如医学那样，包括各种不同的授课课程。教育卫生学、教育人类学和实验心理学也要进入教育学的课程设置。

然而，那些科学继续沿着它们的道路前进，教育学本身仍置于它诞生的古老哲学背景中，没有受到触动，更没有改变。

但是，今天人们在教育中关注的主要不是科学，而是人类和文明的利益，面对着这种利益，只存在一个祖国，那就是世界。为了这一具有巨大价值的事业，所有作出贡献的人们（即使作过未获成功的尝试）受到整个文明人类的尊敬都当之无愧。

于是，我们是为同一目标工作的同一整体或同一时代的成员：无论是后继者，还是具有相同信念并工作过的先行者。

我们也曾同样相信：只要我们把实验室坚硬、干燥的石块运到摇摇欲坠的古老学校，就能把学校重建起来。许多人以充满幻想的目光注视着唯物论和机械论的科学的成果。

然而，恰恰为此我们误入歧途狭路，我们若要真正探寻培养人类世代的革新艺术，就必须迷途知返。

用实验科学指导培养教师不是轻而易举之事。虽然我们不厌其烦地教授他们人体测量学和心理测量学，但我们只是制造出某些机械装置，而且它们的用途很成问题。当然，我们开始实验时，并未培养出新型教师。我们主要是把他们引入实验科学的大门，但没有让他们进入培养科学家的更高更深的领域。

那么，科学家究竟是什么呢？

科学家当然不是会操作物理实验室仪器的人，也不是在化学实验室内安全地进行所有反应的人，或是在生物学中会观察显微镜下标本切片的人。相反，这些人往往没有达到"科学家"的水平，他们仅仅作为科学家的助手或单纯准备者，是他们（而不是科学家）在实验技术上更有安全性。

我们把这样的人称作科学家：他们把实验作为探索生命真谛、揭示其迷人奥秘的手段，并且在探索中内心萌生对自然奥秘的酷爱，甚至达到忘我境界。科学家不是仪器的操作者，而是大自然的认识者。这类崇高酷爱者激情满怀，如同修士那样痴迷狂热。我们把那些人称作科学家：他们扎根实验室生活，不再感受外面的世界，有时行为举止古怪，仿佛不食人间烟火，因为他们已忘记自己；他们因废寝忘食地在显微镜下观察而致双目失明；他们渴望认识疾病的传播媒介，而给自己接种结核病菌，亲手处置霍乱病人的排泄物；他们明知备好的化学试剂会爆炸，仍坚持做实验而致伤致残。

这就是科学家的精神，大自然把自己的奥秘揭示给他们，并给他们戴上科学发现者的光荣桂冠。

因此，除了科学家的"机械性技能"外，还存在一种科学家"精神"。只有当科学家精神胜过机械性技能时，科学家才能到达其顶峰；他们才不仅揭示大自然的新奥秘，而且对思想进行哲学综合。

现在，我认为，我们应当更多地培养教师的科学家精神而不是科学家的机械性技能；即是说培养方向应当是精神，而不是机械性技能。

正如我们所为，起初，我们在科学培训中只看到机械性技能，自然我们不想把小学教师培养成人类学实验室、科学心理学实验室的优秀副博士和儿童及学校卫生学家；但我们想引导他们走上实验科学之路，教会他们时而操作这些仪器，时而操作那些仪器。这样，我们必须根据教师职责事先确定的目标，引导他们走上"科学精神"之路，即使是有限度的。

换言之，我们应当在教师的意识中培育出对一般自然想象表现的兴趣，直至他们热爱大自然，而且认识到做好实验准备并期待发现者的急切心情。

实验仪器就像字母表，我们若想要阅读大自然，就必须学会使用它；但正如一本包含作家伟大思想的书，这位作家在字母表中发现用字母构建其思想的手段，同样大自然通过实验仪器接连不断地揭示其奥秘。

现在，假设有人会拼写，就能正确地阅读识字课本的单词，甚至一部莎士比亚作品中的单词，只要该作品印刷得清晰。

谁要只做缺乏活力的实验，就如同某个人只会理解识字课本中的单词的字面含义；如果我们把教师培养只局限于机械性技能，那么他们就将停留在那一水平上。

相反，我们却要自己成为自然精神的解释者，这就如同某个人刚刚学习一天拼写，就想通过书写符号读懂莎士比亚、歌德和但丁的思想。

显然，二者的差异巨大，要走的路仍很漫长。

这样，我们起初犯错就顺理成章了：一个刚学完拼写课本的孩子，就幻想自己已经学会阅读了。其实，他只会读店铺的招牌、报纸的名称及偶然进入眼帘的每个词、句。这个错误一目了然：正如他走进图书馆，就产生能阅读那里所有藏书的错觉。他若尝试读一下，立即感到"会机械地阅读"一无所用，就会毅然走出图书馆返回学校读书。

我们在教授教师们人体测量学和实验心理学时，曾产生用新教育学培养新型教师的错觉。

# 发现儿童

我们姑且不提培养具有科学家素质教师的困难；我们也不想制订这样的方案，因为否则我们就会偏离正在讨论的论题。然而，我们设想，经过长期训练，我们已经培养出能观察自然的教师，并把他们提高到动物学家的水平：后者不辞辛苦、不畏艰难，夜晚起身走进森林，惊奇地发现令人感兴趣的昆虫家族业已苏醒并开始活动。这就是科学家，尽管因长途跋涉而困倦疲惫，但仍能精神饱满地凝神观察，并未察觉自己已经浑身污泥或灰头土脸，也未感觉到雾水打湿衣衫或被烈日暴晒；一心只想隐蔽自身认真观察，期待那些昆虫一小时接一小时地平静地展现其自然功能。

我们假设那些教师已经达到科学家的水平：尽管科学家是位近视眼，也知道观察会损害自己的视力，依然在显微镜下观察纤毛虫的自发运动；从它们彼此避让和选择食物的方式中，他觉得它们似乎具有某种朦胧意识或本能；然后，他用电刺激扰乱它们平静的生活，观察到某些纤毛虫聚集到正极，另一些聚集到负极；接着，他用光刺激做实验，发现其中一些趋向光源，另一些逃避光源。他研究了这些向性现象，头脑越来越关注如下问题：趋向或逃避刺激光源是否跟彼此避让和选择食物的行为性质相同；换言之，是否由于选择和朦胧意识现象所致，而异于类似磁石和铁的相吸相斥的纯粹物理作用。我们还设想，这位科学家发现已经是下午两点，他感到在实验室里研究无比快乐，胜过在自己家同家人共进午餐，因为那样既会打断兴味盎然的观察又会破坏禁食。

我们设想，教师（不依赖其科学文化）也能感受到观察自然现象的兴趣（尽管弱些）。然而，这样的知识准备还不够。

其实，教师的使命注定不是观察昆虫或细菌，而是人。

不是观察人在日常生活习俗中的种种表现，仿佛观察昆虫家族在清晨苏醒，而是观察人在智力生活中的苏醒。

对于决心从事教育事业的人来说，对人类的兴趣应当具有观察者和观察对象紧密相连的特性，而动物学家和植物学家同自然不具有这种密切关系；这种关系越亲密，必然更美妙。人不能没有摩擦和冲突，就爱上昆虫和化学反应；其实，对于缺乏激情的观察者来说，那种摩擦和冲突，仿佛一种痛苦，同自己生活的决裂，一种殉道精神。

然而，人与人之间的爱能更甜蜜也更单纯，不仅精神境界高者，而且普通群众无须努力都能拥有这种爱。

以"科学家精神"指导的教师，当想到很快应当尝试成为观察人类者，必然感到无比欣慰。

为了说明第二种精神培养模式，我们想象并用基督耶稣首批门徒的纯洁灵魂加以解释。他们倾听耶稣讲述天国的崇高、伟大，这在地球上不可能理解。耶稣让一位门徒思考，如何才能在天国伟大，这位弟子怀着天真好奇心问道："主啊，请告诉我们，怎样才能成为天国最伟大的？"基督抚爱着一个孩子的头，深情地凝视着他，回答道："谁能变得像这个孩子，谁就是天国最伟大的。"

现在，我们假设有一位热忱的神秘主义者，怀着崇敬和爱戴之心，出于神圣的好奇，渴望达到崇高精神境界，认真观察那位少年的所有表现以向他学习。这样的观察者置身于挤满孩子的教室，以为自身完善就是通天之路。

然而，这不是我们渴望培养的新型教育者。

我们致力于将科学家的忘我牺牲精神和神秘主义者的不可言喻的痴迷熔为一炉，我们要完整地塑造"教师"的精神。

其实，教师要从孩子身上学习自我完善的方法和途径；换言之，教师要向孩子学习，让自己作为教育者实现自我完善。

☆☆☆

我们想象，一位拥有观察技术和实验经验的动物学家或植物学家，为了实地考察一种真菌，到处旅行并在野外观察，其后在显微镜下（一般在实验室内）进一步研究和做科学实验。或者他研究过扁虱，把它们引入马厩，在动物的排泄物中探寻。最终，他懂得什么是研究自然，认识现代实验科学为实现这一目的提供的所有手段。我们还想象，一位学者因其能力被委以学术职位，负责对膜翅目进行新研究。他到任后，助手把带透明玻璃盖的盒子放到他面前，盒内装着许多美丽的死蝴蝶，它们被大头针固定在盒底，其翅膀展开。这位年轻学者说，这是孩子们的玩意儿，不是专供科学家的研究材料。说得更确切些，孩子们在公园里玩耍，用悬挂在木棍上的结网捕获那些蝴蝶，再把它们固定在盒子内，这是一种体力训练的终结。面对着这种对象，这位实验科学家无从下手。

如果把按我们的理念培养的科学家类型教师派到一所普通学校任教，也会遇到上述科学家的相同情况。在这样的学校里，孩子们受到压制，不能自发地表现其个性，他们像死人一样被固定在自己座位上，就如同被大头针钉住的蝴蝶，同时他们张开获得陈旧知识的翅膀，但这样的翅膀已不能振翅高飞。

由此可见，培养科学家类型教师并不重要，必须首先为新型教师准备好新型学校。

为了在新型学校诞生科学教育学，那里必须保障孩子们活动自由，这才是改革的关键所在。

无人敢断言，教育学和学校业已实施这一原则。确实，某些受卢梭影响的教育家表述过异想天开的原则和对儿童自由的空洞渴望。但教育家对真正的自由概念一无所知。他们往往拥有人民在反抗奴隶制时形成的自由概念；即使在更高层次上，他们拥有的自由概念仍然狭隘，因为只意味着上了一个台阶，即仅限于对部分东西的解放：一个祖国、一个种姓、一种思维方式。

相反，应当启示教育学的自由观是普遍的：解放被无数障碍压抑的生命，这些障碍妨碍生命的和谐、有机及精神的发展。时至今日，大部分观察家对这一至关重要的事实视而不见！

此处不适宜详尽讨论此问题，指出几个证据足矣。有人说在今天教育学和学校已实施自由原则，这一说法令人发笑，正如一位少年面对着用大头针钉住的几排蝴蝶，硬说它们还活着并且能飞。

有时近乎奴隶制的压迫原则左右着大部分教育学，这一原则也成为学校的办学方针。

一个证据——课桌①。这是一个早期唯物主义科学教育学谬误的明显例证。这种科学教育学幻想用散放的石头重修摇摇欲坠的矮小校舍。以前学校里是粗制滥造的丑陋长桌，学生们挤坐在一起。后来科学诞生了，课桌得以改进。在这一活动中，科学关注人类学的所有贡献：少年的年龄及其腿长，用来确定座位的高度；经精心数学计算，确定座位和斜面书桌的距离；以防止孩子脊柱变形；甚至让座位彼此分开（啊，直觉和适应多有深度！）——测量座位的宽度，以便让孩子刚好坐下，从而不能侧向活动，这样做旨在同邻座的孩子分开。如此设计的课桌旨在让孩子坐如钟，并且让教师"一览众山小"。把学生隔开有一个隐蔽的目的：预防在全班出现性反常现象，甚至在幼儿园里也采取了这种措施。在一个进行教育时讲述性道德原则被视为丑闻的社会里，为了不玷污孩子们的天真无邪，我们能对这种谨慎说什么呢？然而，正是科学在适应这种虚伪，制造出种种机械措施。不仅如此，科学变得更令人满意，它改进了课桌设计，以最大限度地限制孩子的活动，或如人们所希望那样，不让孩子有任何动作。这样，孩子被课桌牢牢地禁锢，从而迫使孩子摆出符合卫生的姿势。座位、踏板和斜面书桌，就这样设计安排，旨在不让孩子随意站立。恰恰因为孩子稍微一动，座椅就倒，书桌就掀起，踏板就翻，孩子必须在一定空间内保持直立姿势。

沿着这条路，课桌不断进步和完善，所谓科学教育学的所有学者都设计出课桌的模型；不少民族为自己的民族课桌感到自豪。在激烈竞争的斗争中，各国竞相购买专利权和专卖权。

无疑，这种课桌以多门科学作为其设计基础：采用测量身材和年龄分析的人类学，研究肌肉运动的生理学，涉及早熟及本能反常的心理学，尤其是致力于防止后天脊柱变形的卫生学。

---

① 先是座位同斜面书桌分离，后座位与斜面书桌相连。——原注

由此可见，这确实是一种科学课桌，其设计依据是儿童人类学研究。

这就是学校机械死板地应用科学的实例。

无需多久，在保护儿童的革命似乎兴起的各国，人们将会难以理解，众多儿童卫生学家、人类学家和社会学家，在20世纪头十年末思想进步的背景下，竟然没有揭示课桌的根本性错误。

我相信，无需多久，人们会对此感到惊愕，恰恰想用手触摸那些规范课桌，想亲眼目睹书上的图文以了解其设计目的。

如此设计的课桌，目的是预防学生脊柱变形。即是说，学生被置于这样的制度：尽管他们出生时都健康，脊柱却可能弯曲并变成驼背！从生物学观点看，脊柱是原始、基本和更老的骨骼部分，因此也是骨骼最稳固的部分（而骨骼是人体最坚固的部分）。原始人在同沙漠雄狮搏斗时，在制伏猛犸时；文明人在采石时，在锻铁时，在让大地屈服时，他们的脊柱抗得住最残酷的斗争而没有弯曲；但在学校的桎梏下，孩子们的脊柱抗不住并变形了。

简直令人费解，为何所谓科学在学校致力于完善一种奴隶制工具，在社会解放事业中兴起的思潮光辉，竟然一点儿也未照耀学校。

众所周知改革方向，大家又不断地重复。营养不良的劳动者并不要求补药，而要求改善经济条件，防止营养不良。整天弯腰劳动的矿工，身患腹股沟疝气，他们并不要求疝气带以托住逸出腹股沟的肠子，而是要求缩短工作时间和改善劳动条件，以便能像其他人一样健康地生活。

然而，在这同一个社会时代，如果我们证实学校的孩子们就是在恶劣卫生条件下的劳动者，那样的条件妨碍其生命的正常发育，甚至导致其骨骼变形，而我们却以课桌回应如此可怕的真相。这就如同供给矿工一条疝气带，送给营养不良者一剂砒霜。

不久前，一位女士认为我是学校科学革新的倡导者，她洋洋得意地向我推荐她发明的矫形支具，以便让课桌预防事业更完善。我国医生使用多种理疗方法治疗脊柱变形，如使用矫形器、矫形支具和悬挂疗法。悬挂疗法，就是把患佝偻病孩子的头和肩定时吊起来，再靠体重使脊柱伸展并拉直。在学校里最受欢迎的矫形器是课桌；但今天有人提议使用矫形支具；这又向前走了一步，还会有人建议采用学生悬挂疗法。

这一切都是日益衰败的学校机械生硬地采用科学方法的逻辑结果。同样可以说，是我们的教育、我们现在的学校机械生硬地应用人类学和实验心理学的必然结果。

显而易见，预防学生脊柱变形的合理方法是改变他们工作的方式，以便不再迫使他们整天保持有害姿势。

当务之急是让他们获得自由，而不是课桌的结构设计。

即使课桌有益于孩子的骨骼，那课桌也对环境卫生有害。由于桌椅联体很难移动，教室不易打扫干净；而固定的踏板上，会聚积孩子们每天从路上带进的灰尘。

今天，室内家具已经改进，变得更加轻便和简单，以便能很容易移动，并且每天都能保洁，假若不能直接清洗的话。但是学校对这种大环境的变化视而不见、听而不闻。

我们必须反思，当孩子的身体被强迫以人为束缚和有害的方式生长，其骨骼会变形时，孩子的精神会发生什么变化。当我们说到解救劳动者时，总认为要把他们从最明显的痛苦，比如贫血、疝气下解救出来，而忘记遭受奴役的人的心灵的更深的痛苦。当我们说劳动者应当获得自由得以解救，就是直接针对这种痛苦而言的。我们非常清楚，当一个人身体的血液耗尽、腹内肠子下坠，其心灵必受压迫变得灰暗、麻木，甚至被扼杀。道德堕落阻止我们前进，如同沉重包袱压身，人类不能勇往直前。因此，解救人的心灵比解救人的肉体更崇高。

当我们讨论教育孩子时，我们能说什么呢？在教室里有一位爱管闲事的教师，他把知识灌输到学生的头脑里。为了事业的成功，他认为纪律不可或缺：学生必须坐着不动，强迫他们注意力集中。于是，教师认为最好广泛使用奖惩手段，以迫使那些孩子认真听他讲课。

这些外在的奖惩手段，请允许我使用自己的措辞，是心灵的课桌，即奴役精神的工具，不是为了减少变形，而是为了引起变形。

事实上，旨在强迫孩子们服从世界法规，而不是自然规律。让孩子们遵循的"世界法规",几乎都凭借成人意愿制定,这样成人就授予自己至高无上的权力。

成人往往发号施令,因为他强大;成人希望孩子服从,因为后者弱小。相反,成人应当做孩子的和蔼可亲、睿智、开放的向导,帮助新人的心灵奔向天国。耶稣允许的奖惩的性质截然不同:好人升入天堂,恶人堕入深渊。无论谁让自己的天资结出果实,都应得到褒奖、高升,奖励可授予所有人,无论他拥有多种天资,还是只有一种可怜的天资。

然而,在学校只有一种奖励,在所有参赛的"良好愿望"中,这种锦标引起竞争、妒忌和虚荣,而不是让每个人努力提高,做到态度谦逊并拥有仁爱之心。这样,我们不仅在学校和社会进步之间,而且在学校和宗教之间,制造了二元论。有一天,孩子会扪心自问,我在学校里获得的奖励是否成为永恒生命的障碍;或者当他不能自卫时,他受到的屈辱性惩罚是否让他成为"渴望正义的人",即耶稣从山顶上捍卫的人。

确实,在社会生活中,存在形形色色的奖励和惩罚,同闪耀精神之光的奖惩大相径庭;而成人急急忙忙地让儿童心灵适应当今世界的机制:奖励和惩罚旨在让孩子准备服从。

然而,如果我们整体地考察一下社会道德,我们就会发现奴役一点儿一点儿地减弱,即我们看到理性本性、自觉生活在逐渐走向胜利。奴役制的演变从奴隶到农奴,再从农奴到劳动者。

所有奴役形式在一点儿一点儿地消失。文明进步的历史就是获取和解放的历史;我们把不符合这些标志的东西称作压制。

现在,我们应扪心自问,学校是否应当维持现状,而社会认为这是一种压抑状态。

在社会中,学校的某些情况同政府各大行政部门及其雇员的情况很相似。雇员们整天为了伟大而长远的利益忙忙碌碌,但他们并未感受到工作的直接利益。国家靠他们的工作不断进步取得伟大成绩,全民族所有人的利益都取决于他们的工作。但他们自己没有感觉到这一点。对他们来说,直接的好处就是晋升,正如对学生而言就是升级。一位雇员看不到他工作的崇高目标,就像一位留级的学生,就像一个被欺骗的奴隶：他作为人的尊严被降低到一部机器尊严的程度。因为机器运转需要油，而机器本身不具有生命力。一切最细小的事情，比如对奖章的渴望，都是人为地刺激走上一条黑暗的小路：我们就是这样给学生颁发奖章的。雇员害怕不能晋升，而被捆绑在岗位上不敢逃脱，并被迫做辛苦、单调的工作，正如学生害怕留级而被迫读书。上级对雇员的责备同教师对学生的斥责大同小异；上司修改雇员写得糟糕的公文，如同教师给作业完成不好的学生打低分。

然而，如果行政部门不按祖国伟大形象要求的卓越方式运转，如果它们很容易被贪污贿赂所腐蚀，根源在于人的伟大在雇员的意识中已消失，在于他们只顾切身利益，斤斤计较那些奖励和惩罚的小事。一些偏心偏信的政权得以维持，就因为对这样的国家雇员施加了影响。

祖国之所以屹立不动，因为大多数雇员正派公正，能够抗拒奖励和惩罚的诱惑，由于不可抗拒的廉政之风盛行，正如在社会环境中，一切克服贫困和死亡的根源的斗争获得胜利，并且不断获得胜利，正如自由的本能也能清除障碍，从胜利走向胜利。

这是生命中伟大的内在力量，往往是无意识的潜在力量，它推动世界前进。

然而，谁在真正从事伟大而胜利的事业，就不会被常人称作"奖励"的东西所吸引，也不会惧怕人们所说的"惩罚"这种坏事。如果在一场战争中，有一支身材高大、兵员充足的军队，但作战只因渴望晋升，获得肩章和勋章，或者因惧怕被枪毙；而另一支是身材矮小的小部队，却满怀爱国激情；两军交锋，后者必胜。当一支军队丧失英雄主义时，奖励和惩罚只能造成军队的解体和腐败的蔓延。

人类的一切胜利，人类的一切进步，都依靠其内在力量。

于是，一位年轻学生可以成为一位伟大医生，如果他因为伟大志向勤奋学习；但如果他学习的唯一目的是继承遗产，或是喜结良缘，或是获取任何外在利益，那么他永远不会成为一位真正的大师和伟大的医生。其后，如果学校或家庭要靠奖惩以促使一位青年学到大学毕业，最好不要让他做医生。每个人都有自己独特倾向和特殊潜在志向，即使很朴实，但肯定有用：奖励可能把这种志向引入虚荣的歧路，从而干扰或消灭人的活动。

我们一再重复，世界在进步，必须推动人们取得进步。然而，进步源于诞生的新事物，远超过不断完善或业已完善的现存事物。由于新生事物不可能被人预见，因此也不会受到奖励，但它们往往推动先驱者勇往直前，直至殉难。

如果只因渴望在冈比多里奥丘①戴上桂冠，诗歌才得以诞生，那太可悲了。只要这种幻像在诗人头脑中一出现，缪斯女神立即消失得无影无踪。只有当诗人既不想奖励，也不想自己时，诗章才如喷泉般从诗人的心灵中涌出。即使他获得了桂冠，也感到它毫无价值。

还存在一种对人的外在奖励。譬如，当演说家看到听众因受感染面部表情变化时，他感受到某种伟大的东西，并且能同他发觉被人爱上的欣喜若狂相媲美。我们的快乐和作为真正补偿的唯一奖励，是触及灵魂和赢得心灵。

有时，人们还会遇到幸福的瞬间，以便让人们继续过平静的生活。或因爱情美满，或因有喜怀孕，或因大作出版，或因卓越发现，我们会产生幻觉——世上再没有人比我们更幸福。然而，如果此刻一位合法权威或装作我们导师的人物，走到我们面前，授予我们勋章或一种奖赏，那么这个人就是我们真正奖赏的不合时宜的破坏者，我们消散的幻觉将大声疾呼："你是谁？是你让我记得我不是第一，因为有人居高临下给我授奖？"对人的奖励只能是神圣的。

至于说到惩罚，我们并不想否定其社会功能及其个别效应，但否定其道德充分性和普遍应用的必然性。惩罚对道德低下者有用，但这种人为数不多，并且社会进步并不取决于他们。如果我们邪恶，在法律规定的限度内，法典用刑罚威吓我们。然而，我们正直，并不因为惧怕法典；我们不偷盗，我们不杀人，因为我们承认那是刑罚竞相让我们切身感受的本质犯罪，因为我们生活的方向在指引我们前行，让我们持续地

---

① 罗马七丘之一，古罗马的政治、宗教中心；现为罗马市政府所在地。

坚决地远离那些危险的罪行。

即使不涉及心理学问题，也可以断言，罪犯在犯罪之前，业已发现存在一种刑罚，他感受到那部刑法典施加的压力。他敢于向刑法典挑战而犯罪，或者幻想逃避法律制裁而犯罪，但是，在他的意识中存在罪行和刑罚之间的斗争。无论刑法典是否有效地达到阻止犯罪的目的，无疑它只是给有限人群——犯罪者制定的。绝大多数公民是正直的，即使他们不知悉刑罚的威慑力。

对正常人的真正惩罚，是丧失个人力量和个人尊严的自我意识。这种惩罚往往打击那些人们所说的福星高照、屡屡获奖者。很不幸，当真正惩罚威胁并打击人时，他毫无觉察。

☆☆☆

这就是教育可以发挥作用的地方。

相反，我们的学校正在以损害人体和精神的工具——课桌、外在奖惩压制学生，旨在迫使他们服从静止不动和保持安静的纪律。这会把学生引向何方？很可惜，毫无目标。

学校把教学大纲的内容机械地灌输给学生，而大纲是政府部门制定并作为法律颁布。

面对这种对生命的遗忘和冷漠，要知道那些都是我们的孩子和后代啊！我们难道不该感到脸红，感到困惑和羞愧吗？

确实，"今天迫切需要改苴教育和教学的方法；谁为此而奋斗，就是为人类再生奋斗"。

# 二　方法的历史

　　因此，为了构建一种科学教育学，必须走一条跟迄今认为正确的教育学截然不同的道路。

　　对教师的培养必须和学校的改革同步进行。如果我们已经培养的教师擅长观察和实验，那么最好他们在学校也能够观察和做实验。

　　从而，科学教育学的基本原则应当是允许儿童自发表现和活泼天性的发展。如果新教育学应当从对学生的个性研究产生的话，那么这种研究应理解为对自由儿童的观察，即他们被研究、被守护，而没有受到压制。

　　在实验教育人类学指导下，通过对学生的系统考察来实现教育改革，这样的期望已经落空。

　　实验科学的每个分支都产生于应用自己的方法。细菌学的科学内容源于微生物隔离和培育的方法。犯罪人类学、医疗人类学和教育人类学的内容源于在对不同类型个体，如罪犯、疯子、医院病人和学生的研究中应用人体测量学方法。实验心理学需要一个确切的实验技术定义作为出发点。

　　一般说来，至关重要的是要给方法、技术下定义，再期待从方法、技术的应用中获取源于实验的内容。甚至，实验科学的特征之一是在做实验时，对实验本身的可能结果没有任何性质的先入之见。譬如，如果对比较聪明和不够聪明的学生的头部进行研究，实验的一个条件应当是，在测量他们的头部时，并不知道哪位学生更聪明些，哪位学生不够聪明,从而避免先入之见——聪明孩子的头部发育更早——不经意地改变研究结果。

换言之,实验者在做实验时,应当摆脱任何先入之见;显然,形式主义的文化就属于这种先入之见。

因此,如果我们想要尝试一种实验教育学的话,最好不求助于精确科学,而是几乎忘却它们并让头脑保持"纯洁",以便可以在纯粹教育学领域不受阻碍地追求真理。

从而,我们不必从儿童心理学预先规定的观念出发,而是从一种让我们保障儿童自由的方法出发,以便从对儿童自发表现的观察中产生真正的儿童心理学。这种方法可能让人震惊。

☆ ☆ ☆

由此可见,这就是问题所在:确定实验教育学的特有方法。

它不可能是其他实验科学的方法。如果以某种方式科学教育学由卫生学、人类学和心理学充实的话,还部分地采用相应的方法论技术,但仅限于对受教育者个体的特殊研究,这种工作必然类似于和教育截然不同的工作,对教育学只能作出次要贡献。

我目前的研究恰恰涉及实验教育学中的方法;这是我在幼儿园和小学低年级工作经验的总结。

我确实只提供了这种方法的开端,即我对 3 岁至 6 岁的儿童采用的方法,但我确信,由于它取得出人意料的成果,必将鼓舞我们继续业已开始的工作。

以致,虽说教育体系(经验向我证明其优越性)尚未最终完善,但业已构成有机整体,能够有效地应用于幼儿园和小学低年级。

如果我说目前工作源于两年的经验,确实不够准确。我认为,仅靠这两年所作的尝试,不可能创造我随后陈述的全部内容。

其实,"儿童之家"的教育体系的诞生有更远的渊源。如果说目前关于正常儿童经验的过程有些短暂,但这种经验源于以前对非正常儿童教育的经验，从而它是长期深思熟虑的结果。

几十年前，我在罗马大学附属精神病医院做助理医生，有机会常去疯人院研究病人，为临床教学挑选对象。这样，我就对关在同一疯人院的智障儿童产生兴趣。当时，甲状腺的器官疗法已充分发展；因此，在疗法成功的混乱和夸大其词之间，引起比以往时代的医生对智障儿童的更大兴趣。其后，我到内科医院和儿童诊所从事正规的医疗服务，我已经特别注意对儿童疾病的研究。

正是由于对智障儿童的兴趣，我开始认识塞甘[①]为这些不幸孩子首创的特殊教育方法，并更一般地深入了解那时在有经验医生中产生的思想——"教育疗法"对于诸如耳聋、麻痹、白痴、佝偻等各种病态形式具有疗效。在治疗中医学应当同教育学相结合这一事实，是各个时代思想的实际成果，恰恰沿着这一方向，运动疗法盛行起来。

然而，我和我的同事们不同，我认识到智障儿童的问题主要是教育问题，而不是医学问题。当许多人在医学大会上大谈医学—教育方法来治疗和教育智障儿童时，我却在 1898 年都灵教育大会上作关于道德教育的报告；我确信引起巨大轰动，由于我的思想作为涉及学校的关键问题，在医生和小学教师中闪电般传开。

确实，我受教育大臣和我的导师奎多·巴切利（Guido Baccelli）的委托，为罗马的教师讲授智障儿童教育课程。这一课程后来变成智障儿童教育师范学校，我又担任了两年校长。

在这所学校附设一个走读班，其课时延长，招收在小学里认为不可教育的智障儿童。随后，在一个慈善团体的帮助下，又创办了一所教育学校，这里除走读生外，还把罗马疯人院的全部白痴儿童收纳其中。

这样，在两年内，在同事们的帮助下，我培训了罗马的教师，让他们掌握观察和教育智障儿童的特殊方法。不仅如此，更重要的是，在我

---

① 塞甘（Edouard Séguin,1812—1880），美国精神病医生。他为智力严重迟钝的儿童首创了现代教育方法。

到伦敦和巴黎实际学习教育智障儿童后，我本人开始给孩子们上课，并开始指导我们学校智障儿童教师的工作。

我更像一名小学女教师，从早晨 8 点到晚上 7 点，我在岗（没有轮班）给孩子们直接授课。这两年实践是我实际获得的第一个真正教育学学衔。

早在我致力于智障儿童的教育时（1899—1900 年），我就确信直觉到这些方法不仅是帮助白痴儿童的尝试，而且包含比流行的方法更合理的教育原则，以致智力低下也能得到提高。在我离开这所智障儿童师范学校后，这种直觉变成我的理念，我逐渐确信类似方法应用于正常儿童定会意想不到地发展他们的个性。

从那时起，我开始真正深入研究所谓康复教育学，随后我想进行正常教育学及其所依据的原则的研究，从而我到罗马大学哲学系注册学习。一种伟大的信念鼓舞着我：尽管我不知道是否能验证我的理念的真理性，但为了深化我的理念，我仍然义无反顾地放弃一切职位，仿佛是在为一项未知的使命作准备。

智障儿童教育方法源于法国大革命时代一位医生的工作。他的医学著作流传于世，由于他是今天被称作耳科学的医学分支的奠基人。

他是尝试系统听觉教育的第一人，他在佩雷尔（Pereire）创办的巴黎聋哑学校内做实验，使轻度聋人成功地恢复听力。接着，他用 8 年时间治疗一位被称作阿韦龙野孩儿的白痴男孩，他把对听觉具有优异疗效的教育方法扩大到所有感官。他就是伊塔尔，[①]皮内尔[②]的学生。伊塔尔是第一位把在医院观察病人尤其是神经系统病人的方法应用于观察学生的教育家。

伊塔尔的著作特别有趣，细致入微地描述了其教育尝试及经验。今天，无论谁阅读这些著作，都会承认它们是实验教育学的最早试验。

---

① 伊塔尔（Itard,1775—1838），法国外科军医、杰出的耳科专家。他是最早试图根据科学原理对智障儿童进行教育的教育家之一。

② 皮内尔（P.Pinel,1745—1826），法国医师。他是以人道态度对待精神病患者的先驱。

其实，他一系列能改变个性的训练都源于科学研究，这些训练能治好使个体处于低能状态的各种缺陷。事实上，伊塔尔让半聋儿童成功地同时恢复听说能力，否则他们将继续聋哑，结果会终身残疾。这种研究确实和通过实验心理学试验进行的简单个体研究截然不同。后种试验仅导致对精神个性的确证，并没有改变精神个性，教育方法也保持不变。相反，伊塔尔所采用的科学方法成为进行教育的方法，从而教育学本身也在变化。

因此，伊塔尔可被称作科学教育学的奠基人，而不是冯特和比奈，他们是生理心理学奠基者，生理心理学也能容易地应用于学校。

这一基本点值得人们认清。瑞士人裴斯泰洛齐①成为"新情感教育之父"。半个世纪之后，在德国费希纳和冯特创立实验心理学。这两个学派在学校内各自独立地成长和发展。学院派心理学在旧的基础上继续进化，同时为大学生们提供了心理试验，但对教育没有丝毫影响。相反，不久之后伊塔尔所作实验形成科学教育的真正原则，这种科学教育善于同时改变教育方法和学生。然而，由于它是在对智障儿童的教育中诞生的，从而在教育界没有引起严肃重视。

而真正完善智障儿童教育体系的功绩应归于塞甘。他先做教师，后做医生，他从伊塔尔的经验出发，边应用边改进并完善其方法。他在巴黎比加勒路的一所小学校里，对来自疯人院的孩子们进行长达十年的教育，获得丰富经验。这一方法首次在 1846 年于巴黎出版的著作中作了介绍，这部著作有 600 多页，书名是《白痴的精神治疗、卫生和教育》。

随后，塞甘移民美国，在那儿创办多所智障儿童学校，在取得另外 20 年经验之后，刊行其方法的修订版，但采用截然不同的书名《白痴及其心理治疗法》。这本书于 1865 年在纽约出版。在此书中塞甘准确界定一种教育方法，他称之为生理学方法。在书名中他不再提"白痴的教育"，否则仿佛只适用于他们；而说用"心理学方法"治疗的白痴症。

---

① 裴斯泰洛齐（J.H. Pestalozzi, 1746—1827），瑞士教育家。

# 发现儿童

如果我们认为教育学总以心理学作为基础，并注意到冯特对"生理心理学"的界定，那么这些概念的巧合定会使人印象深刻；并让人们怀疑生理学方法同"生理心理学"有某些联系。

当我在精神病医院做助理医生时，怀有莫大兴趣阅读了塞甘的法文著作。而 20 年后在纽约出版的英文版，虽然在伯恩维尔（Bourneville）关于特殊教育的著作中被引用，但在图书馆里却没有。我感到很惊奇，竟然在巴黎也没有找到，因为伯恩维尔在巴黎对我说这里有，其实塞甘的第二本书从未进入欧洲。我希望在伦敦能找到几本，但我不得不确信无论在公共图书馆还是私人图书馆都没有这本书。我到许多致力于智障儿童事业的英国著名医生或特殊学校的校长家去询问，仍然一无所获。这本书虽说用英语出版，在英国却鲜为人知。这一事实使我想到塞甘的体系并没有被人理解。其实，在同智障儿童机构相关的出版物中，虽然孜孜不倦地引述塞甘，但所描述的教育方法同塞甘体系的方法大相径庭。各国各地对智障儿童采用的方法和对正常儿童采用的方法大同小异。尤其在德国，我的一位女友为帮我研究到那儿考察。她发现，尽管在智障儿童学校的教育博物馆内陈列着特殊教具，但从未实际应用过；相反，人们捍卫对智障儿童最好采用对正常儿童的方法这一原则。不过，德国的教育方法比我们的更客观。

我还到比塞特雷学习一段时间，在那儿我发现人们更多地使用塞甘的教具而不是遵循其体系；虽然教师手上都有其法文文本。全部教学都机械僵化了，每个教师都严守清规戒律。无论在伦敦还是巴黎，所有人对新建议的渴望，对新经验的求知欲都烟消云散了；因为塞甘陈述的事实——用新方法成功地教育白痴——实际上仍然是一种幻想。

人们不难理解这种失败的原因。每个人都固执己见地确信，智障儿童是低能儿童，最终应当像正常儿童那样受教育。"新教育"在教育界业已产生，新教育能够把智障儿童提高到高水平，这样的观念还没有深入人心。

这之后，在罗马我继续对智障儿童进行实验，并教育他们两年。我遵循塞甘的著作，我也珍视伊塔尔的宝贵经验；此外，在他们著作的指导下，我制作了丰富多彩的教具。

我在任何其他机构没有看见过这样完整的教具。在善于使用这些教具的人手中，它们是一种非凡的、奇妙的手段；然而，它们本身不会引起智障儿童的关注。我理解智障儿童教师的沮丧情绪，也了解他们摒弃新方法的原因。教育者应当让自己处于被教育者的水平，这种偏见让智障儿童教师心灰意冷：由于他知道在教育低能儿，因此不可能成功。于是，幼儿教师也竭力通过做游戏和经常讲些滑稽话题来接近幼儿水平，他们还相信这是在教育孩子。

相反，我们必须善于唤醒怀着一颗童心的正在沉睡的人。

我有这样一种直觉，并且我认为不是教具而是我呼唤儿童的心声唤醒了他们，还激励他们使用教具并进行自我教育。特别尊重和无限热爱孩子们，指引我前行，是这些不幸的孩子善于唤起身旁人们的那种情感。

然而，在这方面塞甘也做过类似试验，当我读到他那些耐心尝试时，我清楚地懂得他使用的第一个教具是精神性的。因此，在其法文著作的结尾，作者对自己的工作做简单回顾，用忧郁的笔调写道，如果没有培养好教师，他的事业将前功尽弃。他在培养智障儿童教师方面具有完全独特的看法，仿佛给一位准备做引诱者的人提建议。他希望教师外表及其声音具有魅力，对自身要特别精心，从而使自己具有强烈吸引力。教师的举手投足及声音的抑扬顿挫应当完美无缺，就像戏剧大师在登上舞台前力求精益求精，因为他们应当征服疲惫、脆弱的心灵，唤起生命的伟大情感。

要对精神产生作用——这把开启秘密的钥匙，其后为我揭示了塞甘精辟分析的一系列教学实验，并且这些实验在教育智障儿童的实践方面非常有效。但我应当承认，当我努力促使孩子们的智力不断进步时，我感到疲惫衰弱，仿佛把自己的部分力量给予他们。被称作激励、安慰、爱、尊重的情感，是人类心灵的杠杆，谁越是义无反顾地如此给予，就越能使周围生命恢复元气并面貌一新。

如果没有内在动力，再好的外在刺激也不会被人觉察。这如同那位扫罗① 面对着太阳，却喊道："这个吗？是浓雾！"

这样，我就能够进行自己的新实验，在这里不适宜陈述，我仅提及在这个时期尝试一种完全独特的读写教学法；此方法作为儿童教育的组成部分，在塞甘和伊塔尔的著作中缺少或不完善。

我成功地教会来自疯人院的智障儿童阅读和书写，其后他们能够到公立学校和正常儿童一起参加考试，并且都通过了。

这样惊人的效果，对于看到那些儿童的人们来说，简直就是奇迹。但对我来说，这些从疯人院来的孩子在考试时达到正常孩子的水平，只因为他们被指引走上一条截然不同的道路。他们获得帮助使心理得到发展，而正常儿童却受到窒息和压抑。我曾经想过，如果有一天，把在提高智障儿童上取得惊人效果的特殊教育方法能应用于正常儿童的发展，奇迹就将消逝，由于智障儿童的智力低下和正常儿童智力之间的鸿沟永远不会填平。就在大家赞赏我的智障儿童的进步时，我正在思考普通学校中幸福健康儿童的智力水平低下的原因，在智力测验中，我那些不幸的学生竟然也能达到他们的水平。

一天，我的智障儿童教育师范学校的一位女教师让我读了一段以西结② 的预言，这段预言给她留下深刻印象，因为她觉得它就是对智障儿童教育的预言：

"在那几天，天主的手抚摸着我，天主引我走出，把我放在平原上，这里白骨遍地。他让我在白骨四周经过，并对我说：'人子啊，这些白骨能复活吗？'我说：'天主，你知道。'他又对我说：'你对这些白骨预言吧，对它们说，干枯的白骨，你们要听天主的话。天主对白骨说：我将让气息进入你们体内，你们将恢复生命。我给你们加上筋，让你们长

---

① 扫罗（Saul），《新约圣经》中人物。法利赛人，一出生就有罗马国籍，受过很高的文化教育。但他从少年时就与耶稣为敌，后又积极参加迫害教会的行动。一次，他去大马士革城捉拿耶稣的信徒。当他快到该城时，突然，天上射出一道极其强烈的光芒，把扫罗团团罩住。他扑倒在地，听到天主的斥责声，他从地上爬起来，睁开双眼，眼前一片漆黑，看不见东西。

② 以西结（Ezechiele，活动时期为公元前 6 世纪初），古代以色列先知和祭司。

肉，再用皮遮蔽你们，还注入气息，你们就复活了。你们就会知道我是天主。'于是我遵命预言，在我正预言时，忽然听到嘈杂声，看到白骨运动彼此相连。我正在凝视，见白骨上添筋长肉，还覆盖上皮肤，只是还没有气息。于是，天主又对我说：'人子啊，对风预言吧！气息啊，你从四方吹来，吹在这些死者身上，让他们复活吧！'于是，我遵命预言，气息注入白骨，他们复活了，用自己的脚站立起来，并说道：'我们的希望曾破灭，因为我们像砍断的树枝被肢解。'"

事实上，"我将让气息进入你们体内，你们将恢复生命"的话语，似乎提及教师个人的直接事业：教师要激励、召唤、帮助学生，让学生接受教育和培养。

"我给你们加上筋，让你们长肉，在用皮遮蔽你们"，这句话让我记起塞甘概括其方法要义的短语："对孩子的教育，从肌肉系统到神经系统和感官的教育，都要用手领着进行。"塞甘就是这样教会智障儿童走路，教会他们在最困难的身体运动中保持平衡，诸如登楼梯、跳跃等；最终是感觉，从触摸、冷热的肌肉感觉教育开始，直至特殊感官教育。然而，他们仍然只能简单地适应一种植物生命形式。预言说："对风预言吧！让气息注入，让他们复活。"事实上，塞甘是把智障儿童从植物生命引向关系生命，"从感觉教育到概念，从概念到思想，从思想到道德"。然而，当奇迹般工作业已完成，并凭借细致的生理分析和不断进步的方法，智障儿童已经变成一个人，但他在其他人中间仍是一个低能儿，是个还不能适应社会环境的个体："我们像砍断的树枝被肢解，我们的希望曾破灭。"

裴斯泰洛齐对他的学校的独特贡献是如下教育原则：教师应当经过触及情感而不仅限于知识学习的特殊培训；进而，教育在本质上是"心灵的接触"，教师应当感到对受教育学生的"尊重和同情"。无论如何，这仅仅是为了唤醒儿童心灵而迈出的关键一步。接着，儿童活动应当找到引导他们成长的手段（这里，指科学手段）。这第二步是科学教育学作出的贡献。

这就是凭借我们的经验，我们现在作如下断言的原因所在：教师是

# 发现儿童

儿童（心绪不宁、软弱无能并被压抑束缚）和为儿童活动作准备的教育环境之间的连接纽带。但儿童和环境之间的这种联系往往没有确立，除非首先让儿童从以前压迫及其致命后果的重负下解放出来。在此种情况下，在我们能够为儿童提供发展的手段之前，必须进行一种治愈过程，或如我们所说，一种正常化过程。我们许多教师由于没有成功而绝望，原因在于他们从事自己的工作，仿佛那种过程业已完成，忽视这种调节的必要性。

正因此原因塞甘艰难的方法也被弃之不用，浪费大量手段却未能实现目的。

大家不断重复：为正常儿童还有很多事要做。

☆☆☆

通过经验我增强对塞甘的方法的信心，就从对智障儿童的积极行动中后撤，开始认真学习伊塔尔和塞甘的著作，我感到必须思考。我这样做了，而我以前从未做过，以后也很少有人会这样做：我把两位作者的著作从头至尾译成意大利文，并工工整整地誊写一遍，就像印刷术传播之前本笃会修士们抄写圣经。工整地誊写，为了有时间理解所有语句的含义和把握作者的精神。当我抄完塞甘600页的法文书时，收到从纽约寄来的1866年出版的英文著作第二版。这本旧书是在纽约一位医生私人图书馆的淘汰书中找到的，它被轻而易举地让给为我寄书的人。我和一位英国女士一起把这本书译出。此书对进一步教育实验没有作出很大贡献，却概括出法文书中陈述经验的哲学。一位对非正常儿童进行30年研究的人，陈述了这样一种理念：生理学方法——基于对学生进行个体研究及教育过程中分析生理和心理现象的方法——也应适用于正常儿童，它为整个人类复兴指明方向。我觉得塞甘的声音就像荒漠中先驱者的呼喊，让我的头脑认识到这种能够改革学习和教育的工作的极端重要性。

这时，我作为哲学系学生到罗马大学注册，专修实验心理学课程。

当时在意大利的大学里，确切地说，在都灵、罗马和那不勒斯的大学里，刚刚开设这门课程。同时，我到小学从事教育人类学研究，利用这个机会学习应用于正常儿童的教育方法和教育体制。其后，这种研究引导我到罗马大学讲授教育人类学。

由此可见，这就是我的知识准备。在知识上同我那个时代的科学问题进行接触，并沿着神经医学领域内显现的新方向不断地探寻我的道路。我懂得（而其他人不懂）科学教育不能基于对受教育者个体的研究和测量，而是应基于能够改变受教育者的连续措施。因此，伊塔尔的教育是科学的，因为对听力的测量仅仅是一种促使半聋人变成具有正常听力者的手段。而对"阿韦龙野孩儿"采用的科学方法，非常类似于实验心理学奠基人使用的方法，使一位不仅聋哑而且颇像白痴的远离社会的个体成功地重返社会生活；成功地把他改造成能听能懂语言的人，就像我们一样说话和书写。

同样，塞甘采用的方法类似于费希纳的方法但更为丰富，他不仅研究了成百上千的智障儿童（他们聚居在巴黎疯人院），而且把他们改造成能集体劳动和能接受精神及艺术教育的人。

我本人只采用借助科学仪器和心理实验的个体研究，我把被公立学校拒之门外的智障儿童（因为被认为不可教育），改造成能同正常学生竞赛的个体。换言之，他们变成社会上有用的人，教育成有知识的人。因此，科学教育是以科学为基础，以改变和完善个体为宗旨的教育。

科学教育取决于基于教育学的客观研究，它有能力改变正常儿童。如何做？当然要把他们提高到超过正常水平并把他们培养成优秀人才。教育科学不能只具有"观察"的任务，而且具有"改造"儿童的任务。

这就是我得出的结论：不仅要观察，而且要改变。观察构建了一种新心理学，但既没有改变学校，也没有改变学生。观察为公立学校增添些东西，但那些学校的原初条件依旧，因为无论是教学方法，还是教育方法都没有改变。

如果接受科学方针指引的话，新方法应当完全改变学校及其方法，从而创造一种新教育形式。

教育智障儿童的关键事实是：智障儿童和低于正常水平的孩子不适应常规教育，并且不会服从指令；因此必须求助于其他手段，而那些手段要适应每个孩子的能力。

这种教育类型，是研究的对象、一种科学实验，是对学生个人潜力调查的尝试，旨在给予学生手段和激励，从而把他们身上蕴藏的能量焕发出来，并且通过个性化训练，让他们持续地使用、增强和协调自己的任何能量。教师面对着聋儿或智障儿童，就像面对新生儿那样无能为力。只有实验科学能为一种具有实效的新教育指路。

我最初想实验塞甘成功构建的对小学低年级学生的教育方法，当他们在 6 岁时走进校门时，不懂遵守纪律，一个字母不识。

然而，我从未想过在幼儿园实施这些方法。一个偶然机会我的头脑里出现闪光。通常是习惯和偏见使我们的头脑僵化。

把教育智障儿童的方法运用于幼儿可能符合逻辑，如果认为幼儿也不可教育，不接受教学，因为其心智达不到相当成熟的水平。

我不可能在智障儿童和正常儿童之间进行比较，如果我们考虑到他们是不同年龄的孩子，换言之，我们就会在没有能力发展（不正常）的孩子和尚无时间发育（太小）的孩子之间进行比较。智力落后的孩子其智力水平被看做类似于比他们小几岁的正常孩子的水平。虽然类似比较没有考虑到两种性质不同程度具有的天生初始力量，但这种比较决不是不合逻辑的。

幼儿的肌肉运动尚未达到最终协调，所以走路不稳，没有能力完成日常生活的通常动作，诸如穿衣套袜、扣上或解开衣扣、戴上手套，等等。他们的感官没有完全发育，比如眼睛的适应能力尚未完全发展。语言简单，幼儿说话的缺陷一目了然。注意力难以集中，情绪不稳定等等，是同一性质的其他表现。

普雷叶（Preyer）在他的儿童心理学研究中，对病理语言缺陷和儿童发育过程中正常语言缺陷之间的比较作了详尽说明。

帮助智障儿童心智发展的有效方法可能有助于所有儿童的发展，这样可构建一种适用于每个正常儿童的健康教学法。

从儿时就有的许多缺陷，如语言缺陷，后来变成不能治愈的永久性缺陷，这是由于我们忽视 3—6 岁的幼儿所致，因为 3—6 岁是其一生最重要时期，是形成并确定其主要功能的时期。

应用科学教育方法可以促使人在形成智力和性格人生时期的真正发展，这种雄心勃勃的理念，并没有撞击我的头脑，尽管我对此问题具有浓厚兴趣。

这就是此种"心理学发现"和此种科学教育方法的历史变成兴趣历史的原因所在。

偶然有其地位，正如在许多发现中，包括电的发现。其实，偶然，即环境，几乎总能提供点燃直觉的火星；是环境展示新事物，随后直觉和引起的兴趣有能力开辟进步的新道路。

我的情况，是有趣的历史，因为它同研究和先入之见毫无关系，它提供不同形势全貌，在其中不仅儿童教育，而且社会生活和人类情感都达到完美统一。

## 正常儿童科学教育发现史

那是 1906 年末，在米兰我被选上参与国际展览会的科学教育学和实验心理学的授奖活动后，刚返回罗马，就受到罗马不动产协会会长的邀请，负责在平民之家创办幼儿学交。

神奇的想法是改造像罗马圣洛仑佐这样满是避难者和穷人的街区，这里 3 万居民拥挤不堪，处于不受任何城市监控的境域。他们是失业工人、乞丐、妓女和刚出监狱的判刑者，大家全都试图在因经济危机而未完工的房子四壁内避难，经济危机致使整个街区的建筑工程全部停工。工程师塔拉莫（Talamo）提出方案，他建议把所有墙壁、那些房子的骨架买下，再慢慢地盖成让平民使用的永久性住房。这一方案还由于真正神奇的想法而充实：让所有学龄前（从 3 岁到 6 岁）儿童到某种"家园内学校"学习。

每座平民之家都应拥有一所学校，因为不动产协会在罗马业已能支配400多座住宅，这一工作呈现出发展的美好前景。与此同时，第一所学校应当于1907年1月，在圣洛伦佐区一座大平民之家里开办。在这个街区不动产协会拥有58座建筑物，而会长的方案准备在那些住宅里开办16所学校。

这种学校以"儿童之家"这一动人心弦的名称"受洗"。第一所"儿童之家"于1907年1月6日在马尔西路开办，我被委以领导责任。我觉得类似学校具有巨大的社会及教育的意义。我坚持它具有辉煌未来的看法，当时仿佛是夸大其词的幻觉；但今天许多人开始认识到我预见了真理。在意大利，1月6日是儿童的节日，正巧是天主教历法上的主显节。正如在新教国家，圣诞节那天，当竖起圣诞树时，孩子们就收到礼物和玩具。这样，在1月6日，我们招收了第一批幼儿，共有50多名。我们饶有兴味地看着那些小家伙，他们和接受普通义务教育的儿童那么不同。他们胆小、笨拙，显得愚蠢和不负责任。他们不会排队走路，女教师不得不让每个孩子抓住前面孩子的小围裙，以便他们按某种印第安人队形走路。

他们啼哭并仿佛什么都怕，从在场的漂亮女士到圣诞树及树上挂的东西。他们不接受礼物，不品尝甜点，不回答向他们提出的问题。他们恰恰像一伙儿野孩子。当然，他们不像阿韦龙野孩儿在森林里同动物一起生活过，但是他们越过文明社会的边界，在堕落人群的密林中生活过。看到这触目惊心的一幕，在场许多女士认为，只有出现奇迹，那些孩子才能被教育好，她们说希望一两年后再来看望这些孩子。

我被邀请发言；但在泛泛提及正在进行的工作后，我未能介绍组织和经济上的细节，我就读了一段预言，它在天主教会里提及1月6日主显节的庄严，儿童之家恰恰选择在这一天创办。

《以赛亚书》第60章："耶路撒冷啊，起来，炫耀吧！因为你的光明已经来到，天主的荣耀已经照耀在你身上。看啊！黑暗笼罩着大地，阴云遮蔽着万民，但天主却照耀着你，他的荣耀要显现在你身上。万民要奔赴你的光明，众王要投奔你升起的光辉。请你举目向四方观望吧！众人都聚集到你这里。你的众子从远方而来，你的众女也被怀抱而来。那时你见到这情形，必要喜形于色，你的心灵必要激动而舒畅。"

我以结语的口气补充说："这所儿童之家可能变成新耶路撒冷城，它会在贫苦民众中成倍增长，并给教育带来光彩。"

当天的报纸评论说这些话夸大其词，因为涉及微不足道的事业。

一年后，当另一个开设儿童之家的平民街区建成时，不动产协会认为最好有一篇开学典礼讲话，让意大利公众清楚了解这种实验的特点、真正改革的意义及其经济的社会的原因。

这篇讲话放在附录中重新刊登，它是公民责任感的最好证据，我们正是以这种责任感提出住房和照看孩子问题。在那悠远的年代，对于圣洛伦佐街区的不幸者，产生了这一问题，这是由意大利独立战争后人口迁移、大量涌入新王国首都罗马造成的。

这就是我在儿童之家进行两年教学实验的意义所在。它代表我根据新方法对儿童教育进行一系列试验的成果。事实上，它肯定不是纯粹和简单地应用塞甘对幼儿园的方法，无论谁阅读了塞甘的著作都会得出此结论。然而，确定无疑的是，这两年试验的实验基础可上溯法国大革命时代，并且这一实验基础凝聚了塞甘和伊塔尔整整一生的心血。至于我，（我敢于断言）在塞甘第二部著作出版后30年，就继承了该著作的理念，并怀着同样的满腔热忱重新开始他继承的其导师伊塔尔的思想和事业，伊塔尔去世时受到其子女的照料。长达10年我在实践中试验，思考这两位杰出人物的事业，他们牺牲了，留给人类默默无闻的英雄主义壮举。我10年的研究可以加上伊塔尔和塞甘的40年工作。在尝试这种仅仅两年、显得很短的实验之前，积极准备活动已进行了50年，这50年分布在一个多世纪。如果我说这种实验代表三位医生的工作，从伊塔尔、塞甘到我，沿着精神病学之路迈出最初几步，我不认为犯有错误。

## 最初试验的条件分析
## 其最初宣传史

最初的"儿童之家"创办时的环境，应当说非常有利于教育，由于在最初几年同那些孩子取得的改革惊人成果前所未有。

因此，值得分析同这一实验有关的因素。

首先，应当在居民和孩子家庭之间营造一种和平、幸福、纯洁、亲密的氛围，直至那时这种气氛不为人知。此外，当地居民代表道德的选择。他们是贫穷但正直的人，没有职业，他们一天天靠临时工作为生，做脚夫、洗衣妇和野花（如紫罗兰）采集者。他们和粗鲁、道德败坏的人杂居在同一环境里。所有居住在这些再建房子内的不幸者，无一例外地全是文盲。

孩子们在某种对人人平等的天堂里生活。父母的无知阻断他们在家庭接受教育影响的道路；孩子们同学校教育没有任何接触。装做女教师的人根本不是真正的教师，而是一个受教育程度相当有限的女人，她操持家务，帮助家人种地，全家靠务农为生。这位女教师既没有教育理念，也没有教学原则；她不对任何当局负责，也不接受任何督学的检查。

在白天，孩子们被父母抛下，他们的父母去找工作。

这样的条件显得绝对不利于学校成功，我可以说，由于随意的教育影响，这样的条件就是无，就是零。

科学方法在学校非常有效，因为不存在反对的障碍，科学方法特别有助于早年在心理学实验室根据其他理念进行的试验取得可喜成果，现在"儿童之家"就变成这样的实验室。

在这里发生了令人惊奇的事实，比如"自发书写和阅读的突然表现"、"自由的社会生活"，这些事实引起好奇并得到世界的赞赏。

恰恰是这一伙无教养、半野蛮的孩子成为引起人们兴趣的中心，因此世界各地的，尤其是美利坚合众国的参观者来到教育的麦加。

由于圣洛伦佐街区的这种吸引力，一队队的君主、部长、科学家、贵族来了，大家都渴望亲眼看看这些神奇的孩子。"儿童之家"从这个中心扩展到全世界。

在 1 月 6 日创办第一所"儿童之家"数月后，4 月 7 日，不动产协会在重建的住宅内开设其他"儿童之家"。1908 年 10 月 18 日，在安娜·马利亚·马盖罗尼（Anna Maria Maccheroni）女士的领导下，在米兰人道主义协会也创办了一所"儿童之家"。该协会是意大利最大的社会团体，由犹太裔社会主义者为提高平民生活水平创立的。这是由标准工人之家构成的中心，同时也是一个宣传中心，（值得提一下）有一位默默无闻却很严厉的记者在此工作，他的名字注定闻名于世：贝尼托·墨索里尼。

正是人道主义协会组织了广泛的活动，并负责监制教具，即我为第一所"儿童之家"设计的科学器械。

接着，不动产协会在罗马各处的出租房屋内开办学校，这一次是中产阶级要求特权：为他们的子女开办一所"儿童之家"。

随后，还为贵族开办了第一所"儿童之家"，由英国驻罗马大使主持开学典礼，这所"儿童之家"接受最高社会阶层的子女。

在爆发一场灾难性地震后，西西里的墨西拿城被摧毁了。从废墟中救出的 60 个孩子来到罗马，他们是孤儿，被可怕的灾变吓得惊呆和愚钝。为这些不相识的小家伙，在朱斯蒂路开办了一所"儿童之家"，由方济各会修女、马利亚会修女管理。这所"儿童之家"因对这些孤儿教育成功，而变得远近闻名，他们重新享受到生活的欢乐。正是这所"儿童之家"给小说、诗歌带来灵感，比如美国人多萝西·坎菲尔德 – 费希尔（Dorothy Canfield-Fisher）的《蒙台梭利妈妈》。在弗兰盖蒂（Franch-etti）男爵夫妇创办第一个师资培训班后，"儿童之家"在各地开花。该培训班是为培养意大利乡村学校教师开办的，但第一期就招收了 9 个欧洲国家的学生。其后，在 1913 年，恰恰在第一次世界大战前夜，根据美国人的创意，在罗马组织了第一期国际培训班，学员来自欧洲、美洲、非洲和印度。

儿童科学教育学因改革教育的大胆志向而诞生。

"儿童之家"在全世界迅速蔓延，尽管遇到战争和偏见造成的重重困难。在第二次世界大战期间，"儿童之家"在印度成倍增长。

运动的历史向我们证明：对世界所有种族，对所有社会阶层，无论是幸福的孩子，还是受到地震灾难惊吓的孩子，只要做某些改动，进行相同教育是可能的。儿童是我们时代的明显原动力，能给被黑暗笼罩的人们带来新的希望。

"儿童之家"具有双重意义：其社会意义是"家园中的学校"；其纯粹教育意义取决于应用由我试验的方法。

"儿童之家"作为文明的促进者，直接关系到民众，因此应当享有盛誉。

"儿童之家"确实解决了许多社会的和教育的问题，这些问题就像乌托邦。"儿童之家"成为现代住宅变革的一部分，直接涉及社会问题的最重要部分，即关乎人们私生活的部分。

# 三 "儿童之家"采用的教学方法

我刚刚获悉管理一所儿童学校时，我就决定按科学观点研究他们的教育，并且偏离他人或多或少走过的路，他们将儿童研究和儿童教育混为一谈，他们把对在一成不变学校里的儿童的研究称作"科学教育学"。相反，建立在精确和客观研究基础上的革新型教育学，应当直接作用于学生，给予他们一种新生活。

只要"科学"局限于"更好地认识儿童"，没有把他们从许多害处中解救出来（正是科学在普通学校和旧教育方法中发现这些害处的），那么任何人都没有权利宣布"科学教育学"的存在。只要研究者只限于提出新问题，就没有断言"科学教育学"不断发展的根据，由于科学教育学应当解决问题，而不仅仅指出在普通学校中存在的困难和危险，从而学校中儿童教育的领导者和管理者却对这些困难和危险依旧浑然不知。发现并且指出以前浑然不知的害处是卫生学和实验心理学的工作，但并不构建新教育学。

至于儿童心理学，本身并不能发现自然本性，从而也不能发现制约儿童成长的心理学规律；因为在学校存在极不正常的生活条件，从而让自卫和厌烦的性格突出，相反应当激发渴望生活的创造力表现。

冯特本人是生理心理学的奠基人，他承认"儿童心理学是个未知数"。

我曾希望关注其他人的研究工作，而本人不亲自从事此种研究。我认为冯特的断言，或说得更确切些，他给出的定义是本质性的："实验心理学的一切方法，可以简化为一种方法：对实验对象进行准确的规范的观察。"

对于儿童来说，肯定应当考虑另一因素：研究发育。在这一点上，我也遵循一般规则，但没有受儿童活动按年龄区分的教条限制。

## 形态学上的发育

在我办的数所学校里，从一开始我就注意跟踪儿童身体的发育，根据人类学研究确定的标准进行研究和测量。无论如何，我大大简化了测量程序，并采用一种易于记录的表格。此外，我尝试直接关注孩子们的成长。我们把孩子们的测量数据和相应年龄的正常值送到他们家中；结果孩子们的父母头脑清楚地跟踪自己子女的身体发育。

我让人制作了一个人体测量器，刻度范围从 0.5 米到 1.5 米；在测量器平台上放置一个高 30 厘米的小凳，以备测量坐姿身高时使用。今天，我建议制造设有双平台的人体测量器；这样，可以同时测量孩子们的立姿身高和坐姿身高。在第二个平台"零"刻度应定为距水平面 30厘米，即同小凳等高，小凳要固定。人体测量器立柱两侧凹槽内的移动指示标彼此独立；这样，可以同时测量两个孩子的身高。无论如何，避免了移动和放置小凳及换算刻度造成的不便和耗时。

在研究技术改进并操作方便后，我决定每月都测量孩子们的身高，包括立姿和坐姿。为了汇集关于发育的更为精确的数据，并使研究更加规范，我作出规定，必须在孩子们每月出生那天（某日）测量。

为了保证测量的进行，我设计了一种登记表：

| 日期 | 姓名 | 九月 | | 十月 | | … |
|------|------|------|------|------|------|------|
| | | 立高 | 坐高 | 立高 | 坐高 | |
| 1 日 | | | | | | |

| 日期 | 姓名 | 九月 | | 十月 | | … |
|---|---|---|---|---|---|---|
| | | 立高 | 坐高 | 立高 | 坐高 | |
| 2 日 | | | | | | |
| 3 日 | | | | | | |
| ⋮ | | | | | | |

对着日期的空格，用来填写每月该日出生的孩子的姓名。这样，教师就知道哪天应当测量哪些孩子，并把测量的数据填写到相应的空格里。于是，既可以保证记录的精确，又可以使教师几乎感受不到工作的烦琐和过于劳累。

孩子们的体重则安排每星期称量一次，在浴室的更衣室里放置一个磅秤。孩子们按出生日是星期几安排洗澡，并在沐浴前脱掉衣服称重。这样，安排 50 个孩子在每星期各天洗澡，每天有 5—7 人。实际上，安排孩子们每星期洗澡有不少困难，往往只能在理论上做到。但无论如何，我构想出上述每周称重方法，也旨在规范和保证孩子们每周都能洗澡。

保证孩子们规范地称体重并不难。在登记簿的纵格内列出一周的七天，再在对应的每天填上每月该天出生的孩子姓名。

我的看法是，这些是人类学的并同学校直接有关的唯一数据，教师不可掉以轻心。

医生的体检工作应当完整。为了便于他们工作，我让人印制了学生体检卡片。现在，我复制如下：

| 日期 | 姓名 | 九月 | | | |
|---|---|---|---|---|---|
| | | 第一周（千克） | 第二周（千克） | 第三周（千克） | 第四周（千克） |
| 星期一 | | | | | |
| 星期二 | | | | | |
| 星期三 | | | | | |
| ⋮ | | | | | |

## 发现儿童

登记簿上每月专设一页。

编号_____ 日期_____

姓名_____ 年龄_____

父母姓名_____ 母亲年龄_____ 父亲年龄_____

职业_____

遗传情况_____

_____

本人以往情况_____

_____

### 人 体 记 录

| 立高 | 体重 | 胸围 | 坐高 | 身高指数① | 体重指数② | 头 部 | | |
|------|------|------|------|-----------|-----------|------|------|------|
|      |      |      |      |           |           | 头围 | 前后直径 | 左右直径 | 头部指数 |
|      |      |      |      |           |           |      |      |      |

身体素质情况_____

肌肉营养状况_____

肤色_____

发色_____

### 备 注

_____

_____

_____

　　如上所见，卡片很简单；我这样设计，希望医生和教师在观察时受所处环境条件的引导。

---

① 身高指数指立高和坐高之比。

② 体重指数指身高和体重之比。

人类学调查应当精心地确定，以便其程序被遵循，人类学基础研究得到保证。因此，我建议，每年都要对每个孩子做如下测量：头围、头的前后和左右直径、胸围、头部指数、身高指数、体重指数及类似测量，测量根据情况和教育学现代论述的启示进行。我坚持让医生在孩子刚好长一岁的那星期或那月完成上述体检，可能的话，最好在生日那天进行。这样，由于遵守规则，医生减轻了自己的工作量。在每年的365天里，最多只有50个孩子长一岁；这就允许医生每次进行有数的检查，不至于太劳累。女教师有义务把每个孩子的生日告诉医生。

这样进行人体测量，也具有教育功能。

孩子们在离开"儿童之家"时，都会准确地回答如下问题：

你是星期几出生的？

那天是几日？

你的生日是几月几日？

除此之外，孩子们还养成有条理的习惯，尤其是善于观察自己的习惯（我可以补充说，孩子们很高兴被测量，当教师看着一个孩子并对他说"量身高"，他马上把鞋脱掉，欢笑着跑到人体测量器的平台上，他的站姿很标准，教师只需操作指示标并记录数据）。

医生除用普通器械（测径仪、金属卷尺等）进行测量外，还要观察孩子们的色素沉着、肌肉的营养、淋巴腺和血液量等状况。他要记录下身体畸形和偶发的病理症状，他应当精心地描述佝偻病、小儿麻痹症、斜视等病症。对孩子进行类似的客观研究，使得医生有可能向孩子的父母询问病史。

此外，医生对孩子家庭进行通常卫生检查，同时诊断出湿疹、耳病、发烧、肠功能紊乱等疾病。这些工作因社区诊所的协助才有意义，社区诊所能保障对病儿进行直接治疗和持续观察。根据我在不动产协会的"儿童之家"的工作经验，我得出一个结论：由门诊部直接做的病史调查并不适合学校，因为家庭历史几乎全都特别正常。因此，我劝说女教师去同孩子们的母亲交谈，以获取家庭的社会特性信息，诸如父母受教育程度、他们的习惯、他们的收入与消费等，这样可以撰写一篇关于家庭的勒普拉①风格的专题论文。我认为，只有当女教师的住处邻近学生的家庭，这一建议才确实可行。

无论如何，医生的建议通过女教师能告知每个孩子的母亲，无论是涉及孩子个人卫生，还是涉及一般儿童卫生，总是有益的。女教师可以对医生的建议加以补充，提出自己对于孩子个人教育的建议；然而，关于这一点，即关于"儿童之家"的社会——卫生方面，这里我不可能详述。

## 环　　境

观察方法建立在一个基础之上：孩子们可以自由地表现，这样他们可以显现出自己的需求和天赋，当环境不允许他们自发活动时，他们的需求和天赋被埋没或被压抑。最终，对观察家来说，必须同时存在有待观察的对象。如果说观察家方面的准备是必要的，以便学会"发现"和"把握"真理，那么另一方面也要准备——孩子们自然本性可以表现的条件。

这一问题的后一部分，在"教育学"中，还没有人充分重视，但我认为确实重要，并直接涉及教育学，由于它涉及孩子的积极生活。

因此，我开始改建学校的设施，做到同孩子们的体形相称，符合孩子们敏捷地活动的要求。

我让人制作了不同形状的课桌，它们不能很容易地被摇动，但必须很轻，两个4岁小孩儿能轻而易举地搬动。我还让人制作了一种小椅子，一些是软椅，另一些是很轻的木质椅，可以做得美观，但决不能是缩小型的成人椅，定要适合儿童的体形。除此之外，我又预订带宽把手的木质小扶手椅和柳条小扶手椅。还备有一个位置的小方桌，多种形状和尺寸的小方桌，方桌上盖上小桌布，再放置盛有蔬菜的器皿和插着鲜

---

① 勒普拉（Le-Play,1806—1882），法国采矿工程师，社会学家。认为家庭的类型同整个社会的状况有关系。在社会调查方法论上有贡献。

花的花瓶。一个放置很低的盥洗架，以便让三四岁的孩子也能使用，盥洗架的侧面几层全为白色并可清洗，用来放香皂、牙刷和毛巾。橱柜要低、轻、结构简单。一部分橱柜挂着小帘子，其他橱柜带小门，每个小门用不同的钥匙锁住，柜锁要安装在孩子们的小手可及的地方，这样孩子们可以打开、锁住橱柜并在橱柜内存放物品。在橱柜窄长的顶面上放一个金鱼缸或各种小玩意儿。所有东西都要靠墙放置，低位放置，让幼儿的小手可以拿到。教室里挂有一些黑板。再挂一些小画，这些画要表现家庭温馨情景或自然景物（如动物或花草）；也可以挂些历史或宗教题材的画，每天都要更换。

　　我们把拉斐尔①《椅中圣母》大幅彩色复制画高挂在教室的墙上，我们选上它，是作为"儿童之家"形象的标志和象征。事实上，"儿童之家"不仅代表社会进步，而且代表人类进步，"儿童之家"同提高母亲地位、妇女进步、保护后代紧密相连。神圣的拉斐尔构思的圣母，作为崇高的贞童女和怀抱可爱圣婴的母亲，不仅美和温柔，而且是生动、真实母性的完美象征；在她身旁是施洗约翰，以一位少年纯美形象向我们表现了准备献出生命者的大无畏精神。这是意大利卓越艺术家的作品，如果有一天"儿童之家"在全世界开花结果，那里都挂上拉斐尔这幅画，它将意味深长地向人们述说"儿童之家"的故乡在意大利。

　　当然，孩子们不能理解《椅中圣母》的象征意义，但他们从中发现比其他画作更加伟大的东西，那些画上也有母亲、父亲、祖父母和孩子。他们同这样的杰作朝夕相处，心灵中必然萌发宗教渴望和宗教情感。

## 实际观察

　　我们从第一个反对意见开始，那些旧的纪律方法的追随者头脑中

---

①　拉斐尔（S.Raffaello,1483—1520），意大利文艺复兴时期著名画家和建筑师。《椅中圣母》是其代表作之一，作于1514年—1515年间，现存佛罗伦萨皮蒂美术馆。

# 发现儿童

产生的异议是：孩子们在运动时会弄翻桌椅，引起喧闹和无秩序；但这是一种偏见。与此类似，人们一直相信，襁褓对新生儿必不可少，学步车对幼儿不可或缺。因此，人们还认为在学校必须用沉重的课桌，仿佛被固定在地上。这一切都基于一种观念（儿童应当在静止不动中成长）和一种奇怪偏见（为了让儿童接受教育，必须让他们保持一种特殊姿势）。

轻便并易于移动的桌、椅、扶手椅，能让孩子们选择最舒服的姿势：他们可以坐下，但不必坐在座位上，这同时也是自由的外在标志和教育的手段。如果一个孩子因动作不雅弄翻椅子并发出声响，他会明显感到自己的无能；如果同样的动作发生在课桌之间，就不会引起注意。这样，孩子就不会纠正动作。一旦他们纠正了动作，就拥有明显证据：桌椅在原地不动并没有响声；那么等于说孩子们学会了活动。然而，用旧方法验证纪律基于相反事实：即儿童本身的静止不动和鸦雀无声。静止不动和鸦雀无声阻碍儿童学习洞察准确和举止优雅，从而当他们身处没有笨重课桌的环境，往往会很容易把轻便东西弄翻。相反，在这里，孩子们学习举止庄重和动作灵活，在学校外也将受益匪浅。虽然现在是个孩子，但将来会成为一个无拘无束但严谨正直的人。

米兰的"儿童之家"的女教师让人制作了一个长条桌，靠窗放置，长条桌上放些小斜架，架上备有初学画画所需的铁质拆装模型（请看后文：训练书写时用的教具）。但长条桌特别窄，孩子们在选择模型时极不方便，经常把小斜架碰到地上，从而架上大量铁质拆装模型也洒满一地。于是，女教师打算改进长条桌的尺寸，但木匠迟迟不来，结果孩子们已经学会灵巧地选取模型，再没有碰倒小斜架，只是碰得有些摇晃。

孩子们动作的灵巧已经弥补了长条桌的缺陷。

由此可见，教室内设施的简单或不够完美，恰恰有助于提高学生的敏捷性和灵巧性。

这一切既简单又合乎逻辑：现在，一切都得以陈述并做过实验，大家觉得就像哥伦布①的鸡蛋一样一目了然。

## 纪律与自由

下面是普通学校的拥护者容易提出的另一个反对意见：在一个孩子们自由活动的班级里，如何维持纪律？

当然，在我们的教育体系中纪律的概念截然不同；纪律也应当是积极的。我们没有说过，一个人守纪律，就像哑人那样人为地沉默寡言，或像瘫痪者那样不活动。那不是一位守纪律者，而是一个受压抑的碌碌无为者。

我们把这种人称作守纪律者，他是自己的主人，因此当需要遵循生活准则时，他能把握自己。

这种积极纪律概念，既不容易理解，也不容易实行，但肯定包含崇高的教育原则：和绝对强制并无可争议地不动的原则截然不同。

女教师需要掌握一种特殊技术，以引导孩子们走上这条纪律之路，其后当他们要走一生时，就会向着完美坚定不移地阔步前进。正如孩子们在学习活动而不是学习静止时，不是在为上学做准备，而是在为人生做准备，为了通过习惯和实践成为在通常社会表现中的正直的人。这样，孩子们现在习惯的纪律，不仅限于学校环境，而且扩展到社会。

孩子们的自由，应以集体利益作为其限度，以我们称作行为举止的教育作为形式。因此，我们应当制止孩子任何冒犯或伤害他人，或不得体、不礼貌的行为。但其余一切——任何具有有益目的的表现，无论采取什么行为方式——教师不仅要允许，而且要观察：这是本质所在。因

---

① 哥伦布（Cristoforo Colombo，1451—1506），意大利航海家，美洲大陆发现者。据说，在西班牙国王举行的宴会上，贵宾嘲讽哥伦布，说横渡大西洋轻而易举，只需有大船就行。他听后，随手拿起盘中一个鸡蛋，说"你们中谁能让鸡蛋竖立桌上？"结果，无人做到。哥伦布接过鸡蛋，在桌面上把鸡蛋一端轻轻一磕，鸡蛋就竖立起来。他调侃说：只要有人第一次这样做了，不就简单了，大家都会做了吗？

此，教师从科学准备中，不仅应当获取观察自然现象的能力，而且应当培养观察自然现象的愿望。在我们的教育体系中，教师更应当是一位"耐心者"，而不是一位"主动者"；他的耐心包含急切的科学好奇，包含他对想要观察现象的尊重。教师必须理解和感受到其观察家的位置。

这些标准适用于幼儿学校，在那儿幼儿初次显露其生命的心理表现。我们不知道，当孩子刚刚开始行动时，其自发行为受到窒息的后果会是什么。我们可能窒息了生命本身。人类在稚朴的幼儿时代显露的智慧之光，就像太阳在黎明时的曙光，刚刚开放的花朵，应当受到宗教虔诚般的尊重。只有倾向于帮助生命充分发展的教育活动才有效。

为了做到这一点，必须严格避免制止孩子们的自发活动和按他人意志强加给他们的行动，只要孩子们不从事无益或有害的活动，因为这种活动应当被制止和消灭。

## 学校里纪律的困难

为了实现这些目标，我不得不使用对普通学校旧教育方法熟悉的教师。这让我确信新旧两种教育体系之间存在鸿沟。即使一位理解新原则的聪明女教师，在实施时也会遇到巨大困难。她难以理解她那看似被动的任务，就像天文学家一动不动地坐在天文望远镜前，而诸多世界却在宇宙中飞速地转动。如下理念不可能轻而易举地被领会和实施：生命和天下万物自我运行；为了研究它们、探索其奥秘或制约它们，必须观察它们或不加干预地认识它们。女教师学会太多东西，以便在学校里采取唯一自由行动，即制止孩子们的自发活动。当她无法维持教学秩序和教室安静时，就环顾四周、慌乱无措，仿佛请全世界原谅，呼唤全世界为她作证，这不是她的过错。人们反复对她讲，开学之初的无秩序是必然的，但对她不起作用。当要求她只观察不做他事时，她问自己是否应当辞职，由于她认为只观察就不再是教师。

然而，其后，当她开始认识应当制止哪些行为，观察哪些行为时，她感到自己内心空虚，并立即对自己是否胜任新任务产生怀疑。

事实上，这位准备不足的女士，在很长时间内都会发现自己无能为力或困惑不解。当她的科学文化越丰富，她的实践经验越广泛，她就越能尽快感受到教师工作的无比神奇和无穷趣味。

在一部书名为《我的百万富翁的叔叔》的小说里，有一个旧纪律教育方法的很有说服力的例证。显然，叔叔曾经是个调皮捣蛋的孩子，在他把整个城镇搞得乱七八糟之后，他被关进学校学习（作为最后一次绝望的尝试）。在这里，人们称呼他"福富"。一次，当他来到优雅的小弗斐塔身边时，发现小女孩饥饿难耐却没有用餐，他首次感受怜悯之情并完成一件善事。

"他向四周看了一眼，再看看弗斐塔，拿出自己的午餐篮，没说一句话，就把篮子放在小女孩的围裙里。"

"接着，他跑出几步，他不知道这样做的原因，他低下头，突然大哭。"

"我叔叔不会解释号啕痛哭的原因。"

"他第一次看到一双满含忧伤泪水的善良眼睛，他的心弦被突然拨动，同时感到无比羞愧，竟然在一个饥饿的女孩面前用餐。"

"他不会表达自己的感受，当他给女孩篮子时也不知道该说什么，更不会为自己的行为找个借口，他只感受到自己幼小心灵的第一次震颤。"

"弗斐塔困惑无措，飞快地跑向他，并温柔地移开他那掩面的双臂。"

"'别哭，福富'，她以谦卑和恳求的口吻对他说。福富的脸色显出忧伤和羞愧，但女孩的面庞显露出母亲般的担忧，仿佛她在跟她的一个破旧的洋娃娃对话。"

"接着，小女孩吻了他。我叔叔再次服从心灵的震颤，他搂住女孩的脖子，动动双唇，不想也不看，仍然沉默、哭泣，后亲吻了女孩的脸颊。"

"然后，他深深地吸了一口气，用衣袖擦干脸上激动的泪痕，又恢复了平静。"

"此时，刺耳的呼叫声从操场的尽头传来：'你们俩在那儿干吗？快，快，进教室！'"

"那是他们的监护人——女教师。她像对待两个打架的孩子，用盲目的野蛮行为扼杀了一个叛逆者心灵的美好情感的萌动。当时是学生回教室的时间，所有学生必须服从。"

这个插曲说明我的年轻的女教师们在办学初期所作所为的轻率；她们几乎不由自主地把孩子们引导到静止不动，没有观察和区分孩子们的行动。有这样一个女孩，把她的女伙伴召集在一起，在她们之间走来走去，边说边打手势。这时，女教师立即跑过来，抓住她的胳膊，劝她要保持安静。而我却在观察那个女孩，我发现她在给女伙伴当老师和母亲，教她们祈祷、祈求神灵和画十字，动作非常庄重：她业已显现出像个领导者。还有一个男孩，他经常乱跑乱动，被认为是个不安分、不正常的学生。有一天，他专心致志地搬动桌子，因发出太大响声，立即被教师制止。然而，搬动桌子是为实现一个目的的协调运动的最初表现。通过这一行为，这个男孩显露出其倾向性，因此这是需要尊重的行为。

事实上，在他被制止以后，他开始像其他孩子一样，每当在他的小桌上移动小物品时都能保持安静。

有时发生这种情况：当女教师把用过的物品重新放到盒子里时，一个女孩就接近她，也拿起那些物品，显然想要模仿女教师。女教师的第一个反应是让她重返座位，通常的命令是："不要动，回到座位上去！"然而，女孩的这一动作恰恰显现做好事的倾向；无疑她会在这种井然有序的练习中受益。还有一次，孩子们说说笑笑地聚集在大厅里，围着一个水盆，看盆里浮动的玩具。我们学校有一个两岁半的男孩，他一人独自站在后面，不难看出他怀有强烈好奇心。我饶有兴味地从远处观察他。他先是接近小伙伴们，后用衣袖挤他们，但他没有力量挤开，于是仍站在圈外并环顾四周。在那张稚幼的小脸上流露出的思想非常有趣，如果有一架照相机，我一定把那种表情拍下来。他的目光突然落在一把小椅子上，显然他想把椅子搬到那群孩子后面，然后再爬上去。他脸上露出希望的神色，朝小椅子走去。然而，此时一位女教师粗暴地（她或许认为有礼貌地）抓住他的一只胳膊，再用双臂把他举起，让他从孩子们的头顶上看水盆，还说："来，亲爱的，来，小可怜儿，你也看看！"无疑，这个幼儿在看到浮动的玩具时，不会感到靠自己力量战胜障碍获得的快乐。他看到那些玩具，并没有使他受益；而他自己努力运用智慧才能发展其内在力量。这位女教师阻碍了这个幼儿进行自我教育，却没有给予他任何有益的补偿。正当他感到快要成为胜利者时，发现自己就像个无能者，被一位救援者的双臂举起。在他那张小脸上，那种我觉得十分有趣的快乐、焦急、期望的表情一扫而光，留下的只是知道"他人会为你做事"的孩子的那种呆傻的表情。

当女教师们对我的观察方法感到厌烦时，就开始让孩子们任其所为。我看到有的孩子脚踩桌子，有的用手指挖鼻孔。但女教师们没有干预，更没有加以纠正。我甚至看到有的孩子推搡他们的小伙伴，脸上显现出暴力的表情，但女教师对此熟视无睹、无动于衷。于是，我不得不十分耐心地进行干预，指出哪些行为要严格绝对禁止，哪些行为要逐渐制止，即指出所有不能做的行为，直至孩子们能清晰地分辨出好与坏。

这是教育不可或缺的出发点，也是教师工作最繁重时期。为让孩子们积极地遵守纪律，应当首先确立好和坏的观念。教育者的任务在于避免孩子们将好与不动、坏与好动混为一谈；而按旧纪律形式，正是这样将二者相提并论的。由于我们的目的是建立促进积极、工作和至善的纪律，而不是趋向惰性和被动的纪律。

在一个大教室内，所有孩子都在进行有益的、运用智慧的和自觉的活动，而没有不雅的活动，我认为这个大教室纪律严明。

如同在普通学校那样，安排孩子们一排排坐着，分派给每个孩子一个座位，并要求他们不要乱动，遵守秩序和规定，我们学校在以后也能做到，即当作集体教育的起点。

在生活中，比如听音乐会或出席研讨会，人们也必须就座并保持安静。

然而，我们知道，即使对成年人来说，做到这一点也要作出不小牺牲。

因此，我们可以命令孩子们各就各位并遵守秩序。但要让他们懂得这种理念，要让他们学习、领会集体秩序原则，这是至关重要的。

如果孩子们懂得这种理念，他们起立、说话、交换位置，就不似他们以前不知道和不思考就这样做，而是因为他们想要起立、说话等等；即他们从熟知的静止有序的状态出发，旨在进行某些有意为之的活动；由于他们知道存在被禁止的行为，就会促使他们想起好与坏的天壤之别。

从有序状态出发的孩子们的行为，随着时间的流逝，变得越来越协调和完美；事实上，他们是在学习反思自由的行为。现在，观察孩子们从最初无序行为向自发有序行为转化的方式，可以说是一本教师手册，一本启发教师行动的读物，一部要成为优秀教育者就必须阅读和研究的著作。孩子们正是通过类似练习对自己的倾向进行选择，而在此之前所有倾向都在无意识和无序的活动中相互混杂。

运用这种方法自然表现出的个性差异神奇：每个孩子都在表现自己。

有的孩子长久地坐在自己座位上，感觉迟钝或昏昏欲睡；有的则起立呼喊，打打闹闹，弄乱东西；有的已经力求完成一种带目的性的行为，比如把椅子放倒并试着坐上去，移动一张桌子，看一幅画。他们时而表现出是智力发育迟缓或许是身患疾病的孩子；时而表现出性格形成迟缓；时而表现出聪明，适应环境，善于表达自己趣味、自己倾向、自发注意能力和潜能的局限。

# 独 立 性

对儿童而言的自由概念，不可能如关于观察植物、昆虫等的概念那样简单。因为，儿童在出生时具有无能为力的特征，还由于其社会个体的性质，被限制其行动的各种束缚围困。

基于自由的教育方法，应当进行干预以帮助儿童获得自由，应当旨在把儿童从限制其自发表现的种种灵缚中解放出来。沿着这条路慢慢走的孩子，其自发表现将更带真理清晰性，并揭示其本性。

这就是说教育干预应当以引导孩子走上独立之路作为其首要形式。

谁若不能独立，谁就不可能有自由；因此，为了实现独立，应当从幼年开始就引导个人自由的积极表现。

断奶的孩子意味着什么？他就是独立于母亲怀抱的婴儿。在脱离母乳这个唯一营养源之后，他会在上百种面糊中挑选，这意味着他生存的手段倍增；他能选择自己的食物了，而从前他不得不限于一种营养形式。

然而，他仍然要依赖他人，因为他还不会走路、洗脸、穿衣，还不会用明白易懂的语言索要想要的东西。他还是所有人的奴隶。无论如何，到了3岁，孩子在很大程度上能独立、自由地行动。

我们尚未理解独立这个崇高概念的真正含义，是由于我们生活其中的生活条件还是奴役性的。在存在奴仆的文明时期，社会条件不可能孕育独立的理念，这恰恰如同在奴隶时代，自由的理念很模糊。

奴仆并不依赖主人，主人反而依赖奴仆。

在社会结构中如此彻底的人类错误是不可宽容的，我们却没有意识到这种错误将导致道德低下的普遍后果。

我们往往认为自己是独立的，因为没有人命令我们，我们反而命令他人。但需要奴仆帮助的达官贵人，正是由于自己的无能，才显现出其依赖性。瘫痪病人不能脱鞋是由于病理原因，而王子不能脱鞋是社会因素所致，但最终处于相同的境况。

承认奴隶制的民族，认为人的优越性在于事实被人服侍，而未受人帮助者被视为具有奴隶主义的天性。事实上，我们很容易接受服侍，就像沉湎于美好的礼貌、美好的热情和仁慈一样。

被别人服侍（而不是被人帮助）的人，在一定意义上损害了自己的独立性。这一概念是人类尊严的基础："我不愿被人服侍，因为我并非无能，但我们应当互相帮助，因为我们是好善乐施的人。"这是在感受到真正自由之前应当确立的观念。

对幼童有效的任何教育活动，都应当帮助幼童在独立的道路上前进，这种独立应理解为让他们开始完成最初形式的活动，此种活动靠自身力量足够，无须依赖他人。要帮助他们学习无须搀扶自己走和跑，上下楼梯，拾起落地物品，穿衣脱衣，洗脸洗澡，说话流畅并清楚表达自己的需要，努力尝试实现自己意愿，这些就是独立性教育的内容。

我们若服侍孩子们，这种服侍他们的行为，注定导致窒息他们自发的有益的活动。

我们若认为，幼童类似于没有灵魂的玩偶；我们就给他们洗，给他们喂饭，正像他们服侍自己的洋娃娃那样。我们从未想过，孩子们不干，不是不会干，但以后必须干，而且生来具有学习干的所有手段。我们对孩子们所负责任，无一例外地是帮助他们完成有益活动。一位母亲给自己孩子喂饭，未作一点努力教他拿小勺并送到嘴边，或许母亲本人吃饭时也没有让他观察、模仿。这样的母亲不是好母亲。她冒犯了其孩子的人的尊严，把他当玩偶对待，然而他是大自然委托母亲照看的人。谁不知道，教孩子学会吃饭、洗澡、穿衣这种工作，比给他喂饭、洗澡、穿衣更困难，更需要耐心，所费时间更长？

前一种是教育者的工作，后一种是仆人的容易、低微的工作。

后一种不仅仅是简单、低微的工作，而且非常危险，因为它封锁了道路，给孩子的生命发展设置障碍，除了这些直接后果外，还会产生更为严重的长远后果。拥有许多奴仆的达官贵人不仅越来越依赖后者，而且他的肌肉因不活动变得衰竭无力，最终丧失生来就有的活动能力。某人因财富充裕，不劳动只命令，他的头脑必衰竭萎缩。懒惰——致命的罪恶，就这样被我们灌输到幼儿的心灵。

如果有一天，被人服侍者在自己意识的闪念中希望能够独立生存，他会发觉自己完全丧失这种力量。社会特权阶级的父母尤其要对这些原则三思。

## 在无能的领域内帮助会妨碍天生力量的发展

奴隶主义的危险不仅存在于导致无能的"生命的无益消耗"，而且存在于反作用的发展，这些反作用具有堕落和衰败的意义。我们可以同歇斯底里者的痛哭或癫痫病人的痉挛进行比较。

它们是专横跋扈的行为。专横跋扈往往同衰弱无能并驾齐驱，勃然大怒总伴随着懒惰。

我们想象有一位聪明灵巧的工人，他不仅能干好本职工作，而且善于在工厂提出建议，由于他能用清醒头脑把握企业全局。他往往也充当调解人，当他人对他发火时，他报之以微笑。然而，他回到家中，看到妻子未把菜汤做好或感觉味道不佳，他很容易火冒三丈，并大声斥责其妻。任何人知道此事都不会大惊小怪。因为在家里他不再是灵巧的工人，而其妻是服侍他并谅解他的熟练女工。因此，他在能表现自己能力的地方，是个心如止水的人；而在他被人服侍的地方，他就变得蛮横无理。或许这位工人学会做菜汤，就会变得完美无缺。一个人独自奋斗，靠自己力量完成自己的活动，他就战胜了自我，增强了自己的能力并使自己更完美。未来世代的人们都将是强有力的人，也就是说他们都将是独立的和自由的人。

## 对我们学童的奖罚

落实这些原则就足够了，我们将发现孩子们会产生一种平和心态，几乎所有活动都具有这种特征并且十分鲜明。千真万确，诞生了道德上更高尚的"新儿童"，远超过按无能为力者对待的儿童。一种尊严感伴随内心的解放：孩子们业已对自己的成就感兴趣，不为许多外在小诱惑所动，而以前他们未遇抵抗就能激起低级的情感。

我应当承认，这种经验让我惊叹不已。我本人也曾对普通教育荒谬绝伦的方法抱有幻想，我也曾相信为促使孩子们努力工作和遵守纪律，有必要用外在奖励激起他们最低级情感，诸如嘴馋、虚荣心、自爱。其后，证实孩子们赞同提高自己——自发地抛弃其低级本能。这令我感到惊愕。于是，我劝说女教师们停止使用普通奖励办法（它们并不适合我们的孩子们），并劝说她们要和蔼可亲地指导孩子们学习。

但让女教师们放弃旧习惯和旧偏见谈何容易。

尤其是当我不在学校时，一位女教师想方设法纠正我的理念，偷偷地引入一点儿她习惯的方法。一天，我突然回校，惊奇地发现一个最聪明的孩子，胸前挂着带白色绶带的希腊十字银质奖章，而另一个孩子坐在教室中间的扶手椅上。

前一个孩子受到奖励，后一个孩子受到惩罚。至少当我在场时，女教师没有进行任何干预，于是我发现上述一幕。我一言不发，开始观察。挂十字奖章的孩子走来走去，把自己桌上的物品搬到女教师桌上。他忙忙碌碌、专心致志，一次次从受罚孩子的扶手椅前走过。他的奖章掉在地上，坐扶手椅受罚的孩子捡起奖章，正反面仔细查看，然后对同学说："你看，掉了什么？"那位同学转过脸冷漠地瞥视一下奖章，他的表情似乎在说："你别打断我！"而他张嘴说出："这和我有什么关系？"受罚的孩子非常平静地说："和你没关系吗？那么我戴戴。"获奖的孩子回答说："好，你戴吧！"其语调仿佛在说："别打扰我！"受罚的孩子小心翼翼地把十字奖章戴在胸前，他仔细查看，更舒适地坐在扶手椅上，把双臂放在扶手上。事实这样发展，也很正确。那个下垂物件可以使受罚孩子得到满足，但不能让积极向上、乐于工作的孩子满足。

有一天，我带一位女士参观另一所"儿童之家"。她对孩子们赞不绝口，最后当着他们的面打开一个盒子，从里面掏出许多铜质奖章，那些奖章闪闪发光并系着红色绶带。她说："你们老师要把这些奖章戴在最优秀最聪明的孩子胸前。"我因没有义务用我的方法指导这位女士，我沉默不语。女教师接过了盒子。一个非常聪明的 4 岁男孩，原先静静地坐在第一张小桌旁，此时皱皱眉头以示抗议，开始一次次地呼喊：

"别给男孩，千万别给男孩！"

这是什么样的启示！这个幼儿已经意识到他属于最优秀最聪明的孩子之列，虽然谁也没有对他指明，他不愿意受到这种奖励的伤害。由于他不知道如何捍卫自己的荣誉，就求助于性别特征。

至于惩罚，我们曾多次面对打扰他人又不听我们规劝的孩子。我们立即请医生对他们进行特殊检查，但往往检查结果表明他们是正常的孩子。于是，我们在教室角落里摆一张小桌，有意孤立那个淘气包，让他坐在正面对同学的扶手椅上，我们供给他想要的所有物品。这种孤立总能让孩子平静下来：从他的位置可以看到全体同学，对他而言，他们的行为举止是一堂非常有效的直观教学课，而教师讲授不可能达到这种效果。他逐渐领会到和同学们结伴的好处，他希望像其他孩子一样行事。我们用这种方法引导所有起初显得淘气的孩子都能遵守纪律。一般来说，被孤立的孩子成为被特别关照的对象，仿佛他是个需要帮助的穷人或病人。而我本人，一进入教室就直接奔向他，并像对待一个幼儿那样爱抚他。然后我再转向其他孩子，关心他们的学习，仿佛他们都是大人。我不知道在那些被孤立的孩子心灵中发生了什么，但肯定他们的"转变"是决定性的和深刻的。其后，他们对学会工作和举止庄重感到自豪。此外，他们对女教师和我总流露出温柔、亲切之情。

# 发展的自由

从生物学观点看，幼儿教育中的自由概念应当理解为：促进幼儿在生理和心理方面最有利发展的合适条件。教育者几乎受到高度崇拜生命的激励，当他怀有关注人的极大兴趣进行观察时，必须尊重儿童生命的发展。现在，儿童的生命不是一种抽象，而是个体儿童的生命。这里只存在现实的生物学现象：活生生的个体。每一个个体都要逐一观察，并必须对他们进行教育，即积极帮助其生命正常扩展。儿童的身体在成长，心灵在发展；而生理和心理两种形式具有一个永恒源泉——生命；

我们不应当损害和窒息其神秘潜力，我们必须等待其进一步表现。

无疑，环境在生命现象中是次要因素。因为它可以改变，正如可以帮助或破坏；但从不创造。发展的起源是内在的。孩子们成长，不是由于他们吸收营养，呼吸空气，处于适宜的气候条件；他们生长因内在生命潜力在发展，才变成现在的模样；生育力强的胚胎，作为生命的渊源，按遗传确定的生物学规律发育。事实上，成人吸收营养，呼吸空气并处于相同气压及气温条件，但他们并不发育。青春期降临，不是因孩子们欢笑、跳舞或做体操或营养比以往更好，而是因发育到了那一生理阶段。生命自己表现，生命自己发展，生命自己给予，生命具有局限和不可逾越的规律。

因此，当我们提及幼儿的"自由"时，不愿理解为放任自流的幼儿进行外在、无序的活动（这种活动毫无目的），而是赋予这个词汇深刻含义——将其生命从阻碍正常发展的障碍中"解放"出来。

孩子们负有催其奋进的伟大使命：成长并变成成人的使命。由于他们对自己的使命和内在需求浑然不知，由于大人没有可能向他们清晰阐明，于是在孩子们周围，在我们家庭和学校的社会生活中，创造了许多错误的环境，阻碍幼年生命的扩展。我们必须尽可能地清除这些障碍，更深入地研究幼年的隐秘并模糊的需求，以便让我们的帮助符合那些需求，也就是说要解放幼儿。

这一概念还蕴含着：成人要精心和细致地观察幼儿的真正需求，作为第一个实际行动，致力于创造适宜的环境，让幼儿在其中能够为实现一系列感兴趣的目的而活动，让幼儿不可遏止的活动走上秩序和完善的轨道。

在上文描述的备有适合孩子们体形家具的愉快环境内，再配备一些让他们为实现某个目的而使用的物品，比如某些简单的扣件框，供孩子们学习扣扣子、系鞋带、挂勾、打结等等。或者配备脸盆供孩子们洗手；或笤帚供他们清扫地板，抹布供他们清除家具上的灰尘；各种刷子供他们清污鞋子和衣服。所有物品都"邀请"孩子们积极活动，去完成一件真正工作以实现一个实际目的。我们还让孩子们铺开地毯，用毕再卷起地毯。或让他们在用餐时铺上桌布以备放餐具，餐后再把桌布叠起放回原处。甚至让他们学习就餐全过程：正确用餐，搬走并清洗餐具，再放到橱柜原处。这些劳动不仅在参加时会遇到程度不同的连续困难，而且还要求性格的逐步发展，因为要进行就必须有耐心，要完成必须有责任心。

现在我列举的这些劳动，被称作"实际生活训练"，因为在"儿童之家"不断地开展一种真正的实际生活，在这儿所有家务劳动都交给幼儿去做，他们兴致勃勃并认真负责地从事"家务劳动"，他们变得人人平和又端庄。

除了用来教授"实际生活"所有活动的物品，还要配备许多教具以帮助他们通向文化的智力逐步发展，比如供感觉教育用的系统教具，供学习字母、数字、书写、阅读和算术的其他教具，这些教具被称作"发展教具"，以区别于那些用于"实际生活"的物品。

当我们提及"环境"，我们认为应包括孩子们在其中能自由选择并随心所欲使用的所有东西，即符合他们的倾向和他们活动的需要。女教师别无所为，只需在开始时帮助孩子们在众多不同事物中选择，并掌握其准确用法，即让他们在环境中开始有序、积极的生活；然而，其后应让他们自由选择和进行活动。一般来说，孩子们在同一时刻具有不同意愿，一个孩子干这事，另一个孩子干那事，不会发生争吵。甚至，随着充满活力、值得赞誉的社会生活的进展，孩子们在平和、欢乐的气氛中，自己解决不同社会问题，这些问题是由自由和多样的个人活动逐步提出的。在环境中，存在一种充分扩散的教育权利，孩子们和女教师都扮演各自的角色。

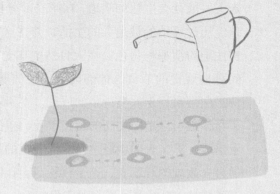

# 四　教育中的自然

伊塔尔在其经典著作《阿韦龙野孩的初步发展》中，特别描述了神奇教育的戏剧性效果，这种教育旨在消除白痴的昏暗心智并把人从野蛮状态下解救出来。

被抛弃的阿韦龙野孩在大自然环境中成长。谋杀者把他弃之森林后（他们认为他已被杀死），他靠自然手段治愈伤口，多年在森林里裸体地自由自在地生活。最终，他被猎人发现并被引入巴黎的文明生活。他瘦小的身躯布满伤痕，这些伤疤是他同野兽搏斗和从高处跌落造成的。

野孩被发现时不会说话并在很长时间内如此；他的智力经皮内尔诊断是白痴水平，显现出没有能力接受智力教育。

然而，科学教育学促使野孩取得初步进步。伊塔尔这位治疗聋哑疾病的专家和哲学学者，应用让近乎全聋者恢复听力的部分试验方法进行教育。他的看法是野孩智力低下主要因缺乏教育所致，而不是由器官缺陷造成。他就像塞万提斯的原则"没有人的事业，人就是无"的信徒。他相信教育万能。他反对卢梭在大革命前陈述的教育原则："一切都出自造物主之手，一切都毁于人之手。"简言之，教育事业无益并对人有害。

根据伊塔尔的最初错觉，野孩在实验时证明了（通过野孩的特征）其最初看法的正确性。然而，当得到皮内尔的帮助后，伊塔尔发现他在和一个白痴打交道，其哲学理论值得实验教育学的尝试令人赞赏。

# 发现儿童

伊塔尔把他对野孩的教育分为两部分。在第一部分他尝试引导野孩走上一般社会生活的轨道；在第二部分他尝试对白痴进行智力教育。野孩经历过可怕的被遗弃的生活，并在这种生活中发现幸福；他曾经全神贯注地扮演那种角色，在大自然中享受快乐；雨、雪、暴风雨、无限空间是他观赏的节目、他的同伴、他的所爱。文明生活意味着放弃这一切，但带来利于人类进步的成就。在伊塔尔的著作中，绘声绘色地描写了野孩被引导走向文明的道德事业，包括受到无微不至关怀的孩子的需求倍增。下文表明伊塔尔是令人赞赏的耐心工作的榜样，他是自己学生的自发表现的观察者，这个榜样定会让准备使用实验方法的教师们学习一种精神：观察需要耐心和忘我。

"譬如，当我在他的房间里观察他时，看到他单调地痛苦地摇晃着身子，目光总投向窗外，并固定在虚空中。如果一场暴风雨突然而至，如果太阳突然从云层中露出并使天空明媚，野孩就会突然开怀大笑，他快乐得近乎痉挛。有时，欢快之后突然勃然大怒，他扭动着双臂，凝视着紧握的双手，并且咬牙切齿，对于他周围的一切都构成危险。"

"一天早晨，下着鹅毛大雪，而他尚未起床。他醒来突然欢呼一声，从床上跳起，跑到窗前，然后走到门前，他很不耐烦地从这儿走到那儿，最后裸着身子跑到花园里。在花园里，他用尖叫自由宣泄自己的快乐。接着他开始奔跑，在雪地上打滚，抓起大大的雪团，用难以置信的贪婪把它们吞咽下去。"

"然而，当他被大自然的伟大奇景所陶醉时，他的感受并不总以这种生动、强烈的方式表现。必须注意，在某些情况下，这些感受具有一种痛惜和伤感的平静方式。于是，当恶劣天气把大家从花园驱逐之后，阿韦龙野孩专选那一时刻去花园。他有一个习惯：围着花园转，然后坐在喷泉的边上。"

"我用整整几个小时，非常高兴地望着他的身姿，注意到他脸上毫无表情，做的怪相使他的脸扭曲变形。当他的双眼凝视水面时，他的脸上显现出回忆过去的痛苦、忧伤的表情，同时他不时地将一片片落叶抛到水中。"

"在一个月光皎洁的夜晚，当一缕银光射进他的房间，他几乎总在醒着并站在窗前。他几乎整夜都站在那里，一动不动，后探出头，两眼凝视着月光如水的夜色，陷入心醉神迷沉思中。他长时间静止不动和沉默不语，但不时地长吁短叹，最后发出一声哀鸣。"

伊塔尔在其著作的其他地方提及野孩不会正确走路，只会奔跑；正如伊塔尔所说，当他陪伴孩子在巴黎街道散步时，他首先习惯性地跑到孩子后面，而不是粗暴地阻止孩子跑。

满腔热忱并循序渐进地引导野孩适应社会生活习俗；起初教师适应学生，而不是让学生适应教师；接着靠新生活的吸引力和魅力征服野孩，而不是把新生活粗暴地强加给他，从而引起他的反对和痛苦；这一切构成宝贵的整体教育原则，这些原则可以推广并应用于整个儿童教育。

我相信没有任何一本书会像伊塔尔的著作这样有说服力地阐述自然生活和社会生活之间的冲突，并清晰地证明社会生活在于放弃和限制。奔跑沦为有节奏的步伐，尖声呼喊减弱为普通说话声音的抑扬顿挫，想想这些足矣。

但是，在我们时代和我们社会的文明环境中，孩子们远离大自然生活，并且很少有机会直接接触大自然或者拥有大自然的直接经验。

在很长时间内，大自然对儿童教育的影响仅仅被视为一种道德因素。人们探寻神奇自然物——花草、树木、动物、景色、风、光——激起独特情感的发展。

再晚些时候，人们尝试让孩子们的活动面向大自然，让孩子们开始种植所谓的"教育园地"。但是，在大自然中"生活"的概念是教育的最新成果。事实上，孩子们需要自然地生活，而不仅仅是认识大自然。至关重要的事实是，可能把孩子们从种种束缚下解放出来，这些束缚把孩子们禁锢在市民社会创造的人为生活中。然而，今天在儿童卫生学的形式下，部分体育教育形成了，它致力于让孩子们在公园里同自由空气有点儿接触；让他们在海岸的水中或阳光下度过一段时光，还有着装更简单方便，穿拖鞋或不穿袜子，即小心翼翼地尝试让孩子们摆脱过分束缚，毫无必要用这些束缚把孩子们同所谓文明生活相连。然而，如果我们想一想，现代疗养院里患有结核病和佝偻病的虚弱病童在多大程度上接触自然，因为经验证明让他们露天睡觉、阳光下生活是治愈所需的唯一手段，那么结论很清楚：若身体健康的孩子们更广泛地接触自然，不仅能承受得住，而且会变得生龙活虎。但在这个论题上仍然存在很多偏见，因为我们大家都心甘情愿做囚徒，我们最终爱上我们的监狱并把它传给子女。在我们的认识中，自然逐渐变得狭小，沦为生长的花卉，供给我们营养的家禽家畜，为我们劳动或保卫我们的牲口。这样，我们的心灵也变得麻木，业已适应包容冲突和矛盾，甚至将欣赏动物的愉悦同接近为我们提供营养而注定被杀的可怜家畜相提并论，或把静观鸟类的美丽同聆听笼中鸟儿歌唱、同某种暧昧不明的"对自然的爱"混为一谈。不是还有一种偏见吗？人们把海滩上的沙子带一点儿回家，放在桌子形状的容器内，就错认为对孩子们"大有裨益"。甚至，人们多次设想海岸就有教育意义，因为那里可以找到类似容器内的沙子。于是，在长达一个多世纪的混乱中，又添加了更多的荒谬绝伦的观念。

说实话，自然让大多数人恐惧。他们害怕空气和太阳，仿佛它们是死敌。他们害怕冰凉的晚霜，仿佛它是藏匿在植物中的蛇。他们害怕暴雨，如同害怕大火。如果说在今天卫生学的规劝对文明人有点儿推动的话，使对囚禁生活满意的文明人开始趋向自由的大自然，也只是战战兢兢地这样做，他们非常谨慎小心。在露天睡觉，在风雨中锻炼，向太阳挑战，跃入水中遨游，成为人们谈论的话题，但不总能付诸实施。

谁不怕被风吹着而急急忙忙地关上门？谁不在睡前关上窗户，尤其在冬天和雨天？在空旷乡村顶着烈日或暴雨远足，自然要求助于遇到的遮蔽物，几乎无人怀疑这不是英雄壮举或冒险。他们说，我们必须习惯，不要活动。那么，怎样习惯呢？难道让孩子们习惯吗？这不对。他们甚至是最受保护者。就连英国人，体育运动的先锋，也不让孩子们接受大自然和艰苦的考验：当天气晴朗时，好保姆把童车推到荫凉处，其实孩子已长大；既不让他们远足，也不让他们自发行动。体育最初是作为最强壮最勇敢青年的真正战斗诞生的，他们被召唤拿起武器同敌人战斗。

如下说法可能不够成熟：打开孩子们的锁链；顺从他们——当下雨时任他们在外面疯跑，当发现水洼时任他们脱鞋，当草地沾满露水时任他们光脚去践踏；当树木以树荫欢迎他们时让他们自由地去休息，当晨曦如唤醒其他生物那样唤醒他们时让他们欢呼和大笑。然而，我们却急切地问自己，在黎明之后如何让孩子们入睡，如何教他们不脱鞋和不跑到草地上。当孩子们受到我们限制，被禁锢得退化并愤怒时，就杀死昆虫和无辜小动物，我们觉得还很"自然"；我们没有发现他们的心灵已变得脱离自然。因此，我们要求我们的孩子适应监狱，不要给我们制造任何麻烦。

孩子们的肌肉力量还很微弱，却比我们想象的要强劲，若要这些力量显现出来，需要自由的大自然。

城市的孩子在稍微散步后就喊累，于是我们就认为他乏力，其实他的抱怨来自环境的矫饰，来自厌烦，来自不适宜的着装，来自当皮鞋踏在马路裸露的石板上，其柔软的小脚丫儿卡在鞋里的痛苦；来自周围人们令人沮丧的榜样，全都沉默不语、冷漠、面无表情地走路。可以欣赏的时髦服装的魅力，应去俱乐部的吸引力，对孩子们都不存在。他们被皮条系着，受到惰性的纠缠并心甘情愿地懒散下去。然而，如果孩子们同大自然接触，则他们的力量就会显现。即使不足两岁的正常幼儿，如果身体健康、营养充足，也能走几公里路。在烈日下，孩子们能攀登又长又陡的高坡，他们的小腿不知疲劳。我记得有一个约6岁的男孩，数小时找不到他；原来他一直在爬一座山丘，他认为能登上峰顶，就可看到另一边的世界。然而，他并不累，只是感到失望，因为没有发现他探寻的东西。有一次，我认识一对年轻夫妇，他们有一个刚刚两岁的儿子。父母要去很远的海滩玩，设想每人轮流抱着孩子走一段，但感到会太累。结果，孩子自告奋勇自己走完全程，并且每天都走一趟。父母并没有抱孩子走，而是作出一点儿牺牲：走得慢些；当孩子停下采集小小的野花时，当孩子发现驴驹在草地上吃草，就坐下严肃并投入地陪伴那卑微又尊贵的生物时，父母驻足观察。父母没有抱孩子走，而是跟着孩子走，从而解决了问题。

只有诗人才感受到在岩石间回旋的溪水旋涡的魅力，如同幼儿感受到其魅力而欣喜欢笑，然后驻足用手撩拨，仿佛抚爱小动物。据我所知，除圣方济各①外，无人欣赏卑微昆虫或无任何魅力只略带香气的野草，他就像这些孩子们。

然而，我请你们抱起还不会走路的婴儿；抱着他沿着乡间小路漫步，那儿会出现神奇美妙的地平线。我说抱着他，注意让他面对着美景。请你们和他一起驻足！当他还不会站立，当他的舌头还不会要求停步时，让他欣赏迷人美景。为了了解这样做的意义，我们可以如是说：他不仅仅靠奶活着。

你们从未看见，孩子们围着从窝里坠地的小鸟尸体，一脸严肃，跑前跑后，讲述并询问，因内心悲痛而难以自持吗？确实如此，他们是孩子，但在不久的将来，他们可能退化到用弹弓打窝里小鸟的程度。

正如任何其他事物一样，自然的情感随着练习在增长；当然不是靠我们学究式的描述和规劝进行灌输，因为我们面对的是关在四壁之内、呆滞并厌烦的孩子们，他们耳闻目睹人们对动物的残酷行为，习惯地认为是生活所必需。经验使他们的心灵受到伤害，其家庭成员故意杀死一只鸽子，会在他们的心灵上留下阴影。我们应当治愈孩子们心灵的创伤，而不是给他们授课。我们应当治愈那些无意识创伤、精神疾病，人造环境囚徒们的可爱孩子们业已患上这类疾病。

## 学校教育中的自然

学校教育可以把孩子们的注意力集中到个别事物上，从而可以明确表达他们对自然的爱或唤醒他们心中潜在的或迷失的情感。给予他们活

---

① 圣方济各（San Francesco,1181—1226），天主教托钵修会方济各会创始人。生于意大利阿西西。

动的动因，同时给予令他们感兴趣的知识。正如其他学科分支，学校教育的可能性就在这里。

孩子们，是自然的最伟大的自发的观察家，无疑他们需要拥有对其采取行动的物质。

# 热忱的关心

对生物的热忱关心能满足幼儿心灵中的一种最活跃本能。因此，很容易组织对植物，尤其对动物的照料和积极服务。任何其他事情都不能与此相比，它能唤醒幼儿瞬息即逝（对明天漠不关心）的预见天赋。然而，当孩子们知道那些动物需要他们，那些花草若不浇水就会枯萎；他们的爱就通过新纽带每时每刻同明天的复兴相连。

请看：一天清晨，一群鸽子正在抱窝，孩子们耐心地照料它们，长时间地喂它们吃喝。看，这就是幼儿！还有一天，有一大群可爱的雏鸡，尽管刚刚破壳，母鸡长时间地用翅膀保护它们。这有多温馨，有多热忱！这一景象唤起孩子们帮助小动物的意愿，他们准备了稻草、旧棉线或一缕缕棉絮，为了让小鸟在屋檐下或花园的树上筑巢。小鸟在巢里成长，吱吱叫以示谢意。

昆虫的变形，虫妈妈对幼虫的关爱，都成了孩子们耐心观察的对象，常常引起他们推理，并让他们惊叹不已。有一次，一个小男孩被蝌蚪的变形所吸引，他向同伴叙述它们的发展，他记住了青蛙发育的各个阶段，俨然一个小科学家。

植物界同样具有唤醒功能。在罗马的一所儿童之家，由于没有种植园地，在大阳台四周摆上花盆，孩子们从未忘记用小喷壶给花草浇水。一天早晨，我发现孩子们围着一盆花儿席地而坐，安安静静，一言不发，静观夜里盛开的美丽的红玫瑰，并陷入真正的沉思。

还有，一个女孩在崇拜"花卉"和"花园"中成长，她的妈妈和教师从未让她缺少这方面教育。一次，她从晒台向外眺望，带着明显的激动和热情的口吻对妈妈说:"看,下面有个花园,种满能吃的东西。"那是个菜园,她妈妈觉得不值得欣赏,而女孩却被菜园所吸引。

## 对花园的偏见

即使置身于自然之中,我们也不可避免地怀有偏见,由于偏见很难承认真理。我们对花卉形成带象征性的观念,我们竭力让孩子们的活动适应我们自己的观念,而不是跟随他们以解释其真正兴趣和需求。在园艺上同样如此,孩子们被迫进行成人人为确定的活动。让他们把一粒种子种在土里,再等待它发芽、生长,对孩子们来说,这是一件微不足道却等待太长的工作。他们希望从事伟大工作,应当让他们的活动同自然的产物发生直接关系。

无疑,孩子们爱花草,但他们不会满足于身在花丛中,静观五彩缤纷的花冠。孩子们特别乐于行动、认识和探索,甚至不考虑外在美。

## 令人愉快的工作

根据我们的经验,让孩子们自由选择同上述做法(我起初也这样做过)截然不同:

(1)受孩子们欢迎的劳动不是播种而是收获,众所周知,收获决不比播种不紧张。可以说收获强化了播种的乐趣。谁要多次收获,谁就能深切体会到播种的模糊魅力。

最喜人的经验是收获小麦和葡萄。我们让孩子们收割麦子,再用彩带捆成捆,大获成功并可能变成一种美好的田园节日。我们让孩子们照看葡萄园,摘下一串串葡萄,清除果实上的败叶,再把晶莹的葡萄放入篮中,可以采用形形色色的节日形式。

各种果树都可组织类似劳动,收获扁桃令孩子们兴趣盎然,即使幼儿也乐此不疲。幼儿非常聪明，他们拣拾落在地上的扁桃并放入篮子，他们真正完成一件有益的工作。在叶子间寻找草莓的劳动非常愉快，不亚于寻找芳香扑鼻的香堇菜。

这些经验证明的是，孩子们对大面积播种的兴趣，例如应用所有工序播种整个地块的小麦。成人们只会使用犁播种，而孩子们却会把麦种分成各个小堆，再把小堆上的麦种放在小篮里，然后沿着垄沟撒种。当长出一行行嫩绿麦苗时，孩子们赏心悦目。麦苗整齐划一，长长的平行线，构成绿色的图画，使生长更加醒目壮观。各个事实的总和似乎更加伟大，而本身单独缺乏伟大意义。金黄麦穗随风波动，上扬到孩子们的肩膀，孩子们期待着收获。虽然种植作物具有某种神圣目的，但我们可以证明田园生活最适合孩子们，远胜过哲学和花卉的象征意义。

种植香草也具有实际意义：孩子们的活动在于探寻、区分和选择具有不同香味的草。练习区分相近事物，探寻一种香味（而不是一种花卉），是更加精细的工作，要求做更大努力，并引起发现奥秘的兴趣。

自然，花卉也令人感兴趣，但采花是一种反自然的行为，而在花丛中采摘土地供给的果实则截然不同。花卉似乎在呼唤昆虫（而不是人）来帮它们完成一次永生的使命。其实，孩子们通过精神上的满足受到教育，他们往往坐在花丛旁欣赏，然后很快起身去活动，因为正是通过活动，他们自身的小小人性美萌芽才得以萌发。

# 简 单 性

工作本身需要多样性。为了教育孩子们，播种或收获的目的性不是必不可缺的；他们兴高采烈地从事最简单活动，这些活动有一个直接目的，或者需要作出明显努力。譬如，清除林荫道或花坛上的枯枝败叶，清扫干枯的花瓣和树叶，或修剪老树枝。最后应有一个广阔的活动场所，并提供取得新经验的机会，尝试做困难之事是对积极进取精神的满足，这种蓬勃向上精神促使孩子们进入世界。

我们的图片表明幼儿在奶牛之间并不害怕；或幼儿同羊群友好相处。另一些孩子为筛子备好土，再用小推车把土运走，或用树枝搭成床架。

照看温室，为水生植物备好水，架设保护饮水卫生的防昆虫网或类似东西，是很少能够实际进行的劳动，由于一般缺少这样的环境，但从来不会对孩子们的力量和意志构成障碍。

# 我们的花园

我们提出让孩子们置于自由表达其需求的环境，从而得出的另一结论是，"限定"用于精神需求的园地或花园。相反，人们普遍认为最好给孩子们提供"无限空间"。在此种情况下，主要从物理生活的角度考察孩子们；似乎界限要由他们奔跑的双腿的敏捷决定。然而，"奔跑"也可视为场地的界限，如果人们想要精确确定那一界限，我们将会明确发现其界限比我们想象的小得多。在广阔的场地上，孩子们玩耍和奔跑，但总在那个地方，那个角落，那个有限空间内。所有生命都倾向于局部化和划界。

这一标准也适用于考察心理生活。界限应存在于那种正确尺度，即介于空间和事物的过分与不足之间。孩子们不喜欢为他们所设狭小的所谓"教育园地"；它缺乏特色，甚至不能满足孩子们的个人爱好。它是否符合自己的特点，对于满足其需求并不重要。他们希望的恰恰是满足自己的需求。他们应当能够照看许多植物，那些植物进入他们的意识中，被铭记在他们的脑海里，从而他们认识那些植物。

即使对我们来说，一个种植过多植物和花草的花园，是一个充满置于我们心灵之外的"陌生物"的地方。在那里我们的肺脏可以呼吸舒畅，但心灵没有交流。一个小小的花坛不能令我们满意，花坛容纳的植物过于贫乏，不足以满足我们的需求，不能解除精神的饥渴，精神渴望同创造物进行交流。由此可见，存在界限，存在我们花园的界限，在那里我们对每一种植物都倍感亲切，每种植物都有助于我们感受到内心世界的升华。

界限的标准引起人们极大兴趣，并且在许多国家按这样的理念实际修建花园，即必须符合儿童精神的需求。今天，我们花园的建筑同儿童之家的建筑齐头并进。

# 五 运动的教育

## 红人和白人

　　我认为教育者必须澄清一点，要将植物性生命和关系性生命区分开。植物性生命求助于血液循环系统，而关系性生命求助于神经系统。

　　神经系统可以区分为交感神经系统和中枢神经系统。交感神经系统特别控制内脏的功能，同情绪状态非常一致；而中枢神经系统通过无限神经末梢，当产生感觉时，中枢同外部世界发生关系，当神经冲动传布到肌肉时，就确定它们受意志支配。为了迅速理解交感神经系统从属于中枢神经系统，指出"激动"和"意志"这两者足矣。尤其是教育工作者对此不可掉以轻心。

　　现在，我们特别关注的事情是，首先要整体地和简要地考察两大系统。血液循环系统，以心脏为中心扩散到毛细血管微小系统外周；神经系统，以脑为主要中心通过无限分支，再扩散到微小的神经末梢。

　　众所周知，毛细血管和神经末梢存在于身体的任何微小部分，控制着供给营养物质的血液和赋予身体任何部分（包括组织部分）生命特色的神经纤维。为了对毛细系统和神经末梢系统的布局具有清晰印象，思考如下情况足矣：身体的任何部位（在外部，正如在内部）若被大头针刺伤，会引起出血和疼痛的感觉。如果假设，我们可以完整地抽出血液循环系统和神经系统，并且能在人体的所有部位成功复制，那么前者是红人，后者是白人。

植物性生命属于红人，因此从环境中获取交换所需物质——食物和氧气的系统同红人相连，还有排出废物的器官也与之相连。相反，通过白人它们发生关系：感觉器官负责从外部环境获取感觉；庞大肌肉系统负责驱动活动。虽然两种人截然不同，并且它们的功能清晰区分（前者获取肉体的物质，后者获取精神的物质），但它们水乳交融，相互关系紧密，若没有它们的相互作用，身体的任何部分都不能活动：心脏搏动并推动血液，因为它受神经支配；神经中枢和神经起作用，因为它们血液循环。

固定在骨骼上的肌肉构成人体组织的最大部分，同外部世界发生关系的活动和所有表现活动都同肌肉有关；而骨骼存在是为给肌肉提供支撑点（除恰恰保护神经系统和循环系统的中枢外）。小感觉器官几乎是孔眼，心灵从这里可以获取心理结构所需的意象；而生命的实际结果则留给肌肉。意志的全部工作通过这些神奇的运动工具展开。心灵的目的恰恰是拥有所有这些表现手段，借助这些手段观念变为行为，情感在活动中变为现实。

肌肉具有如此崇高的目的，但为了实现此目的，肌肉要进行非常复杂的协调工作，与此同时，极大地促进血液循环，体现为对心脏的巨大帮助。然而，这一切要发生，只有作为为关系功能服务的运动的物质"结果"。

但是，发生如下情况：人们（尤其是儿童）被迫接受一种惰性生活，一种脱离器官的人为的心理工作；而心理工作本应同各个器官紧密相连，它们不仅包括脑，而且包括感觉器官和肌肉系统。结果造成身体的衰弱，因为植物性生命也属于人的统一体。从这一教训得出的教育结论是，呼唤积极生活，即呼唤驱动生活，主要目的是活跃并强化植物性生命。当植物性生命苍白无力时，接踵而来的是身体的虚弱、交换的变质，从而极易患病。从而，具有关系生命的崇高功能的肌肉系统衰竭到如此程度：帮助血液加速艰难并复杂的循环；而心灵表现器官沦为一种吸入和排出血液的泵。

这种功能的转换肯定不能让人进行"正常活动"；一种功能的错位造成冷漠的后果。一种错误妄图纠正另一种错误。心理生活，甚至其道德表现越来越受到损害；因为杂技是一种身体的斗争。游戏和类似反应消耗人的生命。

当四肢脱臼、造成畸形并引发多种痛苦，应当怎么做？应当让骨头复位以恢复正常功能。一旦这样做了，单一原因造成的所有后果都将自行消逝。因此，教育的错误是让思想和幻想徒劳无益地漫游，造成感觉衰弱、肌肉无力；相反，感觉、神经中枢和肌肉构成一个整体。必须纠正的是，让与心理生活相连的各器官功能处于积极状态。智力劳动应当伴随对真和美的感受，这种感受会使智力劳动生机勃勃，它也应当由把观念付诸实施并在外部世界留下其痕迹的运动陪伴，在外部世界中人们应当相互帮助。肌肉训练应当永远为心灵服务，而不应当沦为植物性生命、人们称作"肉体生命"物质部分的奴仆。

譬如，劳动是为心智服务的体力训练。当一个人在劳动时，劳动间接地帮助血液循环和肺部呼吸。

因此，健康问题也是一个劳动问题。

当营养条件良好时在露天劳动，在人的心智最高功能允许的限度内，是正常的生活，会实现充分健康。

## 体操与纪律

在普通学校，人们通常把"体操"称作集体肌肉训练课，旨在让全体学生学会按命令完成规定动作。此外，存在一种体育馆式体操，它是向杂技迈出的第一步。

这两种不同运动对于克服学生肌肉乏力均有益，因为学生在课堂学习时不得不坐着生活，并保持课堂纪律规定的姿势，即僵硬地坐在木椅上。于是，体操代表对一种强制痛苦的控制补救法，没有丝毫特色并几乎是旧世界的象征：作用和反作用都由教师强加，把痛苦和补救法威严地施与被动的、遵守纪律的孩子们。

现代潮流把体操分为不同层次，譬如从英国传到我国的户外游戏，或由达尔克罗兹（Dalcroze）倡导的韵律操，现代思潮更加人道地看待儿童。现代思潮可能让儿童摆脱强迫姿势，更加关注他们的人格。然而，所有这些方法都是对错误理解生活的反作用，对生活本身没有产生任何根本性影响。它们如同游离于正常生命之外的娱乐。

让肌肉训练课进入孩子们的生活本身，让此种教育同每天的实际生活相结合，是我们方法的主要实践活动之一，它把运动教育同儿童人格教育融为一体。

正如我们大家所证实，孩子们被不断活动所累：他们需要活动，这在整个童年是不可抗拒的，通过自制力发展表面上运动在不断地减弱，由于自制力同驱动刺激相协调，不断地产生注定服从意志的古怪东西。于是，发育快的孩子拥有最服从的驱动力怪物；当一种外在意志对他的意志施加影响时，他能够抑制冲动。然而，这总是作为关系生活的基础本身；因为这恰恰是人类和整个动物界区别于植物界的特征。因此，运动是生命的本质所在；不能把教育视为运动的减速器，或更为糟糕地看作运动的制动闸，而只能作为对更好消耗能量并让能量正常发展的一种帮助。

孩子们在自然中有一位向导，指引他们改变活动的方式，这一点无需证明。幼儿就像一位舞蹈病人，不断地作出不协调的动作；3 岁幼儿总在活动，不断奔跑并抓住所有东西，但往往摔倒在地；9 岁儿童会走，活动时不再感到需要躺在地上或抓住遇到的任何东西。这些变化会自然而然地发生，同任何教育影响无关。儿童身体躯干与下肢比例的内在变化同这些变化有关，新生儿的躯干，从头顶到腹股沟底端的长度为身高的 68%；也就是说下肢仅为身高的 32%。相反，成人的躯干和下肢几乎等长。儿童在发育过程中这种比例会发生变化。当 3 岁幼儿进入我们学校时，其下肢为身高的 38%；其后下肢比躯干发育得更快，其比例甚至超过成人，在 7 岁时下肢已经达到身高的 57%。显然，在青春期之后，躯干发育更快，直至达到成人最终比例。为了理解儿童应当有不同的运动需求，如此初步考察其发育特征足矣：必须在他们自发运动时观察他们，旨在通过教育帮助他们实现发育的目的。这里，提及某些基本特征足矣：孩子们的下肢短小，必须作出很大努力才能保持身体平衡，但往往用跑掩盖单纯行走的困难；当他们感到需要休息时，就会躺在地上或抬起腿。当婴孩向后伸展躯干、用手触摸抬起的脚近乎成为正常姿势时，3—5 岁的幼儿探索其休息姿势：匍匐在地，高抬小腿，往往双肘撑地抬起双肩；也就是作出腹部着地的姿势。对他们来说，有必要探索不同于端坐椅上的休息姿势；孩子们喜欢坐在地上，以盘坐双腿长度或一侧腿的长度作为基础，最终产生一个更宽广的支撑基础。正是考虑到孩子们要中断连续运动并休息的天然必要性，我们在儿童之家配备了小地毯，一般情况下小地毯卷起，并放置在大厅的角落：孩子们想要在地上而不是坐在椅子上工作，他们首先应当拿起小地毯，接着铺在地上，然后在小地毯上工作。这里，没有成人指挥他们操作，于是孩子们安静地按自然法则办事。

## 体操与劳动

若认真思考，实际生活的训练是不折不扣的体操，让所有运动达到标准的体育馆是人们生活的环境本身。体操是不同于体力劳动的运动，它产生新事物；而在我们这里保存着现有东西，按预先确定的有待实现的目的理性地转换对象。卷起地毯，擦皮鞋，清洗脸盆或清扫地板，铺桌布放餐具，锁上或开启抽屉、小门、大门或窗户；整理房间，摆放木椅，拉拽幕帐，搬运家具等等，时而是全身活动的练习，时而是某一运动特别得到训练和完善。通过劳动习惯，孩子们学习活动双臂、双手和强化肌肉，远胜过普通体操。然而，不能把实际生活训练视为一种简单肌肉体操；它们是一种"劳动"。这是一种肌肉得到休息的劳动，肌肉作用但不疲劳，因为兴趣和多样性让肌肉的每一运动充满活力。这是一种人的自然训练，当他活动时，就应有要实现的目的：肌肉总应为智力服务，从而应当保持人性的功能统一性。如果人是睿智的生物，也是肌肉积极活动的生物，肌肉就会在智力活动中得到休憩，正如每一生物的休憩在于其功能的正常实施。因此，我们应当在环绕孩子们的环境中，为他们提供训练其活动的"手段"。我记得儿童之家接待从 3 岁至 6 岁不同年龄的幼儿，他们就像大家庭中的兄弟姐妹一样共同生活，从而他们需要从事不同的职业。

用于实际生活训练的用具不由科学确定，它们是孩子们生活的地方日常使用的东西，是他们在父母家里看到使用过的东西，但在制作时要特别注意适合幼儿而按比例缩小。用具的数量不由方法决定，而是取决于学校的可能性，尤其根据孩子们白天活动的时间长短决定。如果学校还有一个花园，看管花坛、清扫枯枝败叶或采摘成熟果实等劳动也可纳入实际训练课程。如果作息时间长，安排午餐也可纳入训练课程，但这很费力，是最困难和最有趣的实际生活训练之一。比如，要勤奋地布置餐桌，刷洗杯盘，搬运陶瓷餐具，诸如此类，不一而足。

# 劳　动

孩子们来到学校自己脱衣服。小衣钩相当低地固定在墙上，让 3 岁幼儿的手可以毫不费力地触到，以供他们使用。小喷水池如此低，不及成人膝盖高，再附设小香皂、指甲刷、小毛巾，孩子们伸手就能拿到。如果没有小喷水池，可以设有某些洗脸池，或在小桌上放置小脸盆，附带一个小水罐和一个盛污水的容器。一个盛鞋刷的小箱；墙上挂些小口袋，内装幼儿小手可以完全握住的小衣刷，这些都是实用的物品。若空间允许，可以安放一个小托架，其上方是一面镜子，这个托架很低，能让人想到成人的脚和膝盖中间位置：幼儿坐着就可以照镜子，如果在脱帽时或行路时头发散开可以整理。托架上还备有一把梳头用的刷子和一把小梳子。幼儿戴上围裙或穿上劳动服，就准备进场。

如果学校不是井然有序，定有许多工作要做。花盆里的花草可能枯萎，最好把它们扔掉；或者需要换水。那么漂亮可亲的圣婴雕像沾满灰尘，需要清除灰尘。各色各样的布条和五颜六色的羽毛掸子挂在钩子上，孩子们选择合适的用具开始大扫除。一张桌子上有一个污点，必须用肥皂和刷子清除掉。其后，若地上洒了水，必须用拖把擦干。若地面落上面包渣或枯枝败叶，用笤帚清扫，那些笤帚小巧轻便、色彩鲜艳诱人，其把手用绘画装饰或涂上光洁的油漆。谁见过比绿地红点或全白如雪的扫把更雅致的收集垃圾的用具呢？为了从事类似劳动，总需要出现机会：上午或晚上的时刻表都没有规定。孩子们高度集中地持续侦察他们的环境、他们的"家园"，若有几把扶手椅摆放位置不对，显得杂乱无章，我们可以肯定，年龄最小的幼儿会发现，不足3岁的幼儿会整理家具并会把东西摆放整齐。这是最为崇高的工作，因此也是最能召唤和促使他们行动的劳动。

## 用具的声音

确实，教师要进行监督；但各色各样的用具在招呼不同年龄的孩子。确实，装饰一新、令人愉快的用具的光泽、色彩和美，同样是唤起孩子们注意和行动的"声音"。那些用具具有演说能力，任何教师都不能与之相比。它们说：请拿起我；完好无损地保管我；请把我放到自己的位置。正是这种因用具的"声音"呼唤而完成的活动最令孩子们心满意足。那些"声音"唤醒孩子们蕴藏的能量，从而他们投入超过智力发育水平的劳动。然而，多数情况下不止一种声音在呼唤，呼唤是复杂的命令：某些重要劳动不仅召唤一个孩子，而且召唤有组织的集体，并要求培训和长期准备。铺桌布、摆餐具和管理陶瓷餐具就是这样的劳动。

## 天　赋

在取得经验之前，想要对不同年龄的儿童的能力作出判断是个错误；有人甚至把某些儿童排除在外，因为设想他们不能提供任何帮助。教师永远应当开辟道路，不要因为缺乏信心而拒绝孩子。即使非常年幼的孩子也希望做事，他们在行事时往往比大孩子更具活力。因此，优秀教师能鼓励年龄最小的孩子作出贡献。两岁半幼儿可能会运送面包，而四岁半孩子甚至可以端走一锅热菜汤。孩子们并不关注劳动的重要性；当他们把自己的能力发挥到极致，并且发现自己利用了环境提供的可能性，就会心满意足。让每个孩子的最大潜能充分发挥出来的工作最值得赞赏。他们具有某种雄心壮志，即要让上帝赋予他们的"天赋"充分展示，正如《福音书》中所说：当他们成功之时，就会得到众多欣赏者的热忱关怀。被邀请参加宴会的孩子们，不是只想着吃喝；而是乐于利于那个扬眉吐气机会展示自己的内在力量和崇高情感（等待同伴，做饭前祈祷）。他们没有丧失时间，他们善于利用机会。那位身着白围裙的小服务员，站在餐桌前若有所思，刚才他勤快地铺上桌布，清点了餐具，并把餐具摆放到最佳位置，因为它们不久就要被使用。那位面带微笑的小女孩小心翼翼地把水倒在杯子里，她全神贯注地控制着小手，注意不让瓶口碰到杯边，或者不让一滴水落在桌布上。一群小女孩欢蹦乱跳地来了，每人都端着一摞盘子，那是整整一桌的餐具；心满意足使她们的工作变得轻松，让她们的身体像乐曲一样舒展。

## 准　确　性

谁要同这些孩子们接触，就会发现让他们实现不同实际目的的活动存在一个特殊的成功秘密，即准确性，活动应当精确地完成。把水倒在杯子里的外在目的，同倒水勿让瓶口碰杯边相比，其意义要小得多。如果必须记住放置香皂的准确位置和挂毛巾的特定地方，那么洗手就会成为具有吸引力的活动。

普通运动是一种粗糙功能，但若内含一种精致动因，其价值就会倍增。譬如，洗手不仅仅使双手清洁，而且主要获得洗手的灵巧性和完美性。这样洗手，不仅使双手变得干净，而且使双手变得灵巧，让双手清洁的孩子更优雅、更完美。孩子们显现不仅喜欢实现一个目的的活动，而且显现受到活动细节、即实施准确性的吸引，这一点使教育的天地更加广阔。换言之，是运动的教育居于首位，而学习实际事情只是外在呼唤，是促进组织活动的紧迫需要的表面动因。

## 敏感的年龄

因此，孩子们处于运动具有基本兴趣的年龄段，他们似乎渴望知道需要如何活动。这种兴趣在他们必然变成自己活动主人的人生阶段将丧失。除隐秘的生理原因外，我们没有发现其他原因，肌肉和神经的机制在这阶段确立运动的协调性。他们正处在最终长成的珍贵和短暂的时期。在人生的这些时期，开始完善化是具有巨大效益的教育工作：教师发现，播种并不费力，但收获颇丰。教师在给渴望获得那些确定知识的孩子授课。

除授课外，教师还给人以奉献、乐善好施的印象，当教师置身孩子们中间，就播下季节所需的种子，感到在做一件最有价值的善举，就像把食物给予饥饿者。再晚些时候，孩子们倾向于忽视运动的准确性，肌肉协调的成长时期即将结束。孩子们的心灵更加成熟，他们不再有那种爱好。他们的心灵应当经过一段路径，这段路径显然同他们的意志无关，正如同教师的才干无关。责任心让孩子们在晚些时候，即应在自身创造新天赋时，自发努力地保留在喜爱运动时期广泛创造的东西。由此可见，在那个时期，可以让幼童分析运动。

## 分析运动

每个复杂运动都由彼此截然不同的连续环节构成；一个环节紧跟另一个环节。尝试识别并准确地分别地完成那些连续动作，就是对运动的分析。

譬如，在穿衣和脱衣时，要完成非常复杂的动作，以致我们成人除特殊社会身份的人外，都完成得相当不完美。不完美在于把各个不同的连续动作相混并一并完成。这类似于说 abborracciata[①] 这个长音节词时的情况：在一种不确定的发音中，不同音节含混不清，有时令人费解。一个人念单词发音不清，由于他没有对构成单词的音节作分析。吃掉音素和混淆音素同说话的速度毫无关系。人们可以快速地说话，同时说得清晰准确。相反，有人说话含含糊糊，恰恰语速很慢。由此可见，这不是个语速的问题，而是个准确性问题。一般说来，现在涉及许多运动，我们的不准确性源于缺乏教育，虽然我们对此浑然不知，却让我们留下低能的印象。譬如，我们设想要扣上上衣的纽扣，在几乎把全部纽扣扣上后，我们开始把大拇指插到扣眼里，并抓住底襟寻找纽扣；其后，我们并没有意识到纽扣如何扣上的。相反，我们首先应当做的是：把上衣的上襟压住下襟，再将纽扣对准锁眼，让纽扣插入锁眼，并最终扣好。实际上，当仆人或裁缝给自己的主人或顾客穿衣时，他们就是这样做的。于是，这样存放的衣服可以做到长时间完好无损。相反，以另一种方式存放，三四枚纽扣没有扣上，从而将衣服弄皱，衣服将丧失其新鲜和雅致。由于类似无能，我们会把锁弄坏，如果我们盲目地把钥匙插入锁孔，把转动钥匙和开门的连续的不同的动作相混。往往钥匙尚未完全插入锁孔，我们就要开门；还有门似乎不是用锁锁住的，正如过于显眼的门把手提示那样。同样，我们在翻阅书页时会毁坏书籍，因为我们翻书的动作不利

---

① 意大利语单词，共有 5 个音节，意为粗制滥造。

于对图书的保护。在损坏物品之后，接踵而来的是对我们自身造成的后果：由于我们的动作粗俗，破坏了人的和谐。事实上，如果我们观察一位贵族，即人们称之为仪态得体人士的动作，只会发现连续、规范的动作。不仅如此，恰恰是这种人能够轻而易举地、行云流水般完成动作。

## 运动的经济

我们应当把对运动的分析和运动的经济统一起来：不做任何与目的无关的多余动作，最终实现动作的高度完美。结果，是富有美感的动作、带有艺术性的姿势。古希腊人的运动，今天和他们相似的运动，比如日本人的舞蹈，通过对连续动作的分析，只选择那些绝对必要的动作。然而，这不仅仅关乎艺术，而是生活中任何运动的一般原则。一般说来，一个不雅或庸俗的运动充满与目的无关的多余动作。一个人要从马车上下来，在马车快停下前就打开车门，或把脚伸向踏脚板，他不知不觉完成了两三个无用动作，因为此时他还不可能下车。然而，这一切不仅无益于下车的目的，而且表明他是个粗俗之人。

这些似乎是有待学习的复杂艰难之事，但在一个时期，人们兴致勃勃地热衷训练动作。在此时期肌肉和神经的机制在完成动作时是可塑的；在此时期未来的优雅之士和凡夫俗子已初现端倪：这就是童年时代。

## 扣 件 框

孩子们用于练习分析运动的工具是扣件框：木质框架装有两个矩形布料，这两个矩形可以连接。每个框架可展示不同的连接方式：纽扣、挂钩、绳套、带子、带扣、按扣，等等。这些成长的教具涉及穿衣的实际动作。首先布料两边应当并置，以便让连接装置同两边相吻合。如果这是些扣眼，就应当给它们穿入一个系带；如果是锁眼、纽扣或有待打结的带子，为了让幼儿区分各个连续动作，需要相当复杂的不同操作；每个动作在进行下个动作前都应做到位。比如，一只手握住纽扣，另一只手拉拽锁眼，以便锁眼和纽扣搭界，然后纽扣穿过锁眼，于是纽扣再次放平。在教师准确地演示操作方法后，孩子们连续不断地尝试再尝试，多次地扣上再解开纽扣，直至动作既灵巧又流畅。

## 其他手段

如下是类似动作训练例证。

人们用钥匙锁上抽屉或门可以区分为不同动作：钥匙垂直地插入锁孔，然后转动钥匙，锁上后把钥匙从抽屉或门上的锁孔中拔出。

人们得体地打开一本书，以便一页一页地阅读，小心翼翼地翻开并触及每一页。

此外，人们从椅子上起立并坐下，运送物品（为放下物品先要停步）；人们走路时避免遇到障碍，既不要碰到人也不要碰到物。以上是在儿童之家不断重复的一系列训练。

除上述训练外，另一类行为引入孩子们的实际生活，即涉及社会关系外在形式的行为：比如问候致敬，拾起并送还他人落地的物品，两人相遇让他人先行，诸如此类，不一而足。

## 线

正如在单个事物的全部多重表现中，必须探寻这个唯一事物，作为一般问题的关键。各种不同运动的完善也有其关键，必不可少的核心，所有运动的完善都同它有关。这个关键就是人的平衡。因此，我们想到一种手段，以帮助幼儿保持平衡，同时完善最基本的运动——行走。

在地板上画出（用粉笔或油漆以长时间保留）椭圆形，让幼儿的脚踩着椭圆形圆周线行走，即让脚的中轴线同圆周线重合。让脚准确地落地是必须演示的头一件事：脚尖和脚后跟都落在线上。以这种姿势连续地移动脚步前进，无论谁进行尝试　都会给人以要跌倒的印象。因此，必须做很大努力，行走者才能保持平衡。当孩子们开始安全地走路时，成人要教他们克服其他困难：脚步的移动应当是前脚脚后跟和后脚脚尖相接。这样的训练不仅要求孩子们努力保持身体平衡，而且要求他们注意力高度集中以保证双脚落地准确。结果，所有人都能在孩子们身上证实那种本能，孩子们的本能充分发挥：在一个大梁上行走，或在任何一个条状物上行走。这说明幼儿对我们的踩线训练具有浓厚兴趣，他们在我们学校不断成长。

一位教师在教室里弹钢琴，或让幼儿听到小提琴或小管风琴的旋律。这样做不是旨在让幼童按音乐节奏行走，而是为了让行走这一运动充满活力，这有益于他们作出努力。

## 相应的训练

今天，在我们学校有一个特殊的教具：上面插着各种各样小旗的支撑物，小旗五彩缤纷很有吸引力。显而易见，孩子们喜欢手持那些小彩旗。学会按线行走的幼儿，刚刚克服最初困难并能保持身体平衡，现在会自己取下一面小旗，甚至会高兴地举起。如果注意力不集中都不能控制举起的胳膊，那么小旗就会慢慢地落下。由此可见，注意力不仅用来控制双脚严格踩线，而且用来控制举旗的胳膊。

更加复杂的控制运动的训练带来连续的困难。比如，这是系列水杯，内盛彩色液体，液体充满至杯边，只有直握水杯，液体才不会溢出。因此，握杯那只手受意志力制约，这种意志力同时控制双脚沿直线行走。

那些是摇铃，手握摇铃必须上它一动不动地直立，即让它保持垂直，双脚严格按线行走，不能发出任何声音；注意力稍不集中，摇铃就会大声"斥责"。

此时，孩子们产生克服更大困难的兴趣，他们投入到快乐的体操中，这种体操使他们成为自己运动的主人。他们往往既自信又大胆。我看到一些幼儿手持一个个垒成立柱的木块，他们搬运整个立柱，没有让一个木块落地；而另一些幼儿头顶小篮子小心翼翼地走动。

## 静止与寂静

引导儿童（仅限于儿童）尽可能保持绝对安静，是性质截然不同的控制运动的训练。这不是通常所说的沉默和静止；而是逐步实现的完美，当移动脚步、挥动一只手、做深呼吸时，不发出声音，不产生任何响动。绝对寂静等于绝对静止。于是，我们重视在有声训练中保持寂静；这里简单提及的事情用来补充帮助分析和协调运动的全貌。

## 开辟的道路

这种训练的目的是让受训练者实现个人完美。然而，条条大路通向新可能性：在实现完美过程中的优雅之士变得事事擅长；完美化定会结出实际硕果。

由于长期不断重复的训练，孩子们成为自己行为的主人，他们对饶有兴味从事的活动感到满意，他们成为精神愉快、身体健康的孩子，并以心态平和、遵守纪律而著称。

孩子们还自然而然地获得许多实际才能。他们的身体准备回应乐曲旋律，因为在韵律体操中业已奇迹般地做好准备。现在，音乐对于激励努力不再保持中立，而是变成运动的心灵导师，即运动服从音乐的节奏。

现在我们转向性质截然不同的事情。我们的学童准备进入一个宗教场所，这里保持静止和安静，对于怀着敬畏精神进入那里的人来说责无旁贷。孩子们很积极，精神高度集中以控制每块肌肉。他们行走能做到鸦雀无声；起立和坐下，搬动扶手椅，没有破坏教堂的宁静。这还不是宗教感，但幼童实际上已经准备好庄严地进入宗教场所。这是些有教养、完美的幼童，因此善于走上任何提高之路。

## 自 由 生 活

那些自身的征服者，同样也是自由的征服者；因为在他们身上众多无序和无意识的反应消逝了，那样的反应必然让成人持续地严厉地控制儿童。孩子们可以在花园里愉快地东奔西跑，而不会毁坏花坛和花草；他们在草地上嬉闹，而不会作出不雅之事。行为举止的庄重与优雅，动作的流畅自如，是对他们耐心和勤劳——基本成果的附加馈赠。若将英国概念译成意大利语，他们是"能自控的"小家伙；一旦实现对自己行为的控制，他们就从他人的控制下解放出来。谁若对我们的方法进行理论研究，就会产生一种印象：起初反对因某种担心形成的偏见——"孩子自由自在、为所欲为"；随后，开始害怕这个认为自由的幼童练习行走时双脚严格踩线，会导致其娇小身体完全静止，并以奴隶的耐心在劳动，在分析每个动作。只有直接接触并认识这些幼童，才能证实"这些孩子对作出的牺牲感到幸福"，并且确信幼童在成长路上的需要，基本上要服从"自身发育的需要"。

## 现 实 性

平衡与分析的训练，在保证人们的平衡机制并且让注意力惯于跟踪每个动作的同时，会影响每个动作完成的完美性。实际生活的训练让幼童对每天完成的众多活动具有生动意识，结果产生相互影响：分析帮助综合及其应用，反之亦然。

完美的秘密在于重复，因此在于把训练同实际生活的通常功能相结合。如果孩子们不为实际用餐的人们摆放餐具，如果他们没有打扫卫生的真正的笤帚，如果没有每次实际使用的真正地毯，如果没有要清洗和擦干的杯盘等，他们就不会具有真正熟练技能。如果他们不过社会生活并遵守教育守则，就永远不会做到优雅和从容，而我们学校的幼童在这方面具有迷人魅力。还由于他们知道要勇往直前、不坠入惰性的深渊必须继续斗争，这种惰性呼唤人们在完美化的路上止步，就像重力最终让在平坦的路上奔腾的光洁球体静止不动。如果不和通常的实践相结合，即使达到高度完美也毫无意义，因为正是实践的不同动因促使人们不断完善，并相互传播获得技能的成果。粗俗、不准确的出现，犹如野草在贫瘠的石头中生出，由于野草的本性，仿佛受到石头的保护。

## 活动的落实

人们普遍难以理解的是，如何区分讲授应当怎样做（但让受教育者自由活动）和根据其他方法的教育标准实际所做（即引导儿童从事任何活动，都把成人的技能和意志强加于儿童）。墨守成规的人们设想，由于我们捍卫儿童的自由，没有把成人的意志强加于他们，似乎希望他们既不具有技能又不具有意志力。与此相反，我们没有如此简单的理解；我们的教育不是否定性的，并未去除任何东西；而是调整、强化和完善某些东西。

我们应当讲授一切，一切都应同生活相结合；但不应当禁止儿童业已学会并在实际生活中落实的行为（我们引导他们一个一个学会的）。将学会的行为落实到位是儿童应当努力提高的内容之一。孩子们不仅要学会保持安静，而且要学会落实到位：在教堂里保持肃静。他们不仅学会屈膝跪拜，而且落实在圣坛前屈膝跪拜。一个幼儿不仅学会各种不同的问候方式，还学会根据不同情况应用这些方式：另一位幼儿在场，或一位亲人、一位陌生人、一位贵宾在场。换言之，幼儿学会做许多事，他应当运用并落实到生活的不同境况。一切由幼儿决定：应用是其意识的工作，其责任的训练。这样，他就脱离最大的危险：其行为的责任落在成人身上，而让其意识昏昏欲睡。

新型教育不仅在于给幼儿提供各种行动的发展方式，而且在于给予他们行动的自由。

正是这样把幼儿改造成爱思考又勤奋的小大人，他们在心灵深处作出决定，作出与我们设想的截然不同的选择；以一时高尚的冲动，或以微妙的情感，完成内心世界瞬间命令的行为。他们的训练就在于此，甚至主要在于此：于是，他们以令人惊奇的坚定与自信沿着自己意识的道路前进。

孩子们的内在活动具有某种圣洁的敏感性；只要成人没有用其检查指令、建议和规劝进行干预，他们就会表现出来。我们让孩子们自由地运用其技能；他们对不断取得的卓越成就很敏感。他们既谨慎又勤奋地工作，每项活动都做得到位，正如一位幼儿（约两岁）会把各种物品放置到位，他感到无比自豪。

当他们向参观学校的显赫人物致敬时，不仅感到会致敬，而且感到致敬方式准确到位。当他们在教室里入座或教堂内跪拜时，是他们将学会并完善的行为安排有序。这是一种认识，同时也是一种能力，从而使意识升华。幼童喝完第一盘菜汤就不再索要，如果他学会不应当再要，他学会在那一时刻抑制那种本能。他耐心地等待服务员（像他一样渴望把事情做好，把学会的每件事做到位），服务员开始第二轮服务，请用完汤的顾客再次盛汤。

无论是同席者还是服务员，无论是艺术家还是学者，都对这位幼儿感到满意，因为他自觉地依据崇高原则做好事情。

# 体操与比赛

人们普遍理解的体操和更自由的比赛应当是什么？一种消耗充裕能量，即"剩余"能量的方式。或许应当是无忧无虑地使用力量，组织每日劳动并没有使用过的力量。孤立考察比赛和体操是另一码事，仿佛是对体力锻炼的庇护；几乎是一种反应——从惰性危险中解救出来。

今天，大家都在谈论体育的巨大道德影响力，不仅因为它消耗反常地聚积的能量，那种能量构成对平衡的危险，人的意志应当维护人的活动的平衡；而且更为重要的是，因为体育比赛要求准确使用器械，从而要求动作的协调精确和精神高度集中的纪律。由此可见，比赛引起竞赛感情并促进努力竞争，同没有意义的游戏相比，这体现道德进步。

现在，实际生活劳动训练也部分包含如下优点：比如准确地使用器具，注意力高度集中的纪律，通过运动实现最终完美。但道德目的截然不同，因这些训练不是由比赛或竞争的情感驱使的，而是由孩子们对周围环境的热爱驱使的。因此，通过这种体操，可以培养一种真正的"社会情感"：从而孩子们在此环境里劳动，在此环境里过集体生活，并不关注劳动是为自己还是共同利益。其实，他们全都热忱并迅速地纠正所有错误：自己的错误和他人的错误，没有止步寻找替罪羊以掩饰自己的过失。

不仅孩子们而且所有人，都应当通过劳动锻炼肌肉，要首先选择人性化和高级地消耗能量的方式。这不仅使个性统一，而且使个性同社会需求相统一，人的劳动要符合社会需求。迄今，任何一位政府官员都不能吹嘘自己从体育比赛中受益，类似于辛辛纳图斯[1]在田园劳作中的裨

---

① 辛辛纳图斯（Cincinnato，公元前519年—?），罗马政治家。根据历史传说，公元前458年，他被罗马城居民推举为独裁官，让他去救援被敌军围困的罗马军队，当时他还在自己的小农庄耕作。他一天之内打败敌军，在罗马城举行了凯旋式。随即解甲归田。

益，任何体育青年从其训练中在道德上受益，都无法同见习修士从实际生活劳作中的裨益相比，他们在见习期得到锻炼，从而达到心如止水的境界。

## 选择的自由

这就是我们的教育实践。这就是我们的学校。在实验研究后制作的感官发展教具也属于环境。

在有着长期经验的新方法指导下，根据孩子们的年龄和教具的不断完善，教师逐次地时而"展示"此教具，时而"展示"彼教具。

然而，这种展示只是初步行动，仅仅为了让孩子们认识而已。在采取重要行动后，根据不同的吸引大，孩子们会在教师向他们展示并且业已认识的教具中自发地进行选择。

教具在那里陈列着，孩子们伸手就可拿到。他可以拿起预先选好的教具带到喜欢的地方：靠近窗户的小桌上，或一个灰暗的角落，或平铺于地的地毯上；只要他不感到厌烦，就不断重复使用它。

什么驱使孩子选择这件而不是那件教具呢？肯定不是模仿，因为每种教具只有一件，当这个孩子使用这件教具时，同时另一个孩子就不可能使用它。

由此可见，不是模仿。再有，孩子们使用教具的方式证明了这一点：因为最终孩子们聚精会神地投入训练，甚至没有发觉周围事物并继续工作，几十遍地重复着相同的动作。这是训练的集中和重复的现象，内在发展同这种现象有关。任何人都不会由于模仿而全神贯注。事实上，模仿只与外在事物有关。这里，是绝对相反的现象：无视外在世界，而同孩子们的活跃的内心隐秘世界紧密相连。甚至学习兴趣和外在目的也没有产生影响：教具的位移同这些没有关系，因为每一次教具都能不变地回到原处。由此可见，这是同孩子们的需求有关的内在事情，因此也同他们年龄的特殊条件有关。其实，一个成人从不可能对这些简单东西怀有极大兴趣，以致可以几十次移动它们并感到快乐；成人更不可能以一种几乎对外在事件无动于衷的方式，聚精会神地专注于它们。因此，教师处于与孩子们截然不同的心理层面，不可能对这种现象产生丝毫影响。由此可见，我们面对着真正显现的内心世界。而外在刺激就像一场灾难会让某些心灵深处东西暴露出来。

当观察年龄小的幼儿的行为时，这一事实更加清晰。他们有时表现出完全相似现象，虽然仅限于位移方面：在于将类似物品一件件地从此地搬到彼地。只是在晚些时候，孩子们出于外在目的才喜欢搬运物品：比如摆放餐具，把物品放到盒子里，等等。由此可见，存在一个有益教育的时期，在此时期行为没有任何目的，没有任何外在应用。在语言发展时也会遇到类似情况：孩子们长时间地重复发出声音、音节或词汇，但尚未学会使用语言，也未把语言应用于外在事物。

这种现象在心理生活发展的所有表现中非常普遍，因此具有更高的意义。

这一切要求让孩子们自由地选择物品：障碍越被清除，此事越容易做到，那些障碍存在于孩子们和他们不自觉渴望的物品之间。

任何外在事物，甚至任何外在活动都能构成障碍，当指导幼儿的那种脆弱并隐蔽的刺激偏离方向，即使幼儿对此并不知晓。因此，教师可以变成最大障碍，因为她们的活动比幼儿的更有力更自觉。从而，在感官刺激促使幼儿自由选择的环境中，教师（在前期教师业已展示并教授那些教具）应当竭尽全力销声匿迹。幼儿的活动受内心驱使，而不再由教师推动。

# 六　发展的教具

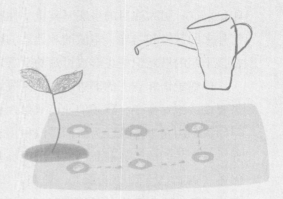

我们用于感觉发展的教具拥有特定历史。它表现为根据细致入微的心理学实验，对伊塔尔和塞甘在尝式教育智障儿童时使用的教具进行选择，对我在实验工作初期在做实验心理学试验时所使用的教具和由我设计的一系列教具进行选择。孩子们使用这些不同教具的方式，各种教具引起他们的反应，他们使用这些教具的频率，尤其是这些教具可能促进的发展，让我们逐渐地掌握值得信赖的标准，以去除、修改或接受这些手段，作为我们学校的教具。色彩、尺寸、形状，总之，它们的所有质量都要通过实验确定。鉴于本书中并不讨论我在这一时期的工作，值得在这里提及这一事实。

在我们的方法享誉全球后，为了避免误解并反驳批评，确定我们感觉教育的目的可同样有益。感觉教育和感觉功能提高的显著价值，不仅在于拓宽了感觉的领域，而且还为智力发展提供了日益牢固和丰富的基础。通过同环境的接触和对环境的考察，智力提升到积极有效的观念的高度，否则智力的抽象功能缺少感觉根据、精确性和灵感。这种接触是通过感官和运动来确立的。如果可能进行感觉教育和提高感觉功能，即使这仅仅是个人生活中的暂时收获，由于以后不再如此广泛和持续地使用感觉（不似某些特殊职业那样），这种感觉教育的价值也不会降低，因为恰恰在此发育时期形成基本的观念和智力的习惯。

这种教育还有另一重要方面。两岁半或三岁幼儿来到我们儿童之家，在他们活跃并聪慧地生活的最初几年，已经汲取并积淀了一定量的印象。这一引人注目的事实（其重要性难以被夸大）发生了，却无需任何外来的帮助和指导。本质的和偶然的印象同时积淀，造成了混乱，但在孩子们的潜意识中也形成可观的财富。

伴随觉悟和意志的渐进表现，区分本质和偶然以创造秩序和清晰的需要变成绝对命令。孩子们业已成熟，要发现自己的环境及从环境中获得印象的内在丰富性。为了懂得这种需求，孩子们要求准确的科学的指导，就像我们的教具和我们的训练能够提供的指导那样。可以把他们比做不了解自己宝物的继承人，他们渴望让文物专家对这些宝物进行估价，渴望把它们分类并登记造册，以便充分地直接地支配它们。

如果对在生活的某些行为领域感觉活动增强及提高的持续性可能产生怀疑的话，那么无疑这一事实是很长时期的结果。一般说来，感觉教育的首要目的曾被视为我们方法重要性的原因所在，而次要目的对我们并非不重要，相反是我们方法的首要动因。我们及我们追随者的经验仅仅用来证实我们的理念。

总之，我们提及我们的感觉教具及应用它们的训练所提供的伟大服务，以便在尚能做许多工作进行弥补的时期，发现感官功能的缺陷。

感觉教具由一系列物品构成，根据物品的确定物理性质进行分组，比如色彩、形状、体积、音响、光洁度、重量、温度等等。譬如，一组发出乐音的钟；一组色差不同的色板；一组形状相同但体积不同的物体，另一组体积相同但形状不同的物体；体积相同但重量不同的物体，诸如此类，不一而足。

每组教具表现相同性质，但程度不同，因此主要是数量上的差异，如果可能的话，各个教具彼此之间的不同差异应在数学上严格确定。

但是，类似一般性标准应当服从由儿童心理学决定的实际情况，并通过经验进行选择，找出一种能有效引起幼儿兴趣并在自发训练中被不断选中并使用的教具，作为最适合教育的教具。

每组教具——音响教具、色彩教具，等等，呈现不同级差，因此拥有系列的"最大"和"最小"两极，此两极确定了系列的限度，但其限度恰恰更由使用教具的幼儿确定。如果此两极很接近，表明系列中存在更明显的差异，因此可以通过教具使反差清晰。由于对比强烈，从而使差异显著，结果幼儿在训练之前就可对教具感兴趣。

# 隔离教具中唯一性质

我们想要应用于感觉教育的所有教具必然呈现截然不同的性质，诸如重量、光洁度、色彩、形状、体积等。为了让一个系列教具突出一种性质，我们应当如何做呢？在教具的众多性质中必须让一种性质隔离开来。这种困难恰恰通过系列和级差来克服：必须准备好除一种性质不同、其他性质完全相同的教具。

如果人们想要准备用以区分色彩的教具，就必须制作种类、形状和体积相同的教具，只让它们的色彩具有差异。人们或许想要准备系列教具，旨在突出音阶的不同音调，就必须让它们在外观上完全一致，正如我们教学中使用的钟，它们具有相同的形状和体积，并且挂在同一支架上；但当用一把金属槌敲击时，就会发出不同的声音，而这些声音是感官感觉到的唯一差异。

因此，小乐器在孩子们手里就像音乐玩具，它们具有或短或长的杆或同管风琴的管子一样高度不同的管子，它们不是为了音乐训练而被陈列，而是旨在区分开"声音"。因为根据截然不同的体积，眼睛可以帮助区分它们；然而，必须让耳朵成为唯一感觉接收器官和唯一判断者。

这种训练过程能清晰地区分开事物，显然恰恰是清晰性构成"区分"兴趣的基础。

从心理学方面看，显而易见，为了更好地突出单一性质，必须尽可能让感觉隔离：如果一物不传导热，即同时并不给予温度印象，那么触觉印象会更加清晰；如果主体处于灰暗宁静的场所，那里就不存在干扰触觉印象的视觉和听觉印象。由此可见，隔离的过程具有两重性：就主体而言，同环境的其他任何印象隔离；就教具而言，根据唯一性质构成级差系列。

这种精确性（作为必须趋向的感觉界限）让适合儿童心智有序的、内在和外在分析工作有可能进行。

孩子们出于天性热衷于探索环境，因为他们尚未具有时间和方法去精确认识它，当他们用双手去探索物的形状时，情愿"闭上眼睛"或者蒙上双眼以避光；或者情愿接受黑暗，以便成功地感觉微弱的声音。

## 环绕幼儿的教育环境的基本共性

除上述列举的许多性质，我们还应当补充上其他性质，不应特别提及感觉教具，而应尽可能扩展到围绕孩子们的一切，它们是：

1. 控制犯错

人们应当尽可能地探索，让献给孩子们的教具包含"控制犯错"的要素。譬如，一种立体插件游戏，即带有插孔的木质插座，大小不等的圆柱体同这些插孔一一对应：从细到粗，或从高到低，或从小到大。鉴于插孔空间同要插上的圆柱体相吻合，孩子们不可能完全插错，如果最终剩余一个未插上，这就表明犯错。这恰恰如同扣纽扣，如果顺序错了，或忘记扣上一个纽扣，最终一个扣眼就会空着。在其他教具中，正如在三大系列教具中一样，大小、色彩等使得那些错误非常醒目，事实上孩子们业已练习证实错误。

控制错误的教具引导孩子们在训练时运用推理和批评，并日益关注精确性，练就区分微小差异的能力，从而培养控制错误的意识，即使那些错误不易发觉或不明显。

不仅仅感觉教具和文化教具，而且环境中的一切都应易于控制错误。从日常家具到发展教具都可成为"谴责者"，它们的警告声不可能逃避。

鲜艳色彩和光泽"谴责"污点；家具的轻便"谴责"不完美和粗俗

的动作，它们在倾倒或滑行时让地板发出噪音。由此可见，整个环境是位严肃的教育者，时刻警戒的哨兵：每个孩子都能听到那些警告，仿佛面对着一位没有灵魂的教师。

2. 美观

教具的另一特征是具有吸引力。色彩、光泽、形态的和谐，环绕孩子们的环境的一切都要精心设计。不仅仅感觉教具，而且整个环境都要这样设计，以吸引孩子们。正如在自然界中五颜六色的花瓣吸引昆虫吸食蕴藏的花蜜。

颜色鲜艳并光洁的小桌对孩子们说"请你们精心使用我们"；手柄上绘着小花的笤帚对他们说"不要让我们懒惰"；洁净并配备小香皂小牙刷的洗脸池对他们说"请把小手泡在里面"。

带有绿面料和镀银纽扣的印件框，漂亮的玫瑰色的木块，63 种色差的小梭子，躺在各自区域内的美丽的彩色字母，都在向孩子们发出邀请。

孩子们服从那件用具，因为在那一时刻它同其活动的强烈需求一致。就像在田野里，所有鲜花的花瓣色彩缤纷、气味芳香，召唤着其他生命，但昆虫只选择为它而长的花朵。

3. 活动

发展教具的另一特点应当是适用于孩子们的活动。孩子们注意力能否集中主要不取决于事物的内在"质量"，而取决于它们能否提供活动。

即是说，为了使一件事有趣，本身有趣还不够，必须适合于孩子们的生机勃勃的活动。譬如，必须准备下有待移动的小物品，然而是手的运动而非物品吸引孩子们反复多次地移动和整理它们，从而孩子们可能坚持一件工作。无疑，一件非常漂亮的玩具，一处迷人的景色，一个引人入胜的故事，从这个对象到那个对象，都可以唤起孩子们的兴趣，但如果孩子们只应"看"、或"听"或"触"一个不变的对象，那么兴趣将肤浅。由此可见，环境一切都应变化，以适应幼儿的活动。环境很美，但这只让孩子们一天感兴趣；相反，每件物品都可移动、被使用、被复位的事实让环境具有永不枯竭的魅力。

4. 限度

最终，用于教育的所有"物质手段"的另一共同原则（迄今鲜为人知），也是教育学高度关注的原则：即应当限制教具的数量。这一事实，一旦被证实，我们就会顺理成章地理解：正常儿童不需要"唤醒他们的刺激"，从而"让他们同实际环境发生关系"。他们是清醒的，他们同环境的关系数不胜数和连续不断。相反，他们需要整理世界给予他们大量感觉在意识中形成的混乱。他们不是像智障儿童那样的"生活的沉睡者"，他们是"新（对他们而言）世界的大胆探索者"。作为探索者，他们需要一条道路（即某种有限和笔直的东西），引导他们走向目的地，不让他们徒劳无益地走弯路，从而做到勇往直前。于是，他们"特别喜爱"那些直接为目的服务的有限东西：它们帮助清理头脑的混乱，从而让探索者的头脑清晰有序，为他们探索提供思想向导。起初探索者放任自流，现在成为心明眼亮的人，他们一往无前，每走一步都有新发现，从而心旷神怡。

这些经验应当极大地改变许多人至今坚持的观念——孩子们拥有的教具越多，他们就越受益。他们错误地认为，拥有"大量玩具"的孩子，会得到"更多帮助"，就会更好地成长。相反，大量杂乱无章的物品会加重孩子头脑混乱的程度，会让孩子灰心丧气。

"有限度"的帮助会引导孩子们心智有序，便于认识围绕他们的万物。为了节省他们的力量，为了让他们在成长道路上奋勇前进，这样的帮助是不可或缺的。

# 七 训 练

## 同旧体制相比教师应如何授课

开始对孩子们进行感觉教育的课程是个性化的。教师几乎胆怯地尝试接近孩子，她推想那个幼儿准备听课。教师坐在学生身旁，并且带来一件教具，她认为会引起学生的兴趣。

教师就是这样准备的。她应当做好准备只尝试实验。她期待从学生那里得到的答复是：学生积极地活动，从而使用向其展示的教具。

课程应呼吁学生集中注意力。如果教具符合孩子们的宿愿，并代表令他们心满意足的东西，就会激励他们坚持不懈地活动，由于他们已成为教具的主人并会继续使用教具。

讲解并非永远不可或缺；往往只需展示有待使用的教具。然而，当讲解和让孩子们使用发展教具和文化教具必不可少时，课程的特征应当是简短；其完美在于探寻必需的少而精的东西。

一堂近乎完美的授课应当"惜话如金"。在备课时，教师要精心考虑并选择那些不可或缺的词语。

课程的另一特征是其通俗性；它应杜绝一切并非绝对真实的空话。教师不应沉迷于空话，这应视为其首要的品质；因此，这一告诫也是前一告诫的特征，即深思熟虑的词语应最大限度地简单并表达准确的真理。

课程的第三个特征是其客观性；这意味着教师的个性消逝，显然只保留教具，教师希望孩子们的注意力集中于教具。简约课程大部分内容是对教具的说明和孩子们使用它们的方法。

教师要进行观察并写下笔记：孩子们是否对教具感兴趣，他们的兴趣表现的方式，兴趣持续的时间，等等。教师千万注意不要强迫不感兴趣的孩子接受提供给他们的教具。其后，如果课程遵循短小、简单和真实的原则，孩子们仍然听不懂对教具的说明，有必要对教师提出两点忠告：一、不要坚持重复讲课；二、不要让孩子知道他犯有错误或没有听懂，因为这会长时间地遏止他行动的积极性，而这种积极性构成进步的整个基础。

譬如，我们假设教师想要教孩子们识别红蓝两种颜色。她希望他们的注意力集中于教具，对他们说："注意，看这里！"如果她旨在教他们颜色的名称，她展示红色教具并说："这是红色！"她大声并缓慢地说出"红色"二字。接着，她向他们展示另一种颜色并说："这是蓝色！"为了证实孩子们是否听懂，她对他们说："请把红色给我，再把蓝色给我！"我们假设孩子们出了错；教师没有纠正，也没有继续讲解；她面带微笑，把红蓝教具放在一旁。

一般说来，教师们对如此简单的教法感到惊讶，他们通常会说："大家都会这样教。"说实话，我们再次面对着类似哥伦布的鸡蛋那样的问题；而事实上没有人能解决。其实，评价自己的活动非常困难，尤其对按旧体制培养的普通教师而言，他们往往用滔滔不绝的空话废话和漫无边际的讲解粗暴地压迫孩子们。

譬如，我们谈及上述情况，一位普通女教师会求助于集体教学法，她会把应当讲授的简单事物过分强调，并且强迫所有孩子们都跟随她，但他们并非都情愿这样做。她大概这样开始讲课："孩子们，你们猜一猜我手里拿的是什么？"她心里清楚孩子们猜不出，仍不真诚地要引起他们注意。其后，她可能说："孩子们，你们从来没有看过天空？从未看过？你们没有看过夜空，星光灿烂的夜空？没有，请你们看看我的围裙；你们知道它是什么颜色吗？你们没有觉得它和天空的颜色相同吗？那好，请你们看看我手里的颜色，它和天空及我的围裙的颜色一样：是蓝色。你们知道樱桃是什么颜色吗？燃烧的木炭是什么颜色吗？"诸如此类，不一而足。

这样，孩子们的头脑在猜测造成混乱之后，被一堆观念所充塞：天空、围裙、樱桃等等；在这种混乱中，他们很难认出主题、授课的目的，即认出红篮两种颜色。此外，对于孩子们的头脑来说，不可能进行如此复杂的选择活动，尤其鉴于他们不具有倾听长篇大套议论的能力。

我记得曾观摩一堂算术课，教给孩子们二加三等于五。为此目的，一位教师使用一个设有小孔的木板或棋盘，从而让小球嵌入相应的小孔。譬如，两个小球嵌入高处，三个小球嵌入低处，总计五个小球。我记不清这堂课是怎样讲的，但我记得教师把一个小纸人儿置于上面两球的旁边，它是个身着紧身服的舞者，有时它还要用班里一个孩子的名字命名。教师说："这是马利蒂娜！"其后，在下面三球旁边也放上一个纸人儿，它是位芭蕾舞演员，服装和前者截然不同，被称作"吉吉诺"。我已记不清这位教师是如何演算的，但她肯定就那两个小纸人儿讲了很长时间，还把它们摆来摆去，诸如此类，不一而足。如果连我都只记得小纸人儿，而对演算过程不甚了了，那么孩子们的头脑中会留下什么呢？如果靠这种方法他们学会二加三等于五，至少他们要绞尽脑汁，而教师也必然同小纸人儿做数小时的长谈。

我还听过另一堂课，教师想要说明噪音与乐音的区别。一开始她给孩子们讲述一个很长的故事。突然，有人敲门——那是事先约定的一位同事故意所为。此时，教师中止讲故事，大声问道："什么事？发生了什么事？孩子们，他们在做什么？我不能继续给你们讲故事，因为我的思路被打断。我什么都记不起来，我不得不中止。你们知道发生什么事吗？你们听见了吗？你们懂得了吗？这就是噪音！噪音！我更乐于怀抱那个宝宝（她拿起那个被布套包着的曼陀林）。亲爱的乖乖，我更愿意和你玩。你们看见了吗？你们看见我怀里这个宝宝了吗？"几个孩子喊道："那不是宝宝！"又有孩子喊道："那是曼陀林。"教师反驳说："不，不，它是宝宝，一个真正的宝宝。你们想要证据吗？那么，请肃静！我觉得它在哭，它在叫，它似乎在喊'爸爸'和'妈妈'呢？"她把手伸到布套里面，拨动琴弦。"你们听见了吗？你们听见它在哭或者叫吗？"有的孩子细心观察并喊道："那是曼陀林，是您拨动琴弦发出的声音。"教师回答道："孩子们，请肃静！注意我做什么。"于是，她把曼陀林从布套中取出，轻轻地拨动琴弦并说："这是乐音！"

不可能期待孩子们领会教师的意图，收到类似课程的效果，即掌握噪音和乐音的区别。孩子们可能认为教师想开个玩笑，或者认为这位教师愚蠢，让简单的噪音破坏了思路，竟然把曼陀林误当成小孩儿。确定无疑的是，教师的形象铭刻在孩子们的脑际，而不是这堂课的内容。

按旧方法培养的教师讲一节简单明了的课将会非常困难。我记得，在对一位教师做了许多实质性指导后，我请她使用几何板镶嵌方法（后文详述）教正方形和三角形的区别。她本应简单地把木质正方形和三角形分别安放在对应的框中，并让孩子们描画出正方形和三角形的轮廓，然后对他们说："这是正方形；那是三角形。"然而，这位教师却让孩子们摸摸正方形并说："这是一条线，又是一条线，又是一条线，还是一条线，共计四条线。现在用你们的手指数一数，告诉我是几条线。还有角，数一数角，用你们的手指摸摸按按，角也是四个。请注意看，这是正方形！"我纠正这位教师，对她说这不是在教认识形状，而是在教边、角和数的概念；这同她应该教授的内容大相径庭。然而，她为自己辩解说："这是一码事！"但这决不是一码事：这是对事物的数学—几何分析。孩子们不会数到四，因此未能发现边、角的数量，就可能把握四边形的观念。边和角是抽象，本身并不存在；它们只存在于具有确定形状的一块木块中。这位教师的讲解，不仅扰乱了孩子们的头脑，而且在具体和抽象、物体形状和其数学之间开凿不可逾越的鸿沟。

我对这位教师说，我们设想一位建筑师带领您观赏形状美观的穹顶，它对您很有吸引力。他可以指出环境之美、各个部分的和谐之美；也可能邀请您登上穹顶并绕顶一周，强调各个部分的比例，以便描绘出穹顶全貌并让您了解和鉴赏。或许他让您数一数窗户，数数或宽或窄的上楣，最终给您画出结构图，以说明坚固性法则并教授静力学及建筑力学计算不可或缺的代数式。在前种情况下，她把握了穹顶的形状；在后种情况下，她一无所获，她对穹顶没有丝毫印象，反倒是建筑师给她留下了深刻印象：建筑师想象在同一位女工程师同行交流，而不是向一位愉快的女游客介绍。教师授课同后种情况如出一辙，因为她没有对孩子们说"这是四边形"，也没有让他们单纯摸摸并把握形状轮廓，而是对其进行几何分析。我们认为，给孩子们讲授平面几何图形，同时教授数学概念，是操之过急，拔苗助长。然而，孩子们并非没有能力鉴别简单图形；其实，他们无需费力就可看见正方形的窗户和桌子；他们的目光会落在四周所有的形状上。为了把孩子们的注意力引向一种特殊形状，必须让这种形状清晰地凸显并确立其概念。同样，我们可能在湖畔逗留，漫不经心地眺望湖对岸。此时一位艺术家突然而至，惊呼道："在峭壁阴影映衬下的湖岸曲线多么美啊！"从而，我们感到死气沉沉的景色变得栩栩如生，仿佛突然被阳光照亮，让我们铭刻脑际，并使我们精神愉悦，以前暧昧不明的感觉一下变得清晰明朗。

给予孩子们阳光，指引他们继续前进，这就是我们的使命。

关于这些初期课程的效果，我想打个比方加以说明，就仿佛孤独旅行者的印象。他在森林的树荫下漫步并沉思，既安宁又幸福，让他浮想联翩。忽然，附近教堂的钟声把他唤醒，从而他更加深刻地感受到宁静的极乐，而之前他只有些朦胧的感觉。

激发生命，让生命自由发展；这是教育者的首要职责。

为了完成类似微妙的使命，需要伟大的艺术，以建议准确的时机和干预的限度；应当帮助孩子们生机勃勃地生活并依靠自己力量生活，而不应干扰他们或让他们偏离正轨。

这种伟大艺术必须和科学方法相结合，因为我们课程的简约性同实验心理学试验非常相似。

当教师一个个地触动每个孩子的心灵时，她的触摸仿佛具有魔力，能唤醒并激活他们的生命。她的一个手势、一句话，足以使她支配那些心灵，因为每个孩子都感受到她的存在，认出她并听从她。

那一天将会来临：教师会十分惊讶地发现，所有孩子都像温顺的羔羊那样服从她，不仅立即服从她的每个手势，而且期待着她的手势。他们把她视为赋予生命活力的人，并渴望从她那里永远汲取新的生命力。

仿佛凭借魔法建立的集体纪律，这已被经验所证明，也是令"儿童之家"参观者惊叹不已的主要原因。五六十个 2 岁半至 6 岁的孩子，靠一个简单手势就能做到全体肃静，安静得如同置于荒漠之中；如果教师低声、亲切地给孩子们下命令："起立，踮起脚尖转一圈，再安静地各就各位。"他们就会像一个人一样，起立并以轻微声音完成动作。教师仅靠自己的嗓音同每个孩子谈话，而每个孩子都渴望从她的话语中获取一束光和精神愉悦，个个都像严肃的探索者，全神贯注，听从指挥，沿着自己的路勇往直前。

这种集体纪律也如同哥伦布的鸡蛋。譬如，乐团指挥应当让每个乐手练习，如果他想通过集体努力达到演奏音乐的和谐；而每位音乐家在听从指挥棒的无声命令之前，必须让自己做到尽可能完美。

相反，在普通学校里，教师就像一名蹩脚乐队指挥，他教授各种不同乐器和人声同时发出同一单调，甚至不和谐的旋律。

在社会中同样如此：最守纪律的人是尽善尽美者，除非无懈可击的行为属于粗野、残酷和黩武的类型。

在儿童心理学方面，我们的偏见多于智慧。迄今我们仍想使用棍棒从外部统治孩子们，而不是让他们从内心服从，即通过指导他们的人的心灵来听从指令。这就是他们从我们身旁走过，我们却不认识他们的原因所在。

然而，如果我们抛弃曾竭力迷惑他们的诡计和曾想让他们服从纪律而求助的暴力，他们就会向我们展现焕然一新的面貌。

他们彬彬有礼、和蔼可亲；他们对知识的热爱如此强烈，以致他们能够克服重重障碍，而我们却错误地认为那些障碍会令他们灰心丧气、放弃努力。

# 如何让孩子们开始使用感觉教具训练
## 对立、同一和顺次

为了其后确定一定数量相似但又难以觉察的细微差异的教具，应当从相互对立的极少刺激开始。譬如，主要为了辨别触觉差异，就从两个平面开始，一个非常光滑，另一个十分粗糙。为了试验物品的重量，首先展示系列中较轻的木板，再介绍系列中较重的木板。如果识别声音，就要提供顺次系列中的两极。如果要辨别颜色，就要选择对比强烈的鲜艳颜色，比如红与黄。如果识别形状，就要选择圆形和三角形，诸如此类，不一而足。

为了让差异观念更完整，最好将"同一"与"强烈对立"融合（恰恰由于巨大差异才相反），展示成对的系列教具。譬如，在成对的教具的大混合中，找出两两一样的教具：两个同样强的声音，两个同样弱的声音；两个都是黄色的和两个都是红色的。在对比强烈的东西中找出相同的东西，这种训练会使差异更突出更明显。

最后的训练，即顺次的训练在于把杂乱混合的类似教具系列排出顺序。譬如，一系列颜色相同、但体积不同的立方体，应按顺次排序（如各个立方体的棱边相差 1 厘米）。同样，展示一系列黄色教具，其色调从深黄到浅黄，要求越来越淡。或者是一系列矩形，它们拥有一个等长的边，另一个边长按等差递减。这些教具应当按它们在系列顺次中的位置，一个挨一个地被陈列。

## 开始触觉训练的技术方法

虽然在全部皮肤上都有觖觉，但孩子们开始的触觉训练只局限于手指肚儿，尤其是右手的手指肚儿。

实践要求必须做这种限制，这同样是教育的需要，因为要为在环境中生活做准备，人们在环境中恰恰通过那个部位运用触觉。

尤其使我们的教育目的受益匪浅，因为正如后文所述，各种各样的手的训练是对书写的间接和最早的准备。

因此，我让孩子们用香皂在脸盆里把手洗净，再让他们把手短时间地浸泡在盛满温水的邻近脸盆里。接着，我让他们擦干双手并做按摩，这样就完成了沐浴的准备活动。其后，我又教他们触摸，即触摸皮肤的方式，从而必须拿着孩子们的手指并在皮肤上轻轻掠过。另一独特技术是教给孩子们触摸时紧闭双眼，对他们说这样感觉会更好，劝导他们无需观察就能识别接触的变化。孩子们很快就学会了，并感到这是巨大享受，以致在训练初期，他们一走进"儿童之家"，就跑到我们身边，闭着眼睛极轻地触摸我们的手掌，寻找皮肤最光滑的地方，或者触摸我们的衣服，尤其是衣服上的丝绸或丝绒的装饰物。孩子们在真正训练触觉；由于他们不厌其烦地触摸光滑的表面，比如绸缎。他们在识别砂纸的差异时，显得特别能干。

首先展示的教具有：

(a) 一块分成两个相等矩形的木板，一个矩形贴上光滑纸板，另一个矩形贴上砂纸。

(b) 在如同前述的木板上，相间地贴上光滑纸板条和砂纸条。

(c) 在如同前述的木板上，把粗细程度不同的砂纸依次贴上。

(d) 在一个木板上，把光滑程度不同的纸板依次贴上，从羊皮纸到糙光板纸。

这些固定着有待触摸的各种材料的木板，准备让孩子们轻轻触摸时使用，此外让他们感受最初的系列的差异。

孩子们闭眼连续触摸木板的不同片段，并开始用手臂的运动来判断距离。

正如在许多被称做感觉的训练中，感觉刺激是一种引起确定运动的手段。

在制作第一系列教具后，我又设计了"活动"教具，每一种都自成一组，即用于不同的训练。

它们由三种材料构成：

(a) 光滑程度不同的纸；

(b) 粗细程度不同的砂纸；

(c) 纤维不同的织物。

这些教具应用于一般技术，即把一种教具混合，再时而成对地、时而成系列地操作。

织物同样成对地放置在特制衣橱内，包括丝绒、丝绸、毛料、棉布、麻布、纱布等等。

上述所有训练都要求蒙住双眼进行。

## 温度感觉

我们使用椭圆形的带盖的金属容器进行此类训练。每个容器注入恒温（摄氏75度）的热水，但数量不等，然后再用摄氏15度的冷水注满，或者备好相同的成对的容器。虽然温度随着操作而变化，但操作能给训练以某种精确性。

在导热方面不同的一系列物质，比如木头、毛毡、玻璃、大理石、铁等都可用于更复杂的训练。

## 重量感觉

厚度0.5厘米、边长6×8厘米的矩形木板可用于重量训练。这样的木板用三种不同木料制成：紫藤木、核桃木和冷杉木；它们的重量分别为24克、18克和12克，彼此相差6克。它们应涂上清漆以使表面光洁，不应有任何凸凹不平，同时保持木质的本色。当孩子们观察木板的颜色时，就会知道它们的重量不同，因此可以对此类训练进行监控。他们拿起两块木板，并用手心握住，然后手从下向上运动以估计重量，类似运动要轻微地毫无感觉地进行。我们建议孩子们闭上双眼比较不同重量，于是他们自己兴趣盎然地惯于这样做，因为他们急于知道是否"猜对"。

上述方法涉及为精确估计重量所不可或缺的技术。其实，应当严格地让教具轻触皮肤，以避免温度引起的感觉（恰恰为此使用木质教具），从而获得有关教具的真正的重量印象。注意，手向上或向下的运动会影响重量，因为改变了教具所受气压，从而使重量感觉更加明显。显然，那种"估量"的运动是本能的；但为了更加准确地估量教具重量，必须尽可能减少那种运动。

在训练中的上述技术导致精确性，而此种精确性本身就趣味无穷。

## 仅靠触摸产生形状的印象

此种训练属于实体感觉教育。通过触摸整个轮廓或以不同方式触摸（正如盲人所为），辨识一个物体的形状，决不仅仅在训练触觉。

其实，通过"触摸"只能感觉表面的性质——光滑还是粗糙。

然而，当手（或臂）围绕一个物体运动时，由于触摸感觉，完成运动印象被整合，此种印象归因于一种特殊感觉（第六感觉），它被称作肌肉感觉，并且让许多印象在"肌肉记忆"或完成运动记忆中积淀。

我们不用触摸就可以运动，同时完成的运动在其范围内能复制并记忆伸展动作的极限（肌肉感觉的纯粹结果）；然而，当我们运动时同时触摸某些东西，触觉和肌肉感觉就融合了，并产生了一种新感觉，即心理学家称作的"实体感觉"。

在这种情况下，不仅回忆完成运动的印象，而且拥有对外物的"认识"。此种认识可以充实视觉认识，从而对对象的感觉更加具体准确，在幼儿那里效果更好。他们显得在识别事物时更有把握，当他们触摸那些没有看到的东西时，尤其容易记忆那些东西。这一事实由于幼儿的天性而更加醒目。事实上，他们"整体触摸"所看到的一切，他们对于在环境中遇到的千差万别的万物拥有双重印象（视觉的和肌肉的）。

然而，根据我们的经验，"整体触摸"不仅仅是对视觉的"确证"，而且是幼儿在一生中确定运动基本和谐时期内肌肉生动感觉的明显表现。

因此，此种训练不仅仅"确证"视觉，而且训练运动本身，并构建运动和谐的生理机制，这种机制是锻炼"表现"器官所不可或缺的。

此外，几乎所有感觉训练都伴随"运动"的事实表明"肌肉感觉"在幼年具有突出作用。由于这一原因，在我们的方法中广泛应用"实体感觉"，它也有益于文化，涉及各种表现（绘画、书写等）。因此，我们认为，那些感觉具有特殊价值；出于这一动机，我们特别注意在幼年的教育时期发展那些感觉。

关于这个题目，我们拥有教育成功的令人惊讶的实验数据，即使为了帮助教师，这里也值得提及。

最初，我们使用福禄培尔[1]的立方体和长方体作教具。我们唤起孩子们对两种立体形状的注意，让他们睁大眼睛认真触摸它们，同时我们不断重复简短说明，以便让他们在正式讲解前关注形状的特征。这之后，我们对孩子们说，把立方体放在右边，长方体放在左边，"即使不看它们"，也要不断地触摸。最终，被蒙上双眼的孩子们不断重复这些训练。几乎所有孩子都能成功地完成训练；即使出错用不了几次就改正了。立方体和长方体总计24块，因此孩子们能长时间全神贯注地做此类"游戏"。然而，孩子们能持续集中注意力，尤其当他们意识到被好奇的同伴"窥视"，因出错而受到后者嘲笑，或因"猜中"而感到自豪。

有一次，一位校长向我介绍一个3岁幼女，她是年龄最小的学生之一，她一次次地完美无缺地完成训练。我们让女童舒适地坐在靠近课桌的扶手椅上。我们把24件教具杂乱无章地放在课桌上，在提醒她注意教具的形状后，我们叫她把立方体放在右边，长方体放在左边。当她的双眼被蒙上后，开始按我们的要求做训练，即同时用双手随意地拿起两

---

① 福禄培尔（F.Froebel,1782—1852），德国幼儿园创始人和教育改革家。

件教具，触摸它们并放在各自位置。她有时双手抓住两个立方体，或两块长方体；有时右手抓着长方体，左手抓着立方体。她不仅需要识别教具的形状，还必须记得在整个训练过程中教具要放置的不同位置。我觉得这一切对一个 3 岁女童来说太难了。

　　然而，在观察她时我发现，她不仅轻而易举地完成了训练，而且触摸动作对她都是多余的。事实上，由于她是个动作优雅的可爱女童，动作非常轻捷。她刚刚抓起两件教具，若长方体握在右手、立方体握在左手，她会立即换过来，其后她开始认真触摸（我们教给她的），她可能认为这是一种义务。但是，就在她轻轻地触摸教具时，即在她抓起教具的同时，业已辨别出了。接着，我们研究了这一题目，我发现这个女童具有左右手同样灵巧功能。这种功能在三四岁幼儿中很普遍，随着年龄再大一点儿会丧失。因此，我让更多的孩子重复这种训练，并且我发现他们在触摸教具之前就已经会辨识了，这种现象往往更多地发生在幼儿中间。由此可见，我们的教育方法构成一种绝妙的联合体操，引导幼儿迅速作出适合其年龄的惊人判断。

　　这种实体感觉训练可以扩展，并且能引起孩子们的极大兴趣，因为在此类训练中，他们不仅单纯感受一种刺激（比如热刺激），而且重构清晰认识的整个对象。他们可以触摸玩具兵、小球，尤其是硬币。他们甚至能够区分差异极小的形状，比如小鸟进食的小米和大米。

　　他们感到无比自豪——不用眼睛就能发现，他们大声呼喊着，伸出他们的双手："这就是我的眼睛，我用双手发现，我不再需要眼睛！"对于他们喜悦的呼喊，我往往这样回答："好吧！我们把所有眼睛挖出，我们还能做什么呢？"听到我的话后，他们立即开怀大笑并热烈鼓掌。

　　我们孩子们的进步确实超过我们的预想，他们难以想象的、飞速的进步令我们吃惊。然而，他们有时因成功而欣喜若狂，令我们思绪万千。

　　后来，孩子们自发的灵感，启示我们今天在"儿童之家"进行那些十分有趣的训练。换言之，他们开始重新系统地使用适合靠触摸被识别的全部教具：立体插件教具（几何插件）或三大系列教具。孩子们因转入更高级的训练而很久没有使用这些教具，现在重新拿起立体插件教具的三个插座，他们蒙住眼睛触摸圆柱体和对应的插孔，他们往往拿起全部三个插座，并把属于它们的圆柱体混合起来。或者，他们紧闭双眼再次拿起插座，几乎全神贯注地仔细触摸插孔的轮廓，以寻找对应的插孔。孩子们不止一次地把长杆放在地毯上，多次用手指从顶端摸到末端，仿佛为了证明手臂运动的伸展。或者，他们坐在地毯上，四周积聚着玫瑰色木塔的立方块，他们蒙住双眼用那些立方块重建玫瑰色木塔。

由此可见，肌肉训练注重整体教育，通过视觉（正如后文描述那样）导致对对象的形状及大小的差异的精确估量。

## 味觉和嗅觉的教育

涉及味觉和嗅觉的训练很难具有吸引力。

我只能说，在心理测验中普遍采用实验的类似训练，我觉得不适合不实用，至少对幼儿来说是这样。

于是，我们第二个试验是组织孩子们可以重复作的"感觉游戏"。我们让孩子们闻鲜香堇菜和茉莉花，或在5月末我们把玫瑰花插在花瓶里让他们闻。然后，我们把一个孩子的眼睛蒙上，并对他说："现在有人给你送礼物，那是一束鲜花。"其实，一位同伴把一束香堇菜靠近他的鼻子，他应当识别出那是什么花。为了区分芳香的浓度，可以用一朵花或多朵花。

后来，我们产生朴素的想法：在环境中进行大部分此类教育活动。首先应当存在气味，才能训练嗅觉。由于我们发现气味不像光（所有运动物体发出的）和声音，在我们周围必然存在，于是我们想要在环境中设立一个芬芳系统，旨在让花草芳香更加微妙。

某些中国风格的香袋作为装饰物被钉在墙上。花园里的花草，带有天然芳香、比如杏仁和熏衣草的气味的香皂，备好并让孩子们使用。

再晚些时候，我们在花园里种植了带有芬芳的青草，可以说成了一个绿色花坛，那些香草不似五颜六色的鲜花那样悦目，正是为了不让色彩引起孩子们注目。我们发现，3岁幼儿兴趣盎然地寻找截然不同的香草，我们惊奇地看到有的幼童采来一些野草，不是我们种植的，我们也不知道它们带香气，但在孩子们的坚持下，我们用鼻子闻了那些野草，发现它们确实散发出微妙的芳香。

我们"儿童之家"的草地，色彩单一，各种草形状差异微小，从而在某种程度上突出气味。我们旨在让草地成为"探索"的场地，从而也是训练嗅觉的场所。当注意力遵照指令转向不同感觉刺激时，嗅觉也能被更"睿智地"训练，并成为探索环境的器官。

然而，进食时嗅觉是"味道"的天然助手。幼儿能够选择或"拒绝"某些食品，这一事实更清晰地证明这点。味觉教育容易同植物性生活相混淆，但此类教育非常微妙，值得特殊对待。其实，当想到味道主要感觉到四种，那么便餐就自然成为训练味觉的场地。

让孩子们只区分味觉的差异，让他们了解四种基本味道，会引起他们的极大兴趣。甜味和咸味令人愉快，苦味作为经验被尝试，而酸味，尤其是各种水果的酸味，待区分为不同程度。

一旦我们唤起孩子们对各种味道及其不同程度的兴趣，在嗅觉—味觉的混合感觉的千差万别中，他们对气味世界的区分会更加清晰。我们在营养品中，比如牛奶、鲜面包和干面包、黄油、水果等，做过此类试验。舌头的不同触觉，比如对绝缘和油性材料的感觉，要靠味觉和嗅觉，要通过头脑的工作（对自身和环境的真正探索）加以区分。

在5岁儿童中，我们应用让舌头接触苦、酸、甜、咸四味的方法，正如在感觉测量（度量感觉）中应用的方法那样。他们就像投入一种游戏，乐于进行这种探索。孩子们兴高采烈地漱干净舌头，根本没有怀疑成人用科学的庄严之手强迫他们作实验。而对更年幼的孩子，应严格限于探索大自然赋予草地上百草的芳香。

# 八 视听的识别

## 教具：立体插件和木块系列

**仅靠视觉精确区分维度**

显现维度差异的系列教具：

——仅限于一种维度（高度）差异的教具；

——限于两种维度（截面）递次差异的教具；

——显现三种维度差异的教具。

立体插件教具——由三个原色木质插座构成，其形状和大小（长55厘米，宽8厘米，高6厘米）完全一致，涂上清漆并保持光洁。每个插座配10个插件，均为表面光滑的圆柱体，其顶端有小提钮，以便于插入插座中的插孔并从插孔中拔出，而每个插孔同圆柱形插件严丝合缝。

每个插座对所有对应圆柱体插件而言，如同一个"平面卡盘"。

然而，在三个插座中隐藏的圆柱体插件之间存在规范的递次差异：

1.在第一种插座中，所有圆柱体插件截面相同，但高度不同；最低的高1厘米，其他每个依次高0.5厘米，直至第10个高5.5厘米。

2.在第二种插座中，所有圆柱体插件高度相同，但是圆截面递增：

最细圆柱体半径为 1 厘米，其他圆柱体截面半径依次递增 0.5 厘米，直至最粗圆柱体截面半径为 5.5 厘米。

3. 最后，第三种插座中的圆柱体插件在三个维度上都递减，从而同前两种相比都有差异。

起初，孩子们只拿起一种插座，从而三个孩子可以同时操作所有插件。

应用所有三种插件的练习是相同的：孩子们把所有插座放在小桌上，把所有圆柱体插件从插孔中拔出，再把它们杂乱无章地混合放置，接着再把它们重新插入对应的插孔，让它们各就各位（练习是基本的，从而教具应在三张小桌上展示，每张小桌应备有挡住拔出的立体插件的围栏）。对"错误的检查"就在于查看立体插件是否同插座上的插孔严丝合缝。

其实，在每次插入操作中，譬如，一个孩子在选择插孔时犯错，一个圆柱体插件就会在特深的插孔中消逝，另一个插件就会因插孔过浅而凸显。从而，显现出的错误既一目了然又可触知，也就是说，在物理上可以绝对监控所犯错误。由此可见，孩子们必须聚精会神地移动立体插件，需要一次次地尝试插入，直至所有插件都各就各位，并且同插座等高。

在第二种插入操作中所犯错误似乎同前述错误无异，但若认真观察就会发现不同，其错误更加明显。因为所有圆柱体插件高度相同，但从第一个到最后一个插件的圆截面递次不同：从最小的圆截面到最大的圆截面，即存在较粗圆柱体和较细圆柱体，而不是像前一种那样，存在较高圆柱体和较低圆柱体。当孩子手持小提钮移动那些立体插件时，若一个圆柱体比插孔细得多的话，起初可能未发觉错误。当他继续把细的圆柱体插入粗的插孔中时，一时甚至产生操作正确的错觉。然而，最终，当有一个圆柱体不能插入插孔，而留在插座外时，其错误昭然若揭。

这里，错误是如此明显，以致一时的错觉立即消逝。孩子的注意力集中于一个显而易见的问题上。

必须把所有错误插入的圆柱体插件全部拔出，再让它们各就各位。

第三种立体插件也完全类似，这里圆柱体插件在所有维度上都是递减的，不仅圆截面递减，而且高度亦递减。这样，圆柱体插件显现出更大和更低，维度有差异但形状相同。对于这种立体插件来说，重复前两种的类似练习，操作的错误也可在物理上监控。

三种立体插件初看彼此难以区分，但对操作它们并兴趣日增的孩子们来说，它们之间不大的差异随着操作的进展越来越明显。孩子们干预是不断重复练习的结果，从而使他们的辨别眼光锐利，观察能力提高，注意力集中并持久，引起对所犯错误及纠正方法的思考，可以说，连续并深入的练习能够让孩子们通过感觉形成心理个性。

### 木块系列教具

三种外观不同的木块，反映一种、两种、三种维度的差异。主要由涂上鲜艳颜色油漆的大木块构成，分为三个系列：木杆或长方体系列；棱柱体系列；立方体系列。

木杆，每边 2.5 厘米的正方形截面，彼此长度相差 10 厘米（最长 100 厘米，最短 10 厘米），并全涂上红漆。

当孩子们使用较长并笨重的教具时，会促使他们全身都运动。孩子们应当走来走去以移动这些木杆，并让它们彼此靠近，以长度为序依次排列，就像给管风琴的琴管确定位置一样。

孩子们在地板上做此类练习，不过他们应预先为自己和教具准备一块地毯。一旦管风琴的琴管位置确定后，再把顺序打乱，把木杆混放，并且多次重新排序，直至孩子们感到满意。

在地毯上也可做另一种练习，给等长（20 厘米）但正方截面不同（最大截面边长 10 厘米，最小 1 厘米）的棕色棱柱体排序：从最大棱柱体到最小棱柱体，依次排列，直至形成一个阶梯。

最后，立方体系列，其边长依次递减，从 10 厘米到 1 厘米，全涂上鲜艳的玫瑰色。教具从大到小，在三个维度上存在差异。孩子们先在地毯上放置最大立方体，然后依次叠加其他立方体，直至形成某种塔形。他们把木塔推倒之后，再重新修建木塔。

肌肉的紧张与记忆

孩子们只用一只手抓取木块，3岁或3岁半幼儿的小手艰难地抓住宽10厘米的木块，对他们来说，更大的，尤其是长20厘米的棱柱体就太重。由此可见，做练习时幼儿小手要努力，展开手掌并用力。在多次重复练习后，幼儿能拿起所有棕色棱柱体，小手最终能自如地确定它们的位置，必然包括10、9、8、7、6、5、4、3、2、1厘米的空间。也就是说肌肉记忆关注空间准确次序关系。幼儿使用玫瑰色立方体也可做类似练习。这里，还有另一种改进方法：应当把比前一个立方体小的立方体放在前一个的中央，这样木塔低层周围留下1厘米宽的边框；因此幼儿的臂和手要服从这一精确意图，即操作动作完全按意图准确进行。其中最为困难的动作涉及最轻立方体，即关乎边长为1厘米的立方体。幼儿的手臂应当确有把握地把那个小教具放在中央，他们注意力高度集中并做出巨大努力证明这一点。

无疑，在使用立体插件教具和木块系列教具的练习中，视觉得到训练：幼儿们逐渐开始区分那些差异，而在此之前他们不会区分。其后，如果同时使用三种立体插件教具（孩子们把它们摆成三角形，再在中央有限区域内把三种圆柱体杂乱无章地摆放），这会是一种开始推理和记忆的训练，因为要在不同圆柱体之间进行系统比较；此时对立体插件种类的记忆将起作用：各个圆柱体属于哪一种，哪种插座可以容纳它们。这正是练习的魅力所在：运用小智慧，精心操作，做出力所能及的努力并为此感到愉快。

关于木块系列教具，也主要是训练眼睛识别其递次差异，因此也训练指出偶犯的错误：变调的管风琴的琴管；阶梯不规范的外观；中间凸起的木塔（因一个大立方体偶然置于两个小立方体之间），会刺激眼睛，此外眼睛也会受到鲜艳色彩的吸引。一切都促使眼睛识别错误，促使手纠正错误。

训练眼睛本身就是一种充满活力的活动，时而操作有待移动的小教具（圆柱体插件），时而移动并放置大木块。由此可见，感觉的训练由"运动"指引，而"运动"靠有待实现的智力目的协调。

根据业已作出的观察，正如我们已经说过，这种运动有助于集中注意力，让孩子们持之以恒地重复练习。

若考察三种木块间的差异，会发现它们存在某种数学比例关系。

事实上，10 个木杆彼此呈数字级数关系：

$$1 : 2 : 3 : 4 : 5 : 6 : 7 : 8 : 9 : 10$$

长度相等、方截面不同的 10 个棱柱体彼此呈数字平方关系：

$$1 : 2^2 : 3^2 : 4^2 : 5^2 : 6^2 : 7^2 : 8^2 : 9^2 : 10^2$$

最后，三个维度上都不同的 10 个立方体彼此成数字立方关系：

$$1 : 2^3 : 3^3 : 4^3 : 5^3 : 6^3 : 7^3 : 8^3 : 9^3 : 10^3$$

确实，只能在感觉上孩子们才能接受这些比例关系，但他们的头脑业已开始以精确基础训练，为培养数学能力做准备。

在所有练习中，孩子们感觉操作立方体最容易（差异最大），而操作木杆最难（差异最小）。

然而，当他们进入小学对算术和几何感兴趣之时，会重新拿起幼年时的木块，运用数字科学重新研究相应比例关系。


# 色彩教具


引导识别颜色的教具（色彩感觉教育），是我对正常儿童做长期系列实验后确定的。（在智障儿童学校，正如上述，我曾使用过多种彩色圆柱体木质插件）最终确定的教具是缠上颜色鲜艳丝线的木板，木板两端装上边框，从而便于操作又避免彩色丝线接触小桌造成损坏。于是，彩色丝线可以长期保持完好。

我选择了 9 种颜色，其中每种颜色的深浅程度又分为 7 级，因此，总共有 63 个色板。颜色是：灰色（从黑灰到灰白），红色，橙黄色，黄色，绿色，深蓝色，紫色，棕褐色，玫瑰色。

练习

我们选择三种鲜活颜色，譬如红、蓝和黄，每种颜色准备两套，把它们摆放在孩子们面前的小桌上。我们向他们展示一种颜色，鼓励他们从混杂的色板中找出颜色相同的那块。这样，根据相同颜色，他们成对地排列那些色板。其后，我们逐渐增加色板数量，直至展示 9 种颜色、即 18 块色板。最后，除鲜活的颜色外，我们也选择更深或更浅的颜色。

进而，我们展示两三块颜色相同但色差不同的色板，譬如选择最浅的、中等的和最深的三种，然后让孩子们按颜色深浅排出顺序，直至展示 9 种颜色的色差。

其后，我们再把两种不同颜色（如蓝与红）不同色差的色板混放，一一展示给孩子们，让他们先按颜色分成两排，再按色差进行排序；接着，我们给孩子们提供颜色相近的色板（譬如蓝与紫、黄与橙，诸如此类，不一而足）。

在一所"儿童之家"，我看到孩子们兴趣盎然并以惊人速度做成的游戏：女教师在孩子们围坐的小桌上放置同他们人数相同的色板，譬如 3 块色板。然后，她让每个孩子认真观察：她给予他们或由他们自选的色板颜色；进而，她把所有色板混乱摆放，结果每个孩子都能快捷地从所有色板中认出属于他们的那种颜色所有色差的色板，并能按色差排序，从而仿佛创造了一个过渡自然的色带。

在另一所"儿童之家"，我看到孩子们手里拿着一个木盒，内装 63 个色板。他们把木盒内的色板全倾倒在小桌上，并用不少时间把所有色板混乱摆放。接着，他们能够按不同颜色不同色差，迅速地分类排序，似乎在小桌上编织五颜六色、色调柔和的小桌布。

孩子们很快就具有一种灵巧性，我们对这种灵巧性感到困惑不解，3 岁幼童就能把各种颜色按色差排序。

同样可以试验做颜色记忆练习。我们让一个孩子观察一种颜色，再让他去远处的小桌上选取相同颜色色板，然后在桌上将所有颜色色板一字排开。在做练习时，即使孩子们犯一些小错，但最终总能成功。5 岁的幼童在做后种练习时非常开心。之后，他们热衷比较两种颜色并判断它们是否相同。

<br>

# 对几何的感性认识
# 平面插件和几何图形

**早期教具：木质平面插件（历史）**

在智障儿童学校，我曾按我伟大先驱者的样式制作插板，即把两块木板重叠，下面是一整块，上面是一块凿成各种图形的插孔；然后，让各种图形的木质插件严丝合缝地插入插孔中。为了便于孩子们操作，在插件重心处安上一个黄铜提钮。

塞甘曾经使用过涂上各种颜色的星形、长方形、正方形、三角形和圆形的插件，这样可以将颜色和图形相结合，所有插件都在同一插板上。

在我负责的智障儿童学校，我也曾制作多种此类教具，但我把用于颜色练习和用于图形练习的教具加以区分。用于颜色练习的插件全是圆形，而用于图形练习的插件全涂上相同颜色（蓝色）。我还制作了大量多种颜色及不同色差的插板，在同一坚硬插板上聚集更多图形，让插板和那些图形插件密不可分。

然而，在多次尝试后，根据我对正常儿童获得的新经验，我完全摒弃了用于颜色练习的平面插件教具，因为应用此种教具不能有效监控错误，孩子们往往忽略对颜色的比较。

<br>

**定型教具**

相反，我保留了用于图形练习的平面插件，但我改进了此类教具，把各种图形分开，并给每个图形配上一个简单边框，要求边框和图形吻合，如同高级木匠的产品不差毫厘，展现出其高超技术。

所有不同图形的平面插件（正方形、长方形、圆形、三角形、梯形、椭圆形，等等）都涂上蓝色亮光漆；为每个插件配置的每个边框全是正方形的，尺寸完全相等，并涂上白漆。从而，分开的插件可以按不同方式组合，这样扩大组合的数量，因为方形边框很容易彼此相邻。

为了让组合相对固定，我还让制作了一些木托盘，每个托盘可以同时放置6个正方形边框，因此也能容纳6个图形插件，上面3个下面3个放置。当插件被取走只剩边框时，这些木托盘的蓝色背景十分醒目，在形状和颜色上同时也是插件的背景。

为了用于最初的练习，我还让制作了一个框架，有一个同业已描绘的插板面积（框架内）相等的长方形背景：背景是深蓝色，四周装有高6毫米、宽2厘米的边框，在边框上加一个2厘米厚、带提钮的可以开合的顶盖，顶盖和边框严丝合缝，以便完全同底面重合，边框内底面被一个横向连杆和两个纵向连杆分为6个面积相等的正方形。这个顶盖在后面装有合页，前面用球形拉手固定。

在蓝色底部可以精确地放置六个边长为10厘米、厚6毫米的正方形插板；当带小孔的顶盖盖合时，它们被顶盖所固定，因为每个构成小孔的提杆，置于两个相邻插板外边的上方，两个插板就被固定住，从而整体作为一个教具被操作。

这种框架除具有上文所说其他托盘的优点（即变更插件，可以提供多种几何图形的组合）外，还具有保证各个边框不动的优点。

边框和框架的内外轮廓涂上白漆，而插件（平面几何图形）均涂上蓝漆，正如框架的背景颜色。

我还让制作了四个全涂蓝漆的小板，因为靠它们框架适合装一个、二个、三个、四个或五个几何图形，而不是六个。在初期教学时，适宜只展示两三个对比强烈或差异明显的几何图形（譬如，圆形和正方形；或圆形、正方形和等边三角形）。

这样做可以扩大组合数量。其后，我准备了一个6层小橱柜，可用纸板或木板制作。它实际是个盒子，就像律师使用的盒子那样，其前面可以拉动；六个活动隔板靠两侧的支撑物支撑，每个隔板可以容纳六个插板。在第一层隔板我放置四个插正方形的插板和两个插梯形及菱形的插板；在第二层放置一个插正方形的插板和五个插宽度相等但长度递增的长方形的插板；在第三层放置六个插直径递增的圆形的插板；在第四层放置插六个三角形的插板；在第五层放置六个插五边形、六边形、七边形、八边形、九边形、十边形的插板；在第六层放置插多种曲线形——椭圆形、卵形和花形（四弧交叉）的插板。

### 三套卡片

此种教具由 10 厘米见方的白色卡片构成。第一套卡片上用胶水贴上蓝纸剪成的所有插件几何图形；第二套卡片上用胶水贴上蓝纸剪成的所有插件几何图形的轮廓线，轮廓线宽 1 厘米；第三套卡片上用黑线条描画出轮廓线，这些轮廓线再现所有插件几何图形的大小和形状。在塞甘那里不难发现关于此类教具的设想。

综上所述，我们拥有的教具如下：框架、成套的插件、三套卡片。

### 使用平面插件的练习

此类练习在于教师向孩子们展示容纳不同几何图形插板的框架或托盘，让他们把几何图形插件从插板上取出，再把那些插件杂乱地摆放在小桌上，尔后鼓励他们把插件恢复原位。

3 岁以下幼童也可以接受此类游戏，他们也能全神贯注地操作，虽然效果不如立体插件，但我从未看到他们连续重复五六次才成功的情况。

其实，幼童在这类练习中做出巨大努力：他们需要长时间观察和认真识别图形。起初，许多幼童通过不断尝试才让插件复位，譬如，他们曾经连续地把一个三角形插件放置到一个梯形插板内，诸如此类，不一而足。或许，当他们拿起一个长方形插件，并且也识别出应放置的插板，却把长边、短边的位置颠倒，只是在多次尝试之后，才最终找到确定的位置。在连续三四次尝试后，幼童能轻而易举地识别出各种几何图形，并且胸有成竹地把插件复位，还往往伴随某种漫不经心的表现——不把如此容易的练习放在眼里。

这是一个孩子们能开始按方法"观察"图形的时期，在小桌上适宜不断变更几何图形插板，从对比强烈的图形过渡到彼此相似的图形。从而，他们能轻而易举地完成练习，他们习惯于识别各种图形，并且无须过于努力和尝试，就能把各种图形插件在插板上复位。

在初期，即在尝试期，我们向孩子们展示对比强烈的图形。一旦他们把眼睛视觉和肌肉触觉结合起来，识别图形将受益匪浅。我让孩子们用右手食指先触摸图形插件的边缘，再触摸有待插入的插板上插孔的轮廓；并且同一插件的图形多次重复触摸，我这样要求，旨在这种过程成为孩子们的习惯。其实，幼童很容易做到这一点，因为他们特别喜欢触摸教具。甚至有的幼童不能通过观察，却能通过触摸识别出某种图形，也就是说在触摸插件图形边缘时，同时完成某种不可或缺的运动。当他们手持图形插件尝试复位时，把插件转来转去却徒劳无益，就会感到非常窘迫；一旦他们触摸到插件边缘和插孔轮廓，就能顺利地达到目的。无疑，把肌肉触觉和眼睛视觉相结合，显然有益于对各种图形的感知，有助于强化对它们的记忆。

在此类练习中，正如在使用立体插件的练习中一样，监控是必不可缺的：若图形插件未插入对应的插孔中，就不可能做到严丝合缝。由此可见，孩子们能够独立地进行练习，并且实施一种真正意义上的感觉自我教育，因为这关乎对各种几何图形的识别。

# 使用三套卡片的练习

### 第一套卡片

我们给孩子们展示某些卡片和木质平面插件（即几何图形本身，没有插板）；然后把它们杂乱无章地混合；我们要求孩子们在小桌上按顺序将卡片一字排开（这令他们非常开心），然后再让插件在卡片上各就各位。这里，要靠眼睛监控：孩子们必须识别出图形，并且让图形插件同卡片上的背景图形完全吻合，从而图形插件仿佛掩盖或藏匿背景图形。这里，孩子们的眼睛等同于背景图形，它首先引导两个事物在物理上一致。此外，作为简单练习（他们总是乐于完成这些动作），他们必然习惯于触摸背景图形轮廓；其后，当把插件放置后，他们同样习惯地触摸整体轮廓，几乎是用手指调整上下位置，直至上下完全重合。

### 第二套卡片

我们把一束卡片和一些插件交给孩子们，要求他们把各种图形插件放置在贴有蓝纸图形轮廓线的对应卡片上。

### 第三套卡片

我们把一束卡片和一些插件交给孩子们，要求他们把各种图形插件放置在用黑线条描画的图形轮廓线的对应卡片上。

由此可见，孩子们已经准备用眼睛理解被描画的各种图形的轮廓，也业已准备通过完成的动作用手理解这些图形本身。

# 辨别声音的练习

关于听觉教育，我们特别关注主体和运动环境的关系，只有这样的环境才会产生声音和响声。因为在一切静止的环境中，存在绝对的寂静。由此可见，听觉是一种只能从主体周围发生的运动接受感觉。

因此，听觉教育，若从"静止性"出发，旨在实现对运动引起的声音或响声的感知，也就是从"寂静"出发。

其实，在我们的方法中，更晚些时候寂静显现出（多方面）的重要性得以陈述，它成为对运动有意抑制之后的检查。

寂静还是对于"集体努力"的追求，因为在一个环境中要保持寂静，就要求在此环境中的所有东西（或所有人）绝对地静止。

无疑，追求寂静必然引起孩子们的强烈兴趣，正如实际发生的那样，他们对"探索自身"（分析独立要素）十分满意。

听觉还让我们清晰地认识到，原始的基本的感觉教育所在。实际上，在于"能听到更多"。

当听到比以前更"轻微"的声音时，听觉感知得更多（灵敏性更强）。因此，感觉教育引导对最小刺激的重视，被感知的事物越小，感觉能力越强。由此可见，从本质上看，感觉教育在对外在刺激"最小"的正确评价中发展。

譬如，正如伊塔尔杰出地证明那样，一个半聋人通过自我教育，就可以感知比他之前（任其自便，缺乏教育）能听到的更轻微的声音，并且逐渐达到没有接受听觉教育的正常人的平均听力。

在此基础上，伊塔尔通过连续的刺激，从对比强烈到彼此近似，让许多半聋人听到人们说话的声音，进而他们自己也学会说话，从而也治愈了大量哑人。

感觉教育的另一个原则是"区分"各种刺激的差异。

这包括作为教学准备，对不同感觉组合进行"分类"；其后，再实际感受各种组合的强弱差异。

这里，我们首先能把噪音同声音区分开，从对比强烈的差异过渡到不易感受的差异；其后，能区分具有不同声源的音质，如人声和乐器的声音；最后，能区分乐音的音阶。

为了掌握并确定基本区分，我们把听觉分为4类：源于寂静，源于人说话声，源于噪声，源于音乐。

寂静课程是独立分开的练习，对于培养纪律性具有重要实际功效。

对语音的分析是同学习字母表相结合的练习。

至于噪音，在我们今天的教学体系中，应用一种相当简单原始的教具，木板（或纸板）制成的盒子，每两个完全相同，以便形成系列，发出6种强度不同的噪音。同其他感觉教具类似，噪音盒子全部混合使用，从而将盒子配对，摇动时发出同样噪音。由此可见，当试图评估同种盒子之间的差异时，应按这种指导原则安排不同级差的东西。

为了实施乐声教育，我们采用安娜·马盖罗尼精心监制的一组乐钟，它们彼此分开，放置在一个木基座上，看起来毫无差异，但用小槌敲击，会产生如下音调：

从而，唯一可以感受到的差异是声音的差异。乐钟分为两种，并可以移动。因此，它们正如其他感觉教具，可以精确地"混合"。

操作木基座，用小槌敲击，最初的练习就在于让两个乐钟震荡发出相同声音，再把它们相邻放置（不包括半声）。其后，正确鉴别音阶序列中的音调；在此种情况下，教师把一个系列乐钟有目的地排序，并把另一系列乐钟混放。练习仍然是成对地进行，因为先让顺序固定的一个乐钟发出一个声音，再到混放的那一系列中去探寻发出同样声音的乐钟。然而，这里，是确定的顺序来决定配对成双。

当耳朵被充分教育得足以根据音阶识别并记忆声音序列时，无需任何指导，在自己音乐耳朵的指导下，孩子们就可以把杂乱混放的乐钟，按音调序列甚至半音重新排序。

正如其他教具应用方法一样，在感觉被清晰感知（光滑、粗糙、红、蓝，等等）之后，接踵而来的是名称，在声音被确定无疑地区分开后，音符的名称也就被掌握了。

六七岁孩子可以达到的最大极限是识别并命名一个独立的乐音。

其后，将半音同音调相结合，为避免徒劳无益，半音乐钟的木基座涂上黑色，而不是白色（让我们记起钢琴的琴键），这样可根据木基座颜色识别。把半音放置在对应的音调之间是一种感觉练习。

我们不应当把一般技术层面上的音乐性感觉教育和音乐教育相提并论。

我们可以做区分音调的练习，但这和音乐领域毫无关系；正如在其他领域，在科学领域，物理学家研究物质的震荡，也研究其特殊形式——产生乐音的物质的震荡。

感觉教育是音乐教育的必要基础。孩子们在做过此类练习后，就为理解音乐做好充分准备，也就为取得更迅速进步做好准备。

无需赘言，恰恰是音乐本身在继续并巩固感觉教育，正如绘画研究在继续并巩固色彩视觉研究，诸如此类，不一而足。然而，"分类感知"的精确基础，像试金石那样，让孩子们铭记在心，对于今后的进步具有不可估量的开端价值。

# 肃　静

在普通学校里，人们总认为靠命令可以实现肃静。

但是，人们没有思考这个词汇的含义，也不知道这在要求"静止不动"，在实现肃静的那一瞬间生命几乎中止。肃静是对任何运动的中止，不像人们普遍认为那样，是"超过环境允许正常值的声音"的中止。

在普通学校，"肃静"意味着"中止喧闹声"，是对一种反应的制动，对分解和混乱的否定。

然而，肃静可以在积极意义上理解，即对事物正常秩序的"超越"状态。作为一种必须努力的瞬间抑制，意志力的强化，并且脱离日常生活的杂音，近乎让心灵脱离外在声音。

这就是在我们学校已经实现的肃静，深刻的肃静，虽然发生在一个有 40 多名 3 岁至 6 岁儿童的班级。

一个命令从未产生统一意志抑制任何运动的神奇效果，在生命的那个时期似乎不可抑制运动，运动是那个年龄段的持续特征。

那些习惯于自行其是的孩子们，能够采取集体行动，在于他们追求内心的满足。

我们必须教给孩子们肃静，为此我做过多种肃静练习，显然这些练习有助于培养他们惊人的纪律性。

我叫孩子们注意我——我怎样保持肃静。

我做出各种姿势：站立，坐着，保持不动和肃静。一个手指活动就可以产生杂音，即使它不易感知；我呼吸时可发出让自己听到的声音，但我不这样做，一切要绝对肃静。这不是轻而易举就能做到的事情。我叫一个孩子跟我学：他移动一只脚摆出更好姿势，却发出了杂音；他移动手臂，手臂轻轻地摩擦坐椅的扶手，也发出了杂音；他的呼吸也未做到像我一样，没有声响，绝对肃静。

在部分孩子做此类练习时，只有我简短却激动的讲解打破肃静，其他孩子兴趣盎然地倾听和观看。许多孩子对他们从未观察过的事情感兴趣：即人们发出许多声音，却没有发觉，而且肃静还有多个等级。存在一种绝对肃静，那里绝对没有任何东西运动。当我笔直地站在教室中央，他们惊奇地看着我，因为真像我没有在那里一样。于是，他们全都竞相模仿我，并试图同我做得一样。我着重向孩子们指出，脚移动时要悄然无声，叫他们注意身体各个部分保持肃静，靠坚强意志力实现静止。与此同时，他们不断尝试、努力练习，确实实现一种肃静，异于人们表面称作的肃静。此时，开始听到挂钟的滴答声，随着肃静越来越绝对，那种滴答声也变得越来越响。从外面仿佛寂静无声的院子传来各种声音：小鸟的鸣叫声，孩子的走步声。孩子们对那种肃静着迷，仿佛被一种实际成果所吸引。女教师对他们说："现在，一切寂静，仿佛空无一人。"

达到这一步后，我关上窗户，挂上窗帘，对处于黑暗中的孩子们说道："现在，请倾听呼叫你们名字的轻微声音。"

于是，我走到孩子们身后的邻屋，通过打开的门，轻声叫他们的名字，但把音节拖长，仿佛穿越山岭的呼唤，这种近乎神秘莫测的声音抵达他们的心，呼唤他们的心灵。每个被叫到的孩子，都静静地起立，竭力不移动坐椅，踮着脚尖走路，这样仿佛听不到脚步声，但其脚步声却在持续的肃静中，在其他所有人持续的静止中回响。他走到邻屋门口，满面春风，跳进屋里，强忍住不笑出声；或用手拽住我的衣服，偎依着我；或站立并观望在寂静中等待的同学。被叫到的孩子几乎感到是一种荣誉，得到一件礼物，一种奖励，尽管他知道大家都会被叫到，但"总是从班里保持肃静最好的学童"开始。这样，每个孩子尽力做好，期待被先叫到。有一次，我看到一位 3 岁女童竭力忍住不打喷嚏，并且成功了！她用手按着抖动的前胸，凝神屏气，坚持到胜利。

这种游戏令孩子们着迷：他们专注的小脸，他们耐心的静止，显现出他们在追求极大快乐。起初，我不了解儿童的心灵，曾想过让他们看小糖果和小玩具，许诺把这些东西送给被叫到的孩子，我以为让儿童做出类似努力，礼物是不可或缺的动力。但很快就发现这是徒劳无益的。

孩子们在经过努力之后实现肃静，他们为此感到兴奋和快乐，如同航船在乘风破浪之后抵达港口。他们对一切感到幸福：感受到新事物，获得了胜利，这就是他们应得的报偿。他们忘记了许诺的糖果，不介意取走我用来吸引他们的玩具。于是，我抛弃了那种无用的方法，我惊奇地发现，不断重复的游戏越来越完善，甚至在我呼叫40多名孩子并让他们走出的全部时间内，连3岁的幼童都能保持肃静。此时，我才发现儿童的心灵也有自己的奖励和精神享受方式。在进行此类练习后，他们似乎更爱我了：他们确实变得更听话，更温良和蔼。事实上，我们曾与外界隔绝并在短时间内融为一体。我对他们抱有希望，我呼唤他们，而每个孩子则在肃静中，依次听到我的呼唤，并在那一时刻认为自己是最棒的。

### 一堂肃静课

如下这堂课，足以证实教授极致肃静多么有效。一天，我去一所"儿童之家"，在院子里遇到一位母亲，她抱着自己4个月大的女婴，婴儿被包裹得严严实实，按罗马人的习俗，当时的婴儿被襁褓层层裹住，从而按其外形被称作蚕茧。胖乎乎的婴儿不哭不闹，像是和平的化身。

我抱起婴儿，她一动不动并很乖。我抱着她走向教室，"儿童之家"的孩子们从教室跑出来迎接我，竞相抱着我的膝盖，几乎把我撞倒。我对他们微笑，让他们看蚕茧。他们理解了，在我周围跳来跳去，用欢快的目光看着我，但没有触摸我，以表示对我抱着的女婴的尊敬。于是，我走进教室，孩子们在我四周走来走去。我们坐下，我在他们对面，不像往常坐在小扶手椅上，而是坐在一把大椅子上。也就是说，我正襟危坐。他们用既温柔又快乐的目光观察我怀里的女婴，我们连一句话也没说。此时，我说："我给你们带来一位小老师。"惊奇的目光，愉快的笑声。我接着说："对，一位小老师，因为没有谁能像她那样保持肃静。"于是，所有孩子都在纠正自己的姿势。我又说："你们无人做到腿像她那样笔直。"他们全都精心纠正双腿的姿势，让两腿并拢。我面带微笑，对他们说："不错，但你们的腿不会像她的腿那样静止不动。你们的腿总要活动一点儿，而她却不，无人能像她那样。"孩子们变得严肃，似乎他们内心确信小老师的优越性：有的孩子微笑，目光仿佛告诉我说，功劳全在襁褓。我接着说："你们无人能像她那样不出声。"教室内一片寂静。我又说："你们不可能像她那样肃静，因为……她的呼吸声多么微妙，请你们踮着脚尖走近她听听。"有几个孩子站起来，踮着脚尖慢慢地走近，头转向女婴并侧耳倾听。教室里极其安静。我进而说："没有人呼吸像她那样安静。"孩子们惊奇地看着，他们从未想过，静止不动时仍会有声音，小孩儿比大人更能保持肃静。他们几乎凝神屏气。我站起来，对他们说："我轻轻地走，"（我踮着脚尖安静地走）"虽然我走得很轻，但还是发出了声音，不像她！她和我一起走，却没有发出任何声音。对，正是她，悄然无声地走出去。"孩子们受到感动，面带微笑，他们懂得我的话中的真理和玩笑成分。我打开窗户，把蚕茧还给母亲。

那位女婴似乎留下无穷魅力，占据孩子们的心灵：在大自然中再没有比新生儿的呼吸声更恬静优雅的了。华兹华斯[①]吟诵大自然的幽静和平："多么清幽，多么寂静！只有荡桨的潺潺水声。"

孩子们在新生儿生命的平和幽静中感受到诗歌的意境。

---

① 　华兹华斯（William Wordsworth,1770—1850），18、19 世纪之交英国浪漫主义运动最伟大和最有影响的诗人。其作品的主要主题是人与大自然的关系。

# 九　论感觉教育的普遍意义

我现在陈述的，关于 3 岁至 6 岁正常儿童感觉教育的方法，肯定没有达到完善程度；但我相信，它开辟了心理研究的新道路，可以取得丰硕成果。

迄今，实验心理学关注测量仪器的完善，即关注刺激的等级；但尚未尝试准备系统地对个体感觉进行研究。

我认为，相反，心理测验学的发展应当关注个体的培养而非仪器的完善。

这里，我们先姑且不谈纯科学意义，感觉教育具有极高的教育学意义。

事实上，我们为一般教育提出两个目的：生物的目的和社会的目的。前者在于帮助个体自然发展，后者在于培养个体适应环境（也关乎教授个体利用环境的职业教育）。其实，从两方面看，感觉教育都非常重要：感觉的发展先于高级智力活动的发展，3 岁至 6 岁的幼童正处于感觉形成期。

由此可见，我们恰恰在这个时期能够帮助他们感觉发展，要让刺激循序渐进并适应这种发展，这样，在语言尚未充分发展之前，会有助于语言的形成。

全部幼年教育必须遵循如下原则：帮助幼童自然发展。

教育的另一方面，即让个体适应环境，当急速发展期过后应当

# 发现儿童

强调。

这两方面总是交叉的，但根据幼童年龄应有所侧重。

现在，3 岁至 6 岁生命期是身体迅速发育和感觉心理活动形成的时期。孩子们在这个时期发展感觉能力，因此他们的注意力会集中在对环境的观察。

刺激而非事物的理性吸引他们的注意力；因此，在此时期要井然有序地安排感觉刺激，旨在让感觉合理地发展，并为幼童的积极精神状态打下坚实基础。

此外，通过感觉教育，还可以发现并纠正幼童可能的缺陷；在今天的学校这些缺陷未被注意，但到某个时期将凸显并无法补救，从而造成终身不能适应环境（耳聋、近视眼）。

由此可见，这也是生理学教育，直接为心理教育做准备，完善感觉器官、投射及联想的神经管。

然而，教育的另一方面，即培养个体适应环境，也间接地涉及。由于我们这样把幼童培养成为当代人类。现代文明的人们显然是环境的观察家，因为他们应当最大限度地利用环境的全部资源。

正如古希腊时代，今天的艺术也基于对事物真实观察。实证科学恰恰由于观察而进步；近一个世纪极大地改变文明环境的所有发现及其应用，也是沿着同一条道路实现的。因此，我们必须培养新一代具有这种才干，它为现代文明生活方式所必需，也是继续有效地推进我们进步事业的不可或缺的手段。

我们看到的林琴射线、赫兹①波的发现，镭的放射性，马可尼②发现的应用，都源于观察。在任何时代，都没有像在我们这个时代，从实证研究出发获取光辉思想，为哲学思辨和精神世界指路。关于物质的理论本身，在发现镭之后，导致形而上学概念的形成。

---

① 赫兹（H.R.Hertz,1857—1894），德国物理学家，第一个播出并接收了无线电波。

② 马可尼（G.Marconi,1874—1937），意大利物理学家，是实用无线电报系统的发明者。

可以说，我们在培养观察力的同时，也就开拓了通往精神发现的道路。

感觉教育把人培育成观察家，不仅起着适应现代文明时代的一般功能；而且还直接为实际生活做准备。

我认为，迄今我们尚未形成关于生活实践的近乎完美的观念。我们总是从观念出发，以便进入运动之路。于是，教育总是先给孩子们讲授知识，再让他们遵循。一般来说，在授课时，我们述说令我们感兴趣的一个东西，当孩子们理解后，再引导他们完成一件同它有关的工作。然而，孩子们在理解道理之后，在完成要求他们所做的工作时，往往遇到巨大困难。因为教育缺少最重要的因素：感觉的完善。

值得举几个例子说明这一原则。我们叫一位厨师去买新鲜鱼，她理解这个概念，并准备付诸行动。但是，假若她的眼睛和鼻子没有受过训练，不能识别鱼的新鲜标志，也就不会很好执行命令。

这种缺陷在烹调菜肴时就更加明显。厨师如果识字，就能根据菜谱了解菜肴的配料和烹饪时间；也知晓制作菜肴的所有操作规程；但当她要用鼻子闻味以掌握烹饪的火候，或用眼睛观察并用手操作以适时地加入特定作料时，她若没有接受充分的感觉训练，就不会把菜肴烹饪好。她必须通过长期实践才能获得那种灵巧性，而那种实践只是迟至的感觉教育，此种教育在成人中成效甚微。

对手工劳动，一般来说，对一切艺术及手艺的培训都是如此。每个人应当通过不断重复的练习来学习。"学习"包含在成年后有待应用的感觉教育。譬如，纺纱工人应当具有手指触觉能力以辨别纱线；织布工或刺绣工应当具有极强的视觉能力以识别产品特性，尤其是分辨其复杂的色彩。

最后，学习一门手艺，尤其是学习一种艺术和精致的手艺，意味着继续手的感觉和运动的发展，而随后触觉的完善有助于手的运动。

假若这种教育在成年期进行，即形成期业已结束，从本质上看，它将十分困难并且事倍功半。培训一种手艺的秘密诀窍就在于利用 3 岁至 6 岁的生命期，在这一生命期幼童自然地倾向于完善感觉和运动。

同一原则不仅适用于手工劳动，而且适用于包含一种实践活动形式的每一高级职业。

医生也发生类似情况。医学院的大学生在理论上学习了脉搏症状学，他怀着良好愿望坐在患者的病床前，想要区分出脉象，但他的手指若不能感知脉象，那么他空有理论，仍是力不从心。要成为医生，他还缺少对感觉刺激的辨别能力。对心音也可以这样说，医科大学生在理论上学习过，但他的耳朵不会在实践中区分；对于发抖和房颤也是如此，手对它们无能为力。一位医生的皮肤系统越是对热刺激不敏感，就越离不开体温计。

众所周知，一位医生缺乏行医经验，也可以博学多闻。但要成为实际好医生，就必须从事长期行医实践。其实，这种长期实践只是迟至的往往事倍功半的感觉练习。在掌握光辉理论之后，医生发现不得不从事艰难的工作，即做收集症状练习，以便从那些理论中收获实践成果。由此可见，一位新手要达到能写诊断书的高度，就必须首先系统地掌握触诊、叩诊、听诊的技能以辨识房颤、共鸣、心音、气息和杂音。年轻医生的痛苦沮丧、幻想的破灭，甚至行医（这往往是具有巨大责任的职业）时不守医德，都源于对症状接收和评估的迟疑不决。全部医术建立在感觉练习的基础之上。相反，学校却通过学习古典文献来培养医生。虽然医生的智力得到发展，但因其感觉的缺陷而变得无能为力。

一天，我听到一位外科医生给几位平民母亲讲课，介绍小儿佝偻病初期症状的识别，旨在让母亲们把患此种病的孩子及时送到医院接受有效治疗。母亲们懂得这些道理，但不会辨识早期症状，因为她们缺乏用于辨别轻微病态和常态的感觉练习。从而，那些课程徒劳无益。

我们若认真思考，几乎所有食品材料造假之所以可能，正是由于许多人感觉迟钝。工业企业的欺诈行为与日俱增，因为群众缺乏感觉教育，正如诈骗者的得逞是建立在受害者的天真基础之上的。我们看到购物者在决定购物时，往往寄希望于商人的正直和公司的诚信，这是由于他们缺少直接判断材料能力；或者缺少用感官区分材料差异的能力。

最后，我们说在许多情况下，智力因缺少实践而变得无能为力，而这种实践几乎总是感觉教育。在实际生活中，每个人都必然需要准确接受来自环境的刺激。

然而，在成人中进行感觉教育往往困难重重，正如在成人中进行培养钢琴家的手部教育一样艰难。我们必须在形成期开始感觉教育，如果我们想要随后通过教育完善感觉并把感觉应用到文化的每一特殊形式。因此，感觉教育应当在幼年用相应方法开始，并在培养个体参与环境中实际生活的整个教育期持续进行。

否则，我们把人同环境隔离。其实，当我们相信仅靠知识文化就可完成教育，我们是在培养不食人间烟火的思想家，而不是实践家。当设想靠教育为生活实践部分做准备，我们就仅限于训练行动的方法，而忽视实践教育的基本部分，让人同外部世界发生直接关系。由于几乎所有职业性工作要求人们利用环境，为了同环境发生直接关系，其后人们必须弥补教育（已受教育）的巨大缺陷，重新开始进行感觉练习。

就是审美和道德教育也同感觉教育紧密相连。丰富感觉和发展对不同刺激间最小差异的鉴别能力，也就是增强了敏感性，扩大了娱乐享受。美在于和谐，不在于冲突，而和谐即精致。从而，我们要感受和谐，就必须有精准的感觉。具有粗劣感觉的人，就感受不到自然和艺术的和谐之美，世界对他来说，是狭小的、乏味的。在环境中，存在永不枯竭的审美享受源泉，人们毫无感觉地在它们面前走过，如同畜生只从强烈、乏味的感觉中寻找享乐一样，因为它们只接受此类感觉。

从粗俗享乐中往往产生恶劣习惯。实际上，强烈刺激并不使感觉变得敏锐，反而变得迟钝，于是就需要日益强化的刺激。

从生理学观点看，看看神经系统功能综合示意图，感觉教育的重要性就更加突出。

感官是"把握"外部世界形象的器官，这些形象是智力所不可或缺的。正如手是把握物质东西的器官，那些物质东西是我们身体所必需的一样。但二者——感官和手——可以脱离那些简单功能实现完善，成为伟大内在原动力的日益称职的服务者，正是这种内在原动力让感官和手为其服务。

提高智力的教育还应当提升这两种手段，让它们能够无限期地连续不断地完善。

# 十　女教师

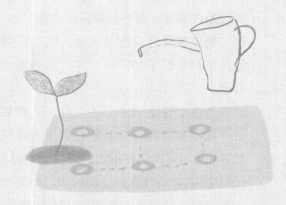

　　因此，有志从事这种独特教育的女教师，首先应当清晰地认识到：不要应用教具给予孩子们关于事物性质的知识——诸如维度、形状、色彩。目的也不是促使孩子们正确使用向他们介绍的教具，并准确无误地完成练习。若是这样，我们的教具就会和其他人的，比如福禄培尔的教具没有差异，并将要求女教师不断地主动工作，她应当向孩子们提供知识，加紧纠正他们的所有错误，直至他们不再学习为止。最后，教具不是旧式主动教师手中的新法宝，以帮助她完成教学任务。

　　这里，主要是活动的根本位移，以前是教师分内之事，采用我们的方法，相反突出儿童的活动。

　　教育活动在教师和环境之间分配。相当复杂的整体，即和教师共存并合作教育孩子们的许多教具（发展的手段），代替旧式"授课"教师。

　　这种方法和旧方法的所谓"客观课程"的根本差异是，"教具"不是教师讲解的助手，即不是"教学手段"。

　　而是孩子们的助手，他们根据自己的倾向和需要，受自己兴趣的驱动，若教具适合自己，就选择并使用。这样，教具并变成"发展的手段"。

　　教具至关重要，而非教师授课：由于孩子使用教具，孩子是积极本体，而非教师。

　　但教师有许多艰难的使命：她的合作不可或缺，但要求谨慎、微妙和形式多样。并不需要她的话语，她的能量，她的严厉，而视情况和需要，她在观察、服务、救援或撤离、述说或沉默时要运用藏而不露的智慧。她应当具有道德灵敏性，迄今任何其他方法都没有要求教师这样做，她行事要平和、耐心、仁慈和谦恭。美德是她的最高修养，而非言词。

她在学校实践中的主要任务可概括如下：教师应当讲解教具的用法。她主要是教具（对象）和孩子之间的桥梁。这一任务简单、微不足道；但与旧式学校相比，那里教具成为教师（应传播其观念）和孩子（应接收教师的观念）之间的知识交流的单纯助手，它则要微妙得多。

这里，教师不干别的，只让孩子们清楚了解并促使他们完成规定的极其活跃并持续的工作："选择教具"并"用教具练习"。这颇似在健身房发生的情形，那里教练和运动器械都不可或缺。教练在那儿讲解双杠和吊环的使用方法，给学员示范如何控制重量，诸如此类，不一而足。学员们使用那些器械，当肌肉力量同健身房提供的各种训练器械发生关系时，随着对器械的使用，就会"发展"力量、灵巧性以及所有可以发展的东西。

健身房教练不是述说者，而是示范者。正如凭借关于体操理论的话语不可能使一位学员体格健壮，同样旧式学校也绝对不可能强化孩子们的个性和气质。相反，在我们学校，教师仅限于示范和指导，布置一个心智训练的健身房；而孩子们变得健壮，形成具有坚毅性格、严守纪律的个性，并且保持心理健康，这恰恰是心灵解放的辉煌成果。

教师应当进行双重性质的学习；因为她应当清楚地认识自己承担的工作和"教具"，即"发展手段"的功能。从"理论上"培养这种类型的教师非常困难，因为她应当"自我修养"，应当学会观察，做到平和、耐心和谦恭，善于抑制自己的冲动，在其微妙的使命中主要承担实践任务。反过来说，她更需要修炼自己心灵的健身房，而不是增长自己知识的经典。

然而，她的"能动任务"可以既清晰又容易地把握：教师作为让孩子同其对象发生关系的本体。教师应当会选择合适的教具，并向孩子们展示该教具，能让他们理解并能激起他们的极大兴趣。

由此可见，教师应当对教具了如指掌（且铭记在心）并精确地掌握技术，就是技术也要通过实验确定，通过介绍教具，通过善待孩子以有效指导他们。这一切涉及培养教师的独特方式，她可以从理论上学习用于指导实践的一般原则，但只有通过经验才能洞悉那些微妙方式：要因人而异，以避免用低于个体能力的教具阻碍心智发展，从而引起聪明幼童的厌烦，另一方面，不要提供尚未受到幼童瞩目的教具，从而避免扼杀他们刚刚表现出的积极性。

### 认识教具

为了认识教具，教师应当满足于看见它，根据说明书研究它，或者从一位有经验教师的示范中学习使用方法。但必须用教具进行长时间的练习，以便通过经验正确评价应用每件教具可能遇到的困难和激起的兴趣，尝试说明孩子们对每件教具可能产生的印象，即使这种说明并不完美。其后，如果教师有足够耐心，像孩子那样长时间"重复练习"，就能在自身估量确定年龄的儿童具有的能量和耐力。为了实现后一目的，教师可以按难易程度把教具分成几组，并且试验儿童在以后岁月中可以进行的活动（请阅论练习次序那一章）。

### 注意次序

教师除让儿童和教具发生关系外，还要让儿童按次序和环境发生关系。也就是说，让儿童服从规则，以规则为基础确立"内在纪律组织"，它十分简单，却足以保障安静工作。

每件教具都应当有一个确定地点，当教具未被使用时，这个地点应当保留。儿童只能从那种地方取走教具，在那儿"放置教具供自由选择"，用完后又能放回那里。

也就是说，孩子们仅靠满足自己冲动不可能善始善终；他们应当靠自觉自愿，尊敬环境并遵守指导他们的规则，持之以恒，才能完成任务。千万不要让一个孩子把自己的教具让与同伴，从而也不要让他从同伴手中拿走教具。

这样做，从一开始就杜绝任何竞争。对于寻找教具的孩子来说，不存在没有陈列的教具。如果他强烈渴望那件教具，只能耐心等待同伴用完并放回原处。

守护

最后，教师要"守护"专心致志工作的孩子，以不被其他同伴打扰；而这种努力进取、聚精会神的"守护天使"的职能是教师最庄严的任务之一。

授课

教师在履行指导孩子应用教具练习（教师的授课）的职责时，应当区分开两个不同的时期。在前期，教师要让孩子同教具交流，让他开始使用教具（传授时期）。在后期，教师干预并启发已会使用教具的孩子，通过他自发的练习，识别不同教具间的差异。此时，教师可以更好地确定孩子已经具有的观念，如果需要的话，教师可以用术语命名被孩子感知的差异。

# 十一　授课的技术

## 前期：引导

**隔离教具**

当教师授课，即想要帮助孩子们使用感觉教具时，请考虑到让他们的注意力集中于所要讲的那种教具。因此，教师要精心安排一张空无一物的小桌，其后再把她要介绍的那种教具放在桌上。

**准确示范**

教师应当给予孩子们的帮助．是把教具介绍给他们，并示范如何使用，她自己做一两次练习，比如把圆柱体插件从插孔中拔出，将它们混放，再把它们复位。或者教师从混杂的缠着颜色鲜艳丝线木板中找出两块颜色相同的，又注意不损坏丝线，然后把它们按颜色成对地排列，诸如此类，不一而足。

**引起注意**

然而，每一次教师都不应面无表情地向孩子们展示教具，而应兴趣盎然地展示，这样才能引起幼童的注意。

# 发现儿童

禁止错误使用

如果教师发现使用教具不能达到目的，即无益于儿童智力发展，就应当禁止使用教具。如果孩子们内心平静、情绪稳定，就应和蔼可亲地去禁止。相反，如果孩子们表露出制造混乱的意愿，教师就应当竭力规劝、严肃地禁止，这不是对喧哗或混乱的惩罚，而是确定教师对学生的权威。

其实，在此种情况下，权威性成为对孩子们不可或缺的"支持"，由于他们处于瞬间的失衡和混乱，他们急需一种依靠力量，正如一个人踉跄一下，只有抓住某个东西才能站稳、避免倒地。在那一时刻，帮助之举，就是"强者对弱者伸出友爱之手"。

相反，当孩子们"工作"时，就像一个处于完美平衡的人，而且还拥有做练习用的教具，正如一个人追求身体的完美灵巧性，一所健身房不可缺少。

我们应当清晰地区分孩子们可能犯的两种错误。

靠教具本身可以监控的错误，是由如下事实造成：孩子们怀着良好愿望去做熟悉的练习，但因其不成熟，还不能成功地完成，在感官上不能识别不同刺激，还不能做某些确定运动（因运动机能尚未很好发展）。譬如，他们把圆柱体插件插错，因未能识别其差异，或因类似原因，在搭建木塔时，把大立方体木块放在小立方体木块之上，诸如此类，不一而足。

教师通过教具可以监控这种错误，因此必须告知，不能听任错误继续。只有靠孩子们的完善才能纠正错误，即通过那种"改进"，这是使用教具长期、正确地进行练习的结果。这种错误可以用"吃一堑，长一智"来界定，并且靠良好愿望加外部帮助可以消除。

另一种错误是由恶意及不专心听课造成的。比如，像拉小玩具车那样拉着立体插件玩；或用缠上色彩鲜艳丝线的木板搭建小房子；或在排成行的木杆上行走；或把扣件框套在脖子上做项圈，诸如此类，不一而足。滥用教具会引起混乱，或引起的需要同教具能够满足的需要无关，从而教具丧失其功能。进而造成精力分散和喧闹，这些行为影响孩子们聚精会神，从而背离积极进取和自我完善的目的。于是，正如身体出血会丧失血液，那些血液本来应汇集心脏以维持健康和生命。上述错误不能称做"吃一堑，长一智"，相反，错误持续的时间越长，增长智慧的可能性越小。

由此可见，教师权威及时干预，救助处于危险之中的幼小心灵，为其提供时而和风细雨时而狂风暴雨的帮助。

### 尊重有益活动

相反，如果孩子们按正确模仿教师的方法使用教具，或按自己设想的方法使用，有些显露聪明的变化，那么，使用教具都会对孩子们发展产生有益影响，教师就应当让他们连续重复相同练习，或听任他们按自己意图或经验去做，他们想要持续多久都行，千万不要打断他们的活动，也不要纠正他们所犯的小错，更不要怕他们劳累而停止工作。

### 善终

但当孩子们自发地放弃练习，即他们业已失去驱使使用教具的冲动时，在必要时，教师可以，甚至应当干预，要求他们把用过的教具放回原处，从而保证每件事都做到井然有序、善始善终。

## 后期：授课

在后期，为了更好地确定孩子们的观念，教师进行干预。在此之前，他们已经做过许多练习，并且能够区分感觉教具呈现的差异。

教师主要是讲授确切的术语。

这样，可以帮助幼童掌握准确的语言，这在年幼时期比较容易做到。

在我们采用的方法中，教师不可掉以轻心的是提供准确的语汇，要求那些语汇符合教具在孩子们的头脑中产生的观念。在向他们介绍这些准确词汇时，教师发音必须既正确又清晰，把每个音节分开读，但不要过分强调，也就是说不要任何夸张。

<h1 style="text-align:center">三个阶段课程</h1>

为此，我还给正常儿童找到出色的三个阶段课程教材。为让智障儿童能够在形象和对应语汇之间进行联想，塞甘曾经采用过这种教材，我们学校也使用这种教材。

第一阶段：感觉感知同名词的联想

教师应当首先说出名词和必要的形容词，但无需添加其他词。在朗读词汇时，音量要大些，音节要清晰分明，从而让孩子们清楚、明晰地感知构成词汇的不同音节。

这样，譬如，当孩子们触摸光滑的纸板或粗糙的砂纸板，并有了最初感受时，教师说道："它光滑"，"它粗糙"，并用不同声调重复多遍，但元音发音总要清晰，音节要分明："光——滑，光——滑，光——滑"，"粗——糙，粗——糙，粗——糙"。

同样，对温度感觉，教师先说"冷"、"热"，再说"冰凉"、"温暖"、"发烫"。

最后说"热量"、"热量多"、"热量少"等一般词语。

由于术语课应引起名称同事物的联想，或者同名称所代表的抽象观念的联想，事物和名称应熔为一炉，在孩子们的意识中产生深刻印象。因此，除这一名称外，千万不要说其他词语。

第二阶段：识别同名称相符的事物

教师随时应当检验自己的课程是否达到预定目的。

首先检验在孩子们的意识中名称是否同事物相连。因此，她应当放任一段必要时间流逝，也就是说，在授课和检验之间应维持瞬间肃静。

其后，她再慢慢地问孩子们，非常清晰地说出教过的名词（或形容词）："哪个光滑?""哪个粗糙?"

孩子们用手指指出那些教具，教师知道孩子们是否产生联想。

第二阶段最为重要，并且是真正意义的授课，是对记忆和联想的帮助。当教师证实孩子们和她一致，既明白又饶有兴趣，就会多次重复相同问题："哪个光滑?""哪个粗糙?"

由于教师多次重复问题，她也多次重复最终被记住的名称。在每次重复中，孩子们都用手指指着教具回答，也就重复了不断学习和记忆的词语同教具联想的练习。然而，如果教师及早发现孩子们听课注意力不集中，不积极努力回答问题，从而老出错，教师千万不要继续上课并纠正错误，应当中止上课，选择另一天另一时刻再开始上课。其实，为什么要纠正错误呢？如果孩子们还不能把名称同事物相联系，让他们能联系的唯一方法是像重复名称那样重复感觉刺激行为，也就是说重复授课。然而，当孩子们出了错，那意味着在那一时刻他们没有产生心理联想（人们想在他们那里检验）。因此，必须选择另一时刻。

其后，如果要纠正错误，比如，我们说："不对，你错了；是这样。"所有这些词语，由于是责怪，会比其他词语（比如，光滑、粗糙）产生更深印象，孩子们会把这些责怪的词语铭记在心，从而推迟掌握那些学过的名称。相反，在出现错误之后，保持瞬间肃静，幼童的意识领域未被触动；从而能有效地继续上课。

第三阶段：记住同事物一致的名称

第三阶段是对前两阶段授课效果的快速检验。教师问孩子们："这个怎样?"如果孩子们已掌握学过的内容，就会用正确的词语回答："它光滑"，"它粗糙"。

由于孩子们往往在说那些词语时没有把握，对他们来说往往都是些新词汇，教师应当坚持让他们重复说两三遍，鼓励他们发音清晰："怎样?""怎样?"如果孩子们的语言有明显缺陷，那么，此时教师应准确地指出错误，再让他们做正确发音练习。

# 使用说明—教具用法指南
## 立体插件

### 维度

当孩子们使用三种立体插件做较长时间练习，并且很有把握地完成之后，教师把全部等高的圆柱体插件拔出，再彼此相邻地排列在小桌上。其后，她选择两个最粗和最细的插件，说道："这是最粗的"，"那是最细的"；把它们并排放置，比较的效果更佳；接着，她持着提钮把它们底部相接，让孩子们注意彼此的差异，再竖着并排放在小桌上，让孩子们看到等高；与此同时可多次重复说：粗，细。每一次，孩子们都接受授课效果的检验，教师要求他们："把最粗的给我"，"把最细的给我"，最后检验语言："这个怎样？"在随后的课程中，教师拔出两个最粗最细的圆柱体插件，用它们反复授课；最后，使用所有圆柱体插件，譬如随意选择一个，再要求孩子们："请把比它粗的给我。"

使用截面相同但高度不同的圆柱体插件授课方法也类似。此时，桌上竖直地摆放所有插件，它们底面面积相等，底面大足以保持直立，然后教师说："这个最高"，"那个最低"。从而，把最高、最低的插件从队列中取出，并排放置；再把它们的底面相接，让孩子们知道底面面积相等。正如在前一种练习中一样，先从两端，再到中间。

在使用截面和高度都不同的圆柱体插件时，教师先把所有插件按大小依次排开，再让孩子们注意第一个，并说："这是最大的"；接着让他们注意最后一个，并说："这是最小的"。这样，把它们相邻放置，便于孩子们观察高度和截面都不同。整个授课过程同前两节类似。

棱柱体、长方体和立方体等木块系列教具，也会采用类似授课方法。棱柱体木块，长度相等，但正方形截面不同；长方体木块，正方形截面相同，但长度不同；立方体木块，在三个维度（长、宽、高）上都有差异。

### 形状

当孩子们满有把握地区分平面插件形状后，教师开始按通常方法，讲授差异大的两个形状（比如正方形和圆形）的术语课。她不讲涉及所有几何形状的名称，而只讲几个主要形状的名称，诸如正方形、长方形、三角形、椭圆形，要求让他们注意长方形的宽和长有差异；正方形的边长相等，因此只有面积不同；圆形只是半径不同；而其他形状有宽窄和长短之分。使用平面插件，这些差异一目了然。事实上，正方形插件向哪个方向转动，都能插入插孔；而长方形插件，若把长和宽的位置颠倒，就不能插入插孔。孩子们对做此类练习乐此不疲。为了做练习，我在一个框架上放置一个正方形和五个长方形（长同正方形边长相等，但宽依次递减）。

为了展示卵形、椭圆形和圆形的差异，其授课方法大致如此。圆形插件无论怎样转动，都能插入插孔；椭圆形插件若竖放就不能插入，若横放即使上下颠倒也能插入；而卵形不仅竖放不行，即使横放上下颠倒也不行，必须把宽曲线对着插孔宽边、窄曲线对着插孔窄边才行。然而，圆形无论大小，在所有方向都能插入插孔。我建议，千万不要过早指出卵形和椭圆形的差异，也不要给所有孩子，只给那些对形状特别感兴趣的孩子指出，或是通过频繁选择做游戏，或是通过提问题（我更倾向于，晚些时候，比如在小学，让孩子们自发地识别那些差异）。

## 孩子们的向导

教师从事的是向导工作。也就是说，她指导孩子们使用教具，寻找确切的词汇，她指导孩子们清晰了解并顺利完成工作；指导他们避免丧失精力，矫正可能的失衡。

这样，教师给予必要帮助，让孩子们在智力发展的道路上脚踏实地地阔步前进。

这是生命之路上的真正向导，她既不推也不拽，她对自己的任务感到满意，她要保证那些尊贵的旅行者——幼童——在前进时不走弯路。

为了成为一位可靠和实干的向导，教师需要多种培训。即使教师懂得指导时代和干预时代截然不同，当为从前者向后者过渡时，她往往对幼童的成熟程度心里没底。在讲授术语进行干预之前，她特别期待幼童自己做练习以区分差异。

有一次，我发现一位 5 岁男孩已经熟悉字母表（15 天内学会），并能拼读所有词汇，还能在黑板上写出；从他的即兴画可以看出他不仅善于观察，而且从房子和桌子的画法显现出他对透视法有直觉。在颜色感觉练习中，他把我们使用的 9 种颜色 7 种色差的色板混放，就是把 63 块色板混放，每块色板上缠着一种色彩及色差的丝线；其后，他很快按颜色先排列成 9 行，再把每行按色差排序，从而那些色板并排排满小桌，仿佛给小桌铺上五颜六色且过渡自然的桌毯。我也做过试验，让这个男孩走到阳光明媚的窗前，向他展示一块色板，鼓励他凝视色板，以便在脑海里记住它。接着我让他回到自己座位，小桌上摆放着各种色差的色板（他觉得差别不大），请他从中取出让他记住的那种颜色色板。他往往犯下小小的错误，常取出颜色相同的色板，多数情况下色差不大，极少情况下色差较大。由此可见，他已经具有颜色识别能力和惊人色彩记忆。如同几乎所有孩子，他对做颜色感觉练习也十分着迷。

当我问他白色的名称时，他迟疑一会儿，几秒钟后才肯定地说是白。现在，这么聪明的男孩，即使没有教师的特别指导，在家里也能掌握那种颜色的名称。一位女教师对我说，由于她发现孩子们对掌握颜色名称感到困难，现在她只限于让他们做感觉练习，她也认为在讲课时不应干预。

毫无疑问，对这个男孩的教育有点儿混乱，而教师过于放任其心理活动的自发表现。

无论怎样赞誉感觉教育为观念奠定基础，但及时将语言与感知相结合受益匪浅。

教师应当避免表面化的东西，而应当牢记必需的东西。

教师常犯的两个错误是自身存在表面化东西但缺失必需东西；这两

者之间的分界线标志教师的修养水平。

我们要实现的目的是井然有序地规范幼童的自发行为。正如任何教师都不能为孩子提供灵巧性，孩子必须自己训练，付出汗水，才能不断进步拥有这种灵巧性。同样，感觉教育和一般教育也大致如此。

请想一想钢琴教师的所作所为。他教给孩子们正确坐姿，教给学生音符基本知识，展示曲谱上音符和钢琴上琴键的对应关系，弹琴的指法，最后让学生自己练习。如果想把这位少年培养成钢琴家，在教师讲授的基本知识和学生实际演奏音乐之间，学生需要进行长期、耐心的练习，这些练习用以训练手指关节和键的灵巧性，让肌肉的特殊运动自动谐调，通过连续不断操作，加强双手肌肉的力量。

由此可见，钢琴家应当主要靠自己培养，其天赋越是引导其持之以恒练习，他就越能成功。然而，钢琴家不能仅靠练习，没有教师的指导也不能成才。

其实，对任何形式的教育来说情况大同小异：人具有价值，不在于他有什么教师，而在于他有所作为。

当幼童面对错误长时间感到困惑不解，并且不断尝试纠正错误时，想让旧式教师不要干预非常困难。那时，教师们突生恻隐之心，用不可阻挡的力量去帮助幼童。当阻止她们干预时，她们满口都是同情年幼学生的话语，但很快年幼学生的脸上就露出欢快的笑容——终于清除了障碍。

正常儿童重复多次此类练习，次数多少因人而异，有的孩子做五六次就感到疲劳，而有的孩子能二十多次移动并重新放置教具，仍然乐此不疲，兴致勃勃。有一次，我见一位 4 岁女孩已做 16 次练习，我让她唱一首儿歌以分散注意力，但她不受影响，继续把圆柱体插件从插孔中拔出，混放在小桌上，再把它们在插座上各就各位。

一位聪明的教师可以进行非常有趣的个体心理学研究，到一定程度，可以测量注意力抵御不同刺激的时间。

其实，当孩子们进行自我教育，并且让教具监控及纠正错误时，教师只需要观察。

　　应用我的方法，教师讲授不多，观察不少，尤其要发挥指导幼童的心理活动和生理发育的作用。因此，我把教师改称做领导。

　　起初，这个称谓令人发笑，因为大家都问，那种教师领导谁，她没有下属，还应把自由给予年幼学生。然而，她的领导作用比人们通常理解的更深刻更重要：因为这种教师领导生命和心灵。"儿童之家"的领导应当清晰地认识到两个因素：向导，这是教师的职责；个人练习，那是孩子们的事业。

　　只有确立了这种理念，教师才能合理地推行一种方法，以指导幼童的自发教育，并给予他们必要的基础知识。

# 十二　对偏见的评论

同普通教师相比，按我们的方法，教师的任务已经简化。我们建议他们完成"必要的"任务，教导他们避免"多余的"任务，因为后者会阻碍幼童进步而贻害无穷；这也就是说，我们指出一个实现完美的限度。

相反，普通教师为许多事操心，为许多使命奔波忙碌，而"只有一件事不可或缺"。

为了帮助教师摆脱陈腐的偏见及先入之见，我在这里简要提及分散教育者注意力和消耗精力的"空洞的困难"。

人们首先提及小学生应当克服的"巨大困难"和"幼童的休息"。

关于认识的难易偏见是一块绊脚石，我们为教师搬走了它。事情的难易不能用偏见判断，而应在分析各个困难之后，靠直接经验判断。

譬如，许多人认为，讲授几何形状就是讲授几何学，显然在幼儿园教几何学为时过早。一些人强调指出，若要介绍几何形状，最好使用立体插件而不用平面插件。

我认为只需一句话就足以驳倒这些偏见。观察一个几何形状不是分析它，而困难恰从分析开始。譬如，当给孩子们讲边和角时，要对他们解释，即使像福禄培尔所希望那样，应用客观方法说明，如正方形有 4 个边，并可以用 4 个等长木杆构成，那么，也真正进入几何学领域。我认为让幼童走这一步为时过早。然而，对于幼童来说，观察形状并非不合适。他们用餐小桌的桌面可能是长方形的，盛着他们渴望的菜汤的盘子是圆形的。我们肯定不认为，孩子们还不成熟，不能观察桌子和盘子。

我们介绍的立体插件单纯引起孩子们对一种形状的兴趣。其后，由于其形状的名称类似于其他术语名称，我们发现给孩子们讲圆形、正方形、椭圆形等词语为时过早。相反，他们在家中反复听到盘子圆这个词，我们不认为这是对幼童稚嫩智力的损害吗？他们在家中还听到正方形桌子、椭圆形桌子等。这些日常用语在他们的头脑中混成一团，并造成他们语言的长期混乱，如果人们不进行干预，给予他们类似于我们讲授形状时的帮助的话。

我们应当反思，在多数情况下，孩子们放任自流，做出努力以理解成人语言和四周事物，而按合理方法及时地教育，对其努力施加影响，从而不仅不会让他们劳累，反而能让他们得以休息，并让他们的愿望得以满足。

这里，还存在一个偏见：放任自流的孩子头脑得到完全休息。若果真如此，他们将置于世界之外；相反，我们发现他们一点儿一点儿自发地掌握观念和语言。他们如同生活的旅行者，观察四周向他们展现的新事物，并竭力理解周围人的费解语言：他们做出巨大自发努力以理解和模仿。我们对幼童进行教育，恰恰旨在减轻他们努力的艰难，并转化为对更易获得更大成果的一种享受：我们是这些小旅行家的向导，指引他们参与人类思想生活，我们帮助他们避免在徒劳无益的事情上消耗精力、浪费时间。

上文我曾指出的偏见是：适合向幼童展示立体几何插件（圆柱体、立方体、棱柱体等），而不适合展示平面插件。

我们姑且不提生理学问题，它表明立体视觉比平面视觉更复杂。我们只讨论实际生活的教育学问题。外部环境向我们的眼睛展现的多数事物类似于我们的平面插件教具。其实，边门、小窗口、窗框、镜框、画框、木桌面或大理石桌面，都是立体东西，只是三个维度中的一个被大大缩小，另两个确定平面形状的维度占据优势，从而平面形状凸显；于是，我们说，那扇窗是长方形的，那个画框是椭圆形的，那张桌子是正方形的。

由凸显平面确定的立体，是真正或几乎唯一引人注目的立体。我们的平面插件恰恰表现这样的立体。

幼童在环境中往往认出这样把握的形状；但很少识别出几何立体形状。

一张小桌的长桌腿可能是截锥体或圆柱体，但孩子们先看到长方形桌面，很晚才注意桌腿，况且小桌上还放着教具，桌面和教具一起吸引他们的目光。其后，我们不提一个橱柜，更不提一座房屋，被识别出是棱柱体或立方体的事实。由于在外在事物中，从未存在纯粹几何立体形状，而存在各种形状的组合；由此看来，人们还忽视了用目光把握橱柜的复杂形状的巨大困难，幼童应当认出类似形状，而不是全等形状。

相反，他们能很好识别由所有门窗以及家庭立体物品外面表现的几何形状，在墙面本身、地板、方形瓷砖地面上表现的几何形状。

由此可见，认识我们以平面插件向幼童介绍的形状，对他们来说，成为理解几乎整个外部环境的神奇关键，可以为他们提供认识世界奥秘的令人欣慰的幻象。

有一次，我领着一个上小学的男孩到宾丘公园①散步。他学过几何图样，会分析平面几何图形。我们靠近居高临下的平台，从这里可以俯视人民广场，眺望罗马城远处风光。我对他说："你看，人类的所有作品都是几何形状的巨大堆积。"其实，长方形、椭圆形、三角形、半圆形，以千姿百态雕饰着建筑物的灰色长方形外面。那种连绵不断的千篇一律，仿佛表明人类智慧的局限。与此相反，邻近花坛的花草向人们自豪地展示大自然形态的无限多样性。

那个男孩从未做过类似观察，他学习过角和边等构成几何形状的要素，没有思考过其他东西，还对必须完成枯燥无味工作感到厌烦。起

---

① 位于罗马城北高地，是博尔盖赛公园的园中之园。从平台上可以俯视人民广场，眺望梵蒂冈。

初，他讥笑人们堆积几何形状的想法，其后他产生兴趣，长时间地观察，我见他脸上露出苦思冥想的表情。

在马尔盖利塔桥的右边有一家在建的工厂，脚手架勾勒出长方形轮廓。我说："他们多么辛苦"，我暗指工人；随后我们走近花坛，止步静静地观赏自由自在生长的花草，男孩说："真美"，但那美已涉及其心灵的内在运动。

于是，我认为，观察平面插件启发的几何形状，观察由幼童栽培并亲眼看着生长的花草，也能形成精神教育的珍贵源泉。

普通学校教师的另一担忧是，由于幼童不断接触环境或"普遍化"，幼童的认识必然膨胀。"让他们观察一切"——"让他们思考一切"，这是令人焦躁的工作，甚至是对幼童精力的扼杀，是对其所有"感兴趣"东西的残酷剥夺。这简直是成人越俎代庖，是成人在精神上对幼童的致命干预，这样做只能为其发展设置难以克服的障碍。其实，让孩子们自发地发现周围外部世界的美，每一次都能带给他们欢乐和满足；由于成人的教育，在如此繁花似锦和生机勃勃的进程中，万物之美会使他们厌烦思维惰性。

由此可见，我们的教师无需担心"应用"教具，惧怕幼童（正如许多人试图暗讽那样）被教具可怜地拴住，因为我们有节制地使用教具，我们用大自然提供的万物，或用学校和家庭环绕他们的广阔环境中的千姿百态的万物代替教具。

因为，如果幼童通过使用感觉教具练习，"增长"了识别事物的能力，并开拓了通向日益丰富活动的心灵之路，那么他们肯定成为比以前更优秀更聪明的观察家，以前兴趣不大的人，其兴趣潜在地会变得更大。

我们应当期待正常儿童实现这点，即自发调查外部环境，或如我所说，到环境中自愿探险。在这种情况下，孩子们对每次的新发现都感到愉快，这给予他们一种成就感和尊严感，从而激励他们在环境中探寻新感受，并使他们自发地成为观察家。

教师应当限制自己全力以赴地监视孩子们，当他们实现那种观念的

"普遍化"时。譬如，有一次，我校的一个 4 岁男童，在平台上奔跑时，忽然停下来喊道："啊，蔚蓝的天空！"他一动不动地长久地观赏辽阔的天空。

一天，当我进入一所"儿童之家"时，五六个幼童悄然无声地围在我身边，轻轻地抚摸我的手和衣服，还七嘴八舌地说："光滑"、"毛茸茸的"。于是，其他孩子也都走近我，他们面部表情严肃，注意力高度集中，也都触摸我的手和衣服，还兑着相同话语。一位女教师想把我解脱出来，但我示意她不要动，我本人也静立，欣赏着幼童的自发活动。我们教育方法的最大成功在于，实现儿童的自发进步。

还有一次，一个男孩做教师布置的图画作业，用彩色铅笔绘画面上的形象，准确地说给一棵大树着色。他为给树干上色，手里拿着红色铅笔，此时教师想要干预，对他说："你觉得大树树干是红色的吗？"我劝阻了教师，并听任男孩把树干涂成红色。那张图画对于我们来说十分珍贵，它告诉我们那个男孩不是环境的准确观察家，但他在教室里继续做颜色感觉练习。他和小伙伴一同去花园玩，总能观察到树干的颜色。当感觉教育达到能唤起幼童对环境色彩的自发注意时，在某个美好时刻，他会发现大树的树干不是红色的；正如那位男孩，在奔跑中发现天空蔚蓝。事实上，有一天，他确实抓起棕色铅笔给树干着色，用绿色铅笔给树枝和树叶上色。后来，他把所有树枝也都涂上棕色，只给树叶上绿色。

我们有儿童智力进步的证据。

只说：观察，但不提供观察的方法，也创造不出观察家；而方法就是感觉教育。幼童和环境的关系一旦确立，智力进步就有保证。因为敏锐的感觉会导致对环境更细致的观察，反过来环境的丰富多样吸引幼童注意，从而感觉教育得以继续。

相反，如果我们忽视感觉教育，那么关于物体性质的观念就属于文化，而文化恰恰局限于掌握和回忆的观念；这样关于物体性质的观念就不结果实。这也就是说，当教师用旧方法讲授（比如）颜色的名称时，给予的是确定质的观念，并未培养对色彩的兴趣。幼童将一次次地认识那些颜色，又一次次地忘却它们，至多限于掌握教师讲过的内容。其后，当教师按旧方法要检验观念的普及程度，比如问孩子们：这朵花是什么颜色，这条丝带是什么颜色？诸如此类，不一而足，他们可能感觉迟钝，两眼呆呆地注视着花和丝带。

我们若把儿童比做钟表或任何复杂的机械装置，旧方法可以比做钟表的运动，为驱使静止齿轮转动，凭借斜棱压迫齿轮的小齿，而旋转符合棱柱动力的针孔冲（文化，局限于教师对幼童的工作）；相反，新方法类似发条，能使整个机械装置自发地运动，运动同机械直接关联，同上发条者的运动无关（幼童的自发心理发展无限继续，同其本身心理潜力有直接关系，同教师的工作无关）。

运动，或自发心理活动，在我们的教育体系中，是从感觉教育出发，是靠观察智力维持。正如猎犬变得灵巧，并不取决于主人训练，而是因其感官特别敏锐；然而，通过狩猎的训练，主人使其感官感觉更加敏锐，并且先是让它感受到狩猎的快乐，接踵而来的是狩猎的激情。钢琴演奏家也是如此，他需提高音乐感受度和双手活动灵巧性，他越来越热衷从乐器中实现新和谐，同时持之以恒练习不断提高其感觉灵敏和手部灵巧，从而他走上一条不断完善的道路，只是主体心理个性将有局限。相反，一位物理学家可以认识所有和声的规律，这些规律属于科学文化；但他却不会演奏哪怕最简单的音乐作品，即使他有渊博的文化知识，但涉及声学的某个学科分支，他的认识确实有限。

我们幼儿教育的目的应当是帮助发展，而不是给予文化。因此，我们给幼儿提供适合促进感觉发展的教具后，就应当期待他们开展观察活动。

## 试 金 石

不止一次，如下事实让我们惊奇：幼童不仅自发地观察环境，发现以前不会识别的事物，而且在观察那些事物时，仿佛同心中铭记的东西加以比较，或做出各种神奇判断，从而让我们认识到，有的孩子在自身创造了某种试金石，而我们却没有。这也就是说，他们将外在事物同头脑中记忆的形象进行比较，并做出准确的判断，令人惊叹不已。有一次，在巴塞罗那"儿童之家"的教室里，一位工人手里拿着一块玻璃，准备安装在一扇窗户上。此时，一个 5 岁男孩大声喊道："那块玻璃不行，太小了！"工人把玻璃同窗户比了比，发现差不太多，大约短 1 厘米。

在柏林的一所"儿童之家"，两个五六岁男孩进行如下讨论："你认为天花板高 3 米吗？""不对，大约 3 米 25 厘米。"我们测量了高度，实际超过了 3 米。

一位 5 岁女孩，看见一位女士走进教室，对她说："您衣服和那屋里花儿的颜色一样。"

那位女士走到邻屋，那里确实有一盆花儿，从这间教室看不到，她把花儿和自己衣服进行了比较，发现二者颜色惊人一致。显然，这位女士具有很强的识别颜色的能力，当把两个事物联系起来时；但女孩拥有更多东西，她拥有内心测量尺度，对花儿和衣服，她都能求助于这一尺度。正如我们确定了测量单位，就可以判断两个可以度量的东西之间的关系，或者拥有一块试金石，用它就可以检验黄金的成色。

这块试金石，使得幼童有相当神奇的表现，由于这些表现，他们达到和我们截然不同的水平，我们往往达不到。这块试金石是我们迄今未知的事物，值得我们认真考察。仿佛在某个年龄段心理可能发展，而在其他年龄段却没有这种可能性。一个显而易见并容易理解的事实是，幼童具有记忆、重发语音并掌握词汇的能力。

语言不可磨灭地铭记在心的年龄段，是自然安排关注语音和语汇的"特别感受"期。在一生中，人们不可能返老还童，而人们在"感觉期"牢记脑海的东西终身难忘，在其他时期不可能有如此效果。于是，在童年存在这样的时期，获得感觉形象的原始成果，关注并坚持运动。一旦这样的时期流逝而没有成果，其损失不可能弥补。

一旦我们关注这一事实，我们将发现年龄相差不太大的孩子日益证明此点。3 岁幼童能连续重复做 40 次练习（比如，立体插件练习），而一个 6 岁男孩却不能重复做五六次练习。然而，6 岁男孩可以做 3 岁幼童不能做的更难事情，不仅如此，后者同那些事情似乎毫不相干。

这种十分有趣的现象，在道德秩序方面也一再出现。幼年的活跃形成期也是能确立完全服从形式的时期，服从的外在因素作为模仿趋向受到赏识。但当深入研究这种现象时，或当环境状况益于幼童发展并因此益于更深刻表现时，就会发现幼童存在神奇适应周围人们的倾向，我们应当从这一事实中探寻确立"爱"的、完全"依附"人类的基础。更晚些时候，除归于超自然力量的道德极致完美外，再也不会出现那种服从形式，而只有一种"合理依附"或一种强制"服从"。

在宗教情感的发展中同一现象也很明显。幼童有一种倾向，最好称作"心灵感觉期"；在此时期他们有宗教直觉和宗教冲动，没有观察过他们的人们对此感到惊奇，其实幼童能够表达内心生活的需求。于是，幼童仿佛特别具有超自然直觉能力，他们似乎受到上帝恩宠的呼唤。虽然从理性上看，还不能对他们进行"宗教教育"，即再晚些时候，他们达到所谓的宗教年龄，可以接受的那种宗教教育，信仰智慧能够使人变得高大。

然而，"感觉期"是神奇收获的基础，而在其他年龄段不可能做到。


## 心智秩序


当开始感觉教育时，幼童的头脑肯定不是概念和观念的空白，但意象整体上一片混乱、"濒于危险"。他们心灵的混乱无需其他新事物，只需要在已存在事物中建立秩序。从区分事物特征开始，将形状的东西和颜色的东西分开。根据占优势的维度区分长短、粗细、大小、高低等。把颜色分类，分别称做：白、绿、红、蓝、黄、紫、黑、橙、棕、玫瑰红，等等；再按强度区分，两个极端称作深和浅。根据味道区分滋味：酸、甜、苦、辣、咸，等等。把坚硬与柔软区分开；把光滑与粗糙区分开；把乐音与噪音区分开。

正如幼童学会在外部环境中让"物就其位"，他们通过感觉教育可以有序安置心智意象，这是形成中的心智的第一个管理行动，为让心理生活不遇障碍地发展，这是第一个出发点。

在其感觉意象中"把握外部世界"将变得既容易又有序。业已开始的整理也准备了生活的条件。

自称"启蒙运动派"的人们也曾这样做过。在观察事物时，他们从区分事物开始，给它们分组分类，再虚构名称以区分，他们证实这一程序受益匪浅，他们把正确认识与科学语言相结合。

这也是所有研究现存事物的科学的开端，是科学发现史的第一章。以这个基础为标准，两类人泾渭分明：前者通过观察世界，不断认识世界并促进进步；后者透过浓密的无知雾霾，看到不可逾越的、永不变化的无底深渊。

# 十三 提 高

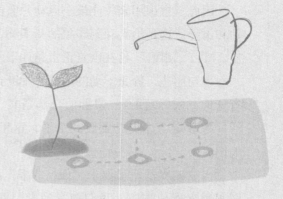

肃静
物质化抽象

　　我们的方法和普通学校教育正常儿童的方法的差异之一涉及教育途径。"肃静"或许可以用来说明这一点。

　　在普通学校，人们重视一种中常"秩序"状态，它虽从未被界定，但可以直觉到。正是在这种状态下，学童的行为举止能使教师授课得以进行。

　　然而，由于学童被强迫，他们倾向于摆脱这种中常持续状态，导致毫无目的的不和谐动作和声响造成的混乱状态，从而教师难以甚至不能授课；也就是说，中常秩序被破坏。在此种情况下，恰恰需要大声疾呼"肃静"以恢复正常秩序。

　　由于"中常秩序"不仅是业已实现，而且成为正常和"习惯"的事情。

　　相反，在我们的方法中，"中常秩序"（但具有其他形式，因为从学童的个体练习中体现）是出发点，为了达到高于中常的水平，这是一个未曾达到和尚未知晓的高度。由此可见，肃静应视为需要通过认识和练习取得的积极成果。

因此，意识用来关注最小运动并监控动作的各个细节，以便保持不动和肃静。这是给人深刻印象的新事物，以前从未受到重视。在普通学校，呼吁"肃静"旨在恢复正常条件下的正常生活。

事与愿违，静止不动的肃静却中断正常生活，中断有益工作，不具有任何"实际目的"。肃静的全部意义，肃静的魅力在于：中断普通生活，把学童个体提升到更高水平，这里不是功利而是自我修养在呼唤他们。

当三四岁幼童被要求"保持肃静"；或者鼓励他们这样做，他们立即兴趣盎然地响应，我们拥有确凿证据——幼童趋向提升自己并体味极致快乐。许多人都亲眼目睹令人惊奇的场景：教师正在黑板上写"肃静"一词，想要让孩子们保持肃静，但尚未写完，观察者就感受到肃静已降临四五十个学童所在的教室，而此前瞬间，孩子们还专心致志地干自己的事情。

活跃的生活似乎受到传染被突然中断，有的幼童在读到这个单词的头几个字母时就领会肃静的指令：中止活动，开始肃静；很快其他幼童都直觉到并联想到肃静。就这样，肃静呼唤肃静，却没有下达一声命令。

存在于两类不同学校的所有其他差异也可做类似比较。

在普通学校，"良好"代表某种中常水平，"良好"是未曾界定、未经研究的，而是根据学童水平习惯认为能达到的水平。

在我们学校，从中等良好开始，这是由学童个体工作自发地达到的好，它旨在把学童个体提升到更高水平，以趋向"完美"。

显然，若在学童中不存在"以需要形式"表现的自我完善的趋向，那么实际上就不可能实现完美。

然而，若存在这种趋向，并通过无可争议的成功确实实现，我们应当感受到教育者的新职责，更加清楚自己肩负的新使命。

感觉教育可以用来说明这一点。众所周知，不少教育家认为感觉教育是一种错误。之所以这样认为，在于把"中常生活"视为目的，从而感觉教育偏离认识的自然方式。

其实，应当在整体上，在事物的统一上考察对象，因为它们具有多重性质。玫瑰具有颜色和芬芳；大理石花盆具有形状和重量；诸如此类，不一而足。因此，按实际事物讲授实际事物是正确的。由于把事物的"中常秩序"作为目的，这就顺理成章。

然而，假若我们认为"中常秩序"不是确定目的，而是出发点，我们就能直觉到幼童自发地观察，超过"事物课程"通常讲授的内容；自然，只有让他们自由地观察，根据其本能并未患上"器官抑制症"。

我说"直觉"，因为，即使没有系统地研究幼童的自发表现，也可以凭借经验理解这一真理。幼童具有一种探索环境的生命倾向，其强度和倾听语言的倾向相同；事实上，由于冲动本能，他们应当认识外部世界和学习说话。我们说，在其一生中存在一个敏感期，驱使他们观察环境事物，正如驱使他们倾听人声。

由此可见，无须对他们解释事物，千万不要"破坏"大自然赋予他们的观察本能。

我们若想帮助他们，我们自身就应当提高修养。我们要给予他们更多东西，超过靠自己力量能得到的东西。

请允许我说出更大胆地断言：我们应当给予他们事物的哲学。

我们从抽象开始。抽象观念是心智的综合构思，独立于实际事物的头脑，从实际事物中抽象出共性，而共性恰恰不存在于自身，而存在于实际事物中。譬如，重量是一种抽象，因为它并不存在于自身，而只存在于"重物"中。

这同样适用于形状或颜色。这些词语指示抽象事物，但它们在自身综合，因为它们把在无数实际事物中以不同方式存在的一种质抽象地聚集于一种观念。孩子们更喜欢实际触摸教具，而不是观察教具，显得他们的头脑不善于把握抽象观念。然而，这里出现一种微妙区别。到底是缺少让幼童能够接受抽象的教具，还是他们的头脑确实没有能力关注那种概括无限事物的综合——质的抽象观念？

这也就是说，如果我们成功地把抽象观念"物质化"，用适合儿童的方式——触摸教具的方式——介绍抽象观念，那么他们的头脑还能不重视抽象观念并不深感兴趣吗？

从这一观点看，感觉教具肯定可以说是"物质化的抽象"。感觉教具以一种可触摸、区分和排序的方式介绍"颜色"、"维度"、"形状"、"音响"，从而能让幼童区分并分析各种质。

当幼童面对教具时，以专心致志的工作做出回应，他们态度严肃，仿佛显现出心灵的美好，他们仿佛准备获得比其头脑所能取得的更大的成果。教具为幼童的智力发展开辟一条可行的不同道路。

正是凭借这些教具，才使得幼童注意力"集中"，因为它们包含值得幼童关注的东西。


## 正常儿童教育和智障儿童教育的比较


在了解这种正常儿童教育方法源于伊塔尔及塞甘的智障儿童教育方法之后，许多人反对说，决不可能把两种儿童混为一谈，同等对待。以致，今天人们倾向于日益精确地区分智力水平，并把正常儿童分成不同等级，从他们具有不同智力（比如超常儿童）的观点出发，把他们区分开并区别对待。

因此，我认为最好指出，我们的方法明显强调富有精神活力的儿童和精神贫乏儿童之间的差异。相同的手段应用于两类不同儿童，会产生不同的反应，并可以用来进行非常清晰的比较。

智障儿童和正常儿童之间最基本的差异是，当他们面对相同教具时，智障儿童没有表现出自发兴趣，因此需要不断地积极地引起他们注意，鼓励他们观察、比较，激励他们活动。

我们设想首先使用立体插件教具。正如人们所知，练习的内容是，先把立体插件从插座的插孔中拔出，再把插件混合地摆放在小桌上，最后让插件在插座上各就各位。

对智障儿童来说，最好从刺激强烈的练习开始，但做过其他许多练习之后，才能做这种练习。

对正常儿童来说，立体插件教具是可以介绍的第一种教具，而且在所有感觉教具中，这是 2 岁半至 3 岁半的幼童最为喜欢的教具。

相反，当可以对智障儿童介绍这种教具时，必须连续不断地积极地唤起他们注意，鼓励他们观察和比较，直至那一天来临，他们能把所有立体插件在插座上各就各位，他们就住手，练习游戏到此结束。只要他们还出错，教师就应当加以纠正，或者鼓励他们自己纠正，当他们自己能确证错误时，一般来说也就失去兴趣。

与此相反，正常儿童自发地对练习游戏产生浓厚兴趣，他们自己纠正错误，自己纠错并使其注意力集中于维度的差异及比较。

当正常儿童专心致志地做练习时，他们拒绝那些人的干预，后者想要打断他们以助一臂之力。他们情愿自己解决自己的问题，由此可见，自发行动离单纯确证事物差异越来越远，并具有巨大价值。这样，教具就像一把钥匙，它打开幼童心灵，让他们积极向上，去表现和活动。

正常儿童的优势在于，能长时间自发地重复做练习。

另一差异是，正常儿童能够将本质事物和用以凸显本质事物的次要手段"加以区分"。

人们常说，让有待练习感觉孤立属于感觉教育技术。譬如，当练习确证触觉差异时，最好让幼童避开视觉印象，或设法让环境黑暗，或用手帕蒙住双眼。而在其他情况下，必须保持肃静。

所有这些措施确实能帮助正常儿童把注意力集中于一种孤立刺激，并且对这种刺激的兴趣与日俱增。

而智障儿童恰恰容易被这多种多样的条件所分心，并因此脱离注意力应集中的主要动因。在黑暗中他们容易入睡，或者投入杂乱无章活动；蒙眼手帕吸引他们注意，而不是感觉刺激，其注意力本应集中于感觉刺激，从而练习沦为一种无益的游戏或喧闹嬉戏的发泄。

最终，值得重视的另一事实是，无论对智障儿童还是对正常儿童，我称作塞甘的"三阶段课程"都具有惊人效果，能让他们简单、清晰地把词语同业已掌握的观念相连。

　　这让我们反思，智者和愚者之间的差异在缩小，或者当幼童被动接受教师讲课，教师完全作用于学童时，这种差异不再明显。

　　简单并在心理学上无懈可击的课程，例如塞甘的授课，对这两类学童都能达到预期目的。

　　清晰并富有说服力的证据：只有通过自发活动和主动表现，即通过内在冲动的直接表现，个体差异才能凸显。

　　在塞甘的授课中，"名称"同感觉的联系，不仅在智障儿童的头脑里能够建立，而且几乎能够强化其感觉能力。由于受到课程的帮助，他们能更认真地观察教具，似乎受到两方面的吸引——外观和名称。

　　正常儿童无须帮助观察。不仅如此，他们"观察"在先，需要听课在后。当他们感官能够识别差异时，会怀着十分愉快的心情听课。于是，关于名称的课程，只是对自发活动的充实和说明。观念是熟悉的；它因自己的活动而生机勃勃：这是受洗，命名，祝圣的渊源。确证幼童把名称与掌握的感觉相连时的欣喜若狂将趣味无穷。

　　我记得，有一天，我教一个不满3岁的女童学习三种颜色的名称。

　　我让学童们把一张小桌移到窗前，我本人坐在他们的扶手椅上，并让那个女童坐在我右侧的扶手椅上。我在小桌上摆放三对颜色相同的色板，即红色、黄色和蓝色的色板。第一阶段，我把一块色板放在女童面前，并鼓励她找出一块颜色相同的色板，所有三种颜色我都这样做了，我再把颜色相同的一对对色板进行有序排列。从而过渡到塞甘的第三阶段。结果，女童学会同三种颜色对应的名称。

　　她是那么幸福，长时间地凝视着我，接着开始跳起来，我看着她在面前跳来跳去，面带微笑地对她说："你知道颜色了？"她边跳边答："是。"她的欢快之心从不停歇：她总跳到我面前，听我重复相同的问题，并且激动地回答："是"。

　　相反，教师要通过授课帮助智障儿童"理解"教具，要连续不断地用巨大差异唤起其注意力，他们最终会对教具感兴趣并开始用教具做练习；而教具本身的刺激还不充分，尚不足以激发他们活动。

# 我们的教育学和实验心理学的比较

一般说来，人们没有在伊塔尔为教育聋哑儿童及智障儿童所从事的研究，和晚些时候德国人费希纳、韦伯和其后的冯特等人凭借仪器和测量对心理学做实验研究的尝试之间进行饶有兴味的比较。

伊塔尔生活在法国大革命时期，受其耳科医学研究引导，开始以实证基础做教育实验，系统地刺激感官，探索用于唤醒注意力并激活智慧及活动的催化剂，因此，由他设计的教具具有真正的"刺激"意义。

晚些时候，费希纳、韦伯和冯特尝试以实验为基础创立一门心理学，开始测量不同正常个体对最小刺激量的敏感性，并且竭力用数学精确性确定刺激，确定不同主体对刺激的反应时间。仪器的重要性在于它们可以直接或间接地"度量"（感觉测量学）。

这是两个独立产生并发展的方向，前者根据实践发展创办了聋哑儿童和智障儿童学校；后者推广了"感觉测量学学校"，旨在通过实验研究创立一门新科学。

然而，所有这些研究者都根据人的感觉反应设计器械，从而使得大部分器械类似，很多器械极其相似。虽然前者的是用于感觉教育的教具，而后者的是用于精神感觉测量的仪器。

由此可见，在建构基础上如此相似的两种方法的目的是对立的。

事实上，感觉测量学通过单纯简单的确证来研究成人或正常发育儿童的最小可感觉量。

这种确证的重要性在于证明心理事实可以进行数学度量。这蕴含着几乎视为公理的如下思想："感受"，或说得更确切些，感觉（即识别）刺激的方式，绝对是一种先天性质，不受制于认识或头脑系统训练或智力文化，即不取决于教育结果的人为精神差异。

观察一物是否比另一物大或小，感觉一个极小物体是否同我们皮肤接触，诸如此类，不一而足，这类确证对大家一视同仁；而个体差异是自然赋予的特性，正是自然正常地呈现其丰富多样性，从而出生敏感者和不敏感者、聪明者和不够聪明者，正如出生长棕发者和长金发者。因此，这类判断可以视为对在精神自然发展中的人的判断。事实上，晚些时候，心理学建议根据年龄和根据个体差异（正常人和低常人，等等），确定符合不同精神水平的性格特征。

相反，伊塔尔的体系建议建构最大刺激和强烈对比，以激活外在于环境并不能从刺激中获取观念的幼童的感觉注意力；因此，通过不断重复练习，引导他们在介绍的各种性质中，逐渐感觉不太明显对立和日益细微差异。在后种情况下，不是对主体的单纯检验，旨在确证其精神状态；而是"一种推动变化的行为"，它对其意识发生作用以唤醒意识，激活主体同外部环境的关系，正确地评估外物的特性，让智力同外部实在保持和谐关系。

这种增强识别能力以促使变化的活动，是真正的货真价实的"教育"活动。

## 通过重复练习感觉练习强化刺激实验感觉

因此，存在一种感觉教育，却通常不被研究心理发展者所重视；然而，它确实存在值得重视的必要因素。

譬如，正如我所见，智力测验往往采用相距不同距离、大小不同的立方体，儿童要在其中识别出最大和最小的立方体；与此同时，人们用精密计时器测量从命令至反应的时间，并记录下所犯错误。

我再说一遍，在这种经验中，人们忘却教育因素，我指的是感觉教育。

我们的学童在感觉教具中有一套大小递增的 10 个立方体。他们要做的练习是：先把所有浅玫瑰色立方体放在地板上的深色小毯上，再让他们建筑木塔，把最大立方体做基座，然后从大到小依次叠加，直至放置最小立方体。每一次，学童都应当在小毯上的立方体中选择那个"最大的"。就连 2 岁半的幼童都能兴致勃勃地玩这种游戏，他们刚把木塔建成，立即用手轻轻推倒，他们欣赏散落在深色背景中的浅玫瑰色立方体，接着开始重新建筑木塔，他们乐此不疲地练习无数次。

若让我的一位三四岁学童和一位六七岁的一年级小学生一起接受测验，确定无疑的是，我的学童所需反应时间最短，他准备更充分，挑选"最大"和"最小"的立方体，并且不会出错。

对于颜色感觉和触摸感觉测验的结果也是如此。

这一事实沉重打击智力测验的意图（一般说来，是所有以测验为基础的实验心理学的意图），因为它动摇智力水平依据年龄的看法。实验心理学认为智力水平是绝对的，正如在个体中存在天生的差异。

因此，这种教育方法也能受到实验心理学学者们的重视，他们希望用瞬间反应来确定智力发展水平，几乎是把局部尺度变为整体绝对尺度，这就如同用测量身高来确定不同年龄的身体发育情况。感觉的系统练习推翻了那些平均值，证明它们没有把握智力发育的"绝对"数据。

其后，人们若想从实验心理学中汲取实践经验用以改革学校的教育方法，那么原则性错误就一目了然。

假若一种科学教育学应当诞生，它必定把"促使活动和变化的刺激"作为出发点，而不是把"用于测量的刺激"作为出发点。

这一标准恰恰成为我的研究的开端。在实践中成功地建构用于正常儿童的实验教育学，与此同时成功揭示尚未认识的儿童心理特征。

把实验室心理学及其实验、测验引入小学校，在实践中未能影响学校本身及其教育方法。

但作为逻辑结论，人们仅仅隐约看见改变考试的可能性，即恰恰是"考核"学童，美国和加拿大英语区在一段时间内显得相当大胆，严肃地认为可用"个人才能科学考核"代替旧式考试，即代替对学习过的知识的测验。这样，为人们走向工作岗位而开办的职业培训学校采用的类似考试，就终结了学习。

相反，伊塔尔的研究成果对教育核心立即产生直接实际作用。他对半聋儿童的治疗取得成果：他采用连续不断的练习来提高他们的听觉敏感度，让他们恢复了听力，同时也恢复了说话能力。从那个良好开端开始，他接着开展对真正聋哑儿童和智障儿童的教育。

在瑞士、德国、法国和美国兴起的此类学校广泛开展"拯救"不幸儿童的事业，从而也涉及提高所有儿童智力水平和社会地位的问题。

正常儿童学校刚刚按同一方向前进，立即引起学校的深刻变化，随着学童的人格提高，儿童"解放"和"独立"的社会思想在全世界得到传播。

# 十四　文　字

　　我们帮助儿童自由发展的教育思想，在完全因文明事业取得的人为成果，如文字，即学习书写和文学面前应当止步不前吗？这里，显然是指"教学"，而这种教学不再涉及人的本性。我们到了在教育中必须面对文化问题的时刻，从而必须做出努力并牺牲自然冲动。众所周知，学校的第一块礁石是读和写，这是人让自己本性屈从文明化需要时首先遇到的烦扰。

　　持这种观点而担忧儿童的人们得出结论：尽可能推迟如此艰难的学习；他们认为 8 岁儿童刚刚适合这种难度的学习。一般说来，在 6 岁开始教授字母表和书写，人们甚至把教幼儿学习字母表和书写视作罪恶。文字正如"第二次长牙"，仅在儿童发育后期才有益：是语言使得人们能够表达逻辑上组织好的思想，从一本上把握无数生活在远方（故看不到）的人，甚至生活在过去时代的人的思想。只要儿童尚不成熟，还不能使用书面语言，就应当让他们免受学习文字的艰难困苦。

　　然而，我们认为，深入研究这个问题可以找到解决办法。首先，应当考察在书写教学中的无数"方法错误"，这里不宜论证，仅举一例，塞甘为教智障儿童书写所采用的方法，足以证明我们的观点。另一种研究考察书写本身，分析其各个要素，尝试独立练习以分离这些要素。不同年龄的儿童适合做不同练习，从而根据儿童的先天可能性分配练习。这些就是我们在后文将要说明的方法准则。

## 论阅读与书写的旧方法
## 塞甘书写教学方法批判

　　塞甘在其教育学著作中没有介绍掌握书写的合理方法。关于书写教学，他这么说："要儿童从画图过渡到书写，书写是对画图的最直接应用，教师只需告诉学童 D 是一个半圆两端加一竖，A 是两斜线相交于顶端，下加一横，等等。"

　　"由此可见，不再是知道儿童如何学习书写，他们正在画，就将会写。这之后，无须说要根据相反和相似的规律描画字母。正如 O 的笔画和 I 接近，B 和 P 是正面同向，T 和 L 是上下颠倒，等等。"

　　因此，根据塞甘的说法，我们没有必要教授书写了：儿童会画，也将会写。然而，对他来说，书写就是描画印刷体大写字母，而他并没有对我们说明，白痴是否以另一种方式书写大写字母。相反，塞甘长篇大论地描述为书写做准备和包含书写的图画教学。这种教学困难重重，是由伊塔尔和塞甘的共同意愿所决定的。

　　"第十一章：图画。为了画图，按重要性的顺序，决定图画的第一个概念是平面概念，第二个概念是轨迹和轮廓的概念……"

　　"每次书写，每幅图画，每个线条造型，都存在于这两个概念中。"

　　"这两个概念相互关联，它们的关系产生观念及在此意义上构思线条的能力：只有遵循一定合理方法的方向的线条才是名副其实的线条。无方向的轨迹不是图画的线条；偶成的线条没有名称。"

　　"相反，合理的符号都有名称，因为它们有方向，由于书写和绘画只是遵循不同方向的线条的复合物，从而在解决所谓书写问题之前，必须坚持平面和线条的概念，正常儿童通过直觉掌握这些概念，而智障儿童在落实这些概念时，我们务必让这些概念更准确更易感受。通过系统的绘画，他们将和平面的各个部分合理地接触，起初用模仿先画出简单线条，其后画出复杂线条。"

"随后，我们将教给他们：（1）画各种各样的线条；（2）在不同方向和平面的不同位置上画各种线条；（3）将这些线条组合以构成从简单到复杂的各种图形。因此，首先应当教给他们区分直线和曲线、垂直线和水平线及变化无穷的斜线；其后教给他们区分两条或多条线条的主要交汇点以构成图形。"

"这种对绘画的合理分析，在各个方面都决定着书写。因此，即使我的学童已经能写不少字母，仍要让他用6天时间学画垂线和横线，用15天时间模仿描画曲线和斜线。在此之前，我的大多数学童在很长时间内还不能模仿我手的运笔动作，也不能画出一条沿一定方向的线条。"

"善于模仿或不太愚笨的学童，把我向他们展示的符号画得截然相反，他们全都把两条线的交汇点弄混，虽然这些交汇点很好领会，比如高、低、中心。无疑，我教给他们关于平面、线条和图形的深刻知识，让他们能够把握平面和不同草图之间的关系（他们应当把这些草图画满平面）。然而，由于我的学童都有生理缺陷，他们智力低下并手颤不稳，他们在学画垂线、横线、斜线、曲线时，必然受到理解和描画每种线条的困难影响。这里，不再是简单地让他们完成一件困难的事情，由于我曾扪心自问：这些是否为最大困难，其他困难是否不够大，它们是否如同定理那样产生。现在，我阐述这方面的指导思想。"

"垂直线是从上到下，眼和手直接跟随的线条。水平线对眼和手都不自然，眼和手沿着曲线越走越低（正如地平线，它因此得名），从中心向平面两端降低，如果运行距离没有成比例地约束的话。"

"斜线蕴含更复杂的比较概念；而曲线则要求和平面保持各种恒定差异关系，故很难掌握，若从曲线开始学习线条，则会浪费时间。由此可见，垂直线是最简单的线条；我就是这样让学童领会线条概念。"

"第一个几何定理是：从一点向另一点只能引一条直线。从这个用手就可以证明的公理出发，我在黑板上给定两点，并用一条垂直线将两点相连；我再给学童的纸上画出两点，他们就试着用垂直线把两点相连，但有的学童把垂直线画到下点的右侧，有的学童画到左侧；还未算那些往各个方向偏离的学童。为了制止这些偏离，这些偏离往往由于智力缺陷和视觉错误而非手的失误造成，我认为最好限制有效平面的范围，在上下两点的左右两侧画上两条垂直平行线，学童应当在两条平行线（可以说它们起着限定作用）中间画一条平行线连接两点。如果这两条平行线还不够的话，我就把两把尺子垂直地固定在纸上，这绝对能够制止手的偏离，但这些木质栏杆不能长时间使用。起初，我们放弃使用两把尺子，恢复使用平行线，结果智障学童很快学会在两条平行线之间插入第三条垂直线；其后，我们又去掉一条垂直线，有时保留右边那条，有时保留左边那条，旨在制止出现的任何偏离；进而，把保留的一条线也去掉；最后，去掉上方那一点，那是符号和手的出发点。这样，让学童在没有参照线和比较点的情况下学会描画垂直线。"

"描画水平线也采用相同方法，也遇到相同困难，解决困难的方向和手段也相同。如果他们偶然一次画得不错，必须等待他们画弯曲，仿佛大自然命令他们一样，从中心向两端倾斜，其理由上文已说明。如果拉开距离的点仍不足以让手保持平稳，我们就用平行线或尺子强制他们在纸上画不偏离的线。"

"最后，我们让他们画一条横线，用直尺和竖放的尺子相接呈直角；这样学童将开始理解什么是垂直线和水平线，并会大致认识为构成一个图形所需的两个基本概念的关系。"

"从线条的产生顺序看，似乎在学习竖线和横线之后，应当立即学习斜线；然而，并非如此。斜线就其倾斜和竖线相近，就其方向和横线相近，就其性质和竖线、横线都相近，因为无论和平面的关系，还是和其他线条的关系来看，它都是一条直线。若没有充分准备，如此复杂的概念难以理解。"

就这样，塞甘用数页篇幅继续讲述各个方向的斜线；接着，他讲述四种曲线，让学童在竖线左右和横线上下描画这些曲线。最后，他得出结论："这样，我们就找到（我曾探索过）解决问题的方法：竖线、横线、斜线和构成一个圆的相连四条曲线，从理论上说，它们包括全部书写中可能应用的所有线条。"

"到达这一点后，伊塔尔和我长时间止步不前。由于线条业已掌握，最好让学童描画规则图形，显然从最简单的图形开始。根据既定意见，伊塔尔建议我从正方形开始；我有三个月按他的意见办，却仍未能让学童理解我的意图。"塞甘在几何图形产生思想的指导下，长时间进行一系列实验后，才发现最容易画的图形却是三角形。

"三条直线相交，总构成一个三角形，而四条线若不平行，可能按一百个方向相交，从而难以构成规则四边形。"

"根据这些经验和观察，还被其他经验和观察所确证（这里无须赘言），我推演出智障学童学习书写和绘画的基本原则，应用这些原则非常简单，以至无须多言。"

由此可见，以上就是我的先驱者在教智障儿童学习书写时所采用的方法。至于阅读（观看），伊塔尔是这样做的：在墙上钉上钉子，再挂上木质几何图形，比如三角形、正方形、圆形，进而在墙上准确描画出图形轮廓线，然后摘掉那些木质图形，再让"阿韦龙野孩"依照轮廓线，重新把那些木质图形挂到相应位置。受这些轮廓线启发，伊塔尔产生平面几何插件的思想。以后，伊塔尔制作木质字母表印刷体大写字母，让学童做类似木质几何图形的练习，也就是说，先在墙上按木质字母描画出轮廓线，再把木质字母从墙面上摘下，以便让学童把木质字母再挂到相应位置。之后，塞甘不用墙面，而用水平平面，在盒子底部画上各个字母轮廓线，再让学童用字母插件去覆盖轮廓线。

20年后塞甘继续沿用这一方法。

批评伊塔尔和塞甘的书写及阅读教学法，我觉得是多此一举的。他们的方法有两个基本错误，从而使它不及正常儿童教学法。这就是，书写印刷体大写字母，通过学习合理几何学，为书写做准备；今天，我们只能要求中学生这样做。这里，塞甘把不同概念完全混淆，以至让我们吃惊：他突然从对儿童的心理观察和他们同其环境的关系跳到对线条、形状的产生及其和平面的关系的研究。

他说，儿童很容易描画出一条垂直线，但水平线很快就变成曲线，因为这是"大自然命令"；而这种自然的命令靠如下事实说明：人们看到地平线像曲线。

# 发现儿童

塞甘的例子有效说明适合指导人们观察和逻辑思维的特殊教育的必要性。观察应当绝对客观，也就是要摆脱偏见。在这种情况下，塞甘的偏见就是几何图形应当为书写做准备，这妨碍他发现这种准备的真正必不可少的自然进程。此外，他的另一偏见是，线条偏离或儿童画线不准确是由头脑和眼睛造成而不是手，因此他长达数周或数月不辞辛劳地讲述线条的方向，指导智障学童的视觉。

塞甘似乎觉得，一种好方法应当源于高深莫测的东西：几何学、儿童智慧及某些抽象关系才值得重视。

这难道不是人们常有的缺陷吗？

在世上大量时间和智力被白白浪费，因为人们觉得假的伟大、真的渺小。

塞甘的书写方法说明我们所走的教学道路多么曲折，这是由于人具有把事物复杂化的本能，这类似于人们只重视复杂事物。请看，塞甘为教书写先教几何；让学童绞尽脑汁理解几何抽象概念，仅仅为让他们相当轻松地描画印刷体大写字母 D。然而，其后，当学童学习书写手写体字母时，不应当努力忘记印刷体字母写法吗？

多数人不是曾认为，为了学习书写，先描画竖笔画不可或缺吗？这是根深蒂固的看法。似乎很自然：为了书写字母表的字母（它们都是圆形的），必须从直线开始；从锐角的带罗纹的边开始。说心里话，其后，我们感到十分惊奇，为了描画字母 O 的漂亮曲线，让初学者摆脱那种生硬的棱角有多么困难；或者教师和学童做出多大努力，才迫使学童长时间地描画竖笔画和用锐角书写？

谁向我们揭示，要描画的第一个符号应当是直线？为什么我们要一意孤行地用锐角为曲线做准备？

让我们立即摆脱那些偏见，我们沿着更笔直的道路前进。为此我们感到莫大欣慰，因为未来人类不用作出巨大努力来学习书写。

书写必须从竖笔画开始吗？用逻辑思维就会做出否定回答。学童做此类练习要作艰辛努力，而竖笔画恰恰本应是学童要克服的最小困难。

相反，如果我们认真观察，竖笔画是最难完成的练习，只有书法家才能规范地写满整页竖笔画，而普通书写者的书法习作勉强说得过去。事实上，直线是两点之间唯一最短线段，而对此方向的任何偏离都标志着不是直线；由此可见，那无数偏离比唯一完美要容易得多。如果我们要求人们随心所欲地在黑板上画画直线，每人都会沿不同方向画出一条长线，时而从这边开始，时而从那边开始，几乎大家都能画出。其后，如果我们要求他们从某一特定点起笔，沿特定方向画直线，那么以前的灵巧性大大减弱，我们将会看到出现一系列严重的不规范和错误。

几乎所有的线段都画得很长，因为每个人都必须绷紧弦儿以达到预期目的。

现在，我们要求他们画短线，并且在准确的范围内，结果错误大大增加，因为这会妨碍他们把精力集中于垂直方向。于是，我们还要补充一点，应以确定方式持笔书写，而不能按每人的本能持笔。

这样，我们就直觉地接近书写的第一个动作，这也是我们要求学童做的，这种动作还要求画出的所有笔画都保持平行，从而练习变得既困难又枯燥，因为对学童毫无目的可言，他们根本不理解其意义。

我在法国看到智障学童的练习簿，从中发现——瓦赞（Voisin）也曾提及这种现象——整页整页的竖笔画练习起初还像模像样，可最终都写成了 C 形线条。这意味着智障学童的注意力不如正常学童那样持之以恒，起初为模仿所做的努力逐渐消耗殆尽，而自然动作逐渐取代人为激发动作。于是，竖笔画变得越来越颇似 C 字形的曲线。这种现象在正常学童的作业簿上没有出现，由于他们坚持不懈地努力，能完成整页练习，这却掩盖了此种教学法的错误。然而，当我们观察正常学童的即兴图画时，比如他们用落地的小树枝，在花园的沙地上描画，我们就看不到短直线，看到的全是五花八门相互交织的长长的曲线。塞甘也发现相同现象，他要求学童画横线，结果横线很快都变成了曲线，他把这种现象归因于对地平线的模仿。

我们曾经认为，学习书写必须做出努力，但这种努力完全是不自然的，它与书写无关，而只与书写教学法有关。

### 我对智障学童教学取得的初步经验

现在，我们抛弃所有教条主义的方法。我们否定文化：我们既不关注人类起初如何书写，也不关注书写本身的起源。我们否定流行用法灌输给我们的俗见：书写必须从竖笔画开始；我们设想在精神上朴实无华，就像我们追求的真理那样。

"让我们观察一个书写者，并尝试分析书写时完成的动作。"书写动作，也就是书写机制。

这将是对书写的心理生理学研究，这等于考察书写的个体，而不是书写，考察的是主体，而不是客体。

人们在考察书写时，总从客体开始，并据此构建了方法。

从研究个体出发的方法（而非从研究书写出发的方法），是真正具有独创性的方法，和以前的任何方法大相径庭。

假若我想给这种新书写法命名的话，当我对正常学童的实验尚未认识结果时，因其受到启示的方向，我本来会把它称作心理学方法。然而，实验结果令人惊喜，仿佛自然的真正馈赠，从而我实际命名为"自发书写法"。

在我教育智障学童时，偶然发现一个事实。

一位11岁的智障女孩，其手部运动机能和力量都正常，却学不会缝纫，甚至连简单缝补都不会，其实不过让引线针在织物正反面穿来穿去，并且针脚平整。

于是，我让这位女孩应用福禄培尔编织器学习，就是让她用一个横向纸条穿过上下固定的一组纵向纸条。我认为这两种练习相似；我怀着极大兴趣观察她。当她能灵巧地完成福禄培尔的编织练习后，我再让她学缝纫，我高兴地发现她终于学会缝补了。

我曾想过，儿童在缝纫前就应当做好手部所需运动的准备；在让儿童做练习前就应当实际找到教做练习的方法。尤其要准备运动，这些准备性运动可以教会，并且通过反复练习可以变为机制，无须完成为之准备的直接工作。从而，学童在没有直接动手工作前，就可以去从事已经驾轻就熟的工作。我近乎完美地完成了第一个试验。

我想到，我恰恰能以这种方式为书写做准备。这种想法令我兴趣盎然，其简单令我惊奇；我感到诧异：在此之前没有想出这种方法，通过观察那个不会缝纫的女孩受到启发而形成的方法。

事实上，由于我已教过学童触摸平面插件中的几何形状轮廓，现在只要让他们用手指触摸字母形状就行了。

我让人制作了一套精美的字母模型，字母是斜体，一般字母高 8 厘米，竖笔画的字母高度按比例定，字母木质模型厚 5 毫米，全部涂上油漆（辅音字母涂上蔚蓝色，元音字母涂上红色），底部不涂漆，用小球形手柄固定上漂亮黄铜底衬。这样的木质字母模型只有一套，但用光泽纸板制成的模型有多套，其形状、颜色和大小和木质模型相同，根据字形的明显差异或相似分成几组。

我们还用水彩手绘一幅画，上面的斜体字母的字形、颜色和大小和光泽纸板模型对应，在每个斜体字母旁绘上小得多的对应印刷体大写字母；此外，在画上还绘上具体形象，其形象单词的头一个字母正好是绘上的斜体字母，比如在 m 旁边画上手和锤子，在 g 旁边画上猫，诸如此类①，不一而足。这些图画用以牢记字母的发音。

这些图画确实没有表现新思想，但这种整体配套以前不存在。

我这种实验的有趣部分在于：学童把可以移动的木质字母放在对应的各组纸板字母之上后，再让他们反复触摸斜体字母轮廓。其后，我扩大练习范围，单纯在纸板上绘制的字母上练习；这样，学童没有书写就能完成复制斜体字母形状所必需的动作。

这里，我被一个从未有过的看法所震惊，即在书写时完成两种不同形式的运动：除复制字形的动作外，还有一种操作书写工具的动作。事实上，当智障学童已能根据形状准确地触摸所有字母时，却仍不会用手握笔。为了握住并操作好笔杆，需要确立独立于书写动作的特殊肌肉机制，其实它和描画所有不同字母所需的动作是同步的。应当存在一个同每个书写符号能动记忆融为一体的唯一机制。由此可见，只需准备用于

———————
① 在意大利语中，手是 mano，锤子是 martello；猫是 gatto。

持笔和运笔的肌肉机制；我尝试获得这一结果，在业已描述的阶段上再补充两个阶段：第二阶段，不再如第一阶段那样用右手食指，而是用食指和中指触摸所有字母；第三阶段，手握一根小木棍当笔用，触摸所有字母。

实际上，我让学童重复做相同动作，时而手握小木棍，时而不握小木棍。

人们注意到，学童应当用手指遵循描画字母的视觉形象。确定无疑的是，学童的手指已经练习过触摸几何图形的轮廓；但那种练习并非永远足以达到练习书写的目的。其实，就是我们，当用透明纸摹描一幅画时，也不会完美地吻合线条，虽然看见线条，并且应在线条上描画符号。图画恰恰需要某种特殊东西能够吸引笔尖，就像磁铁吸引铁针一样，或者铅笔找到一位运笔向导，以便只根据眼睛所见轨迹在纸上准确描画图画。因此，智障学童并不总能用手指或小木棍准确地描画图画：教具没有提供对描画的监控；或者只提供对儿童目光的不确定监控，他们肯定能够看到手指是否沿图画线条运行。于是，我想，为了让学童完成书写动作并保证准确性，或至少更直接地指导书写，必须把字母制成凹形，让字母上呈现内槽，从而小木棍沿着内槽运行。我设计了这种教具，但因造价昂贵而不得不放弃。

在我为智障儿童教育师范学校开设的课程中，给教师们全面讲述了这种方法，正如第二学年讲义显现那样，我至今保存约 100 份讲义，作为过去年代的文件。

下面这些文字，出自 24 年前印行，200 多位小学教师人手一份的讲义；正如费雷里（G. Ferreri）教授在一篇文章中惊讶地写道，却没有一位教师从中获取有益思想。

"此时，展示元音字母涂成红色的纸板：学童看到'红色不规则形状轮廓'。接着再给他们红色木质元音字母模型，让他们用木质字母模型覆盖纸板上的红色字母。我们让学童按书写笔画触摸木质字母，还告诉他们字母名称。元音字母按形状相似排列：

o,e,a,i,u."

"其后，我们对学童说，比如，'为我找出 o,把它放到其位置上。'接着又说：'这是什么字母?'这里，我们发现，许多学童犯错，因为他们没有用手指触摸字母，仅仅看看字母就猜想。有趣的观察能够揭示出学童的不同类型：视觉型，运动型。"

"以后，我们让学童触摸纸板上的字母，先用食指，再用食指和中指，最后用当笔使的小木棍；每次都要求按书写笔画触摸字母。"

"辅音字母涂上蓝色，按字形相似性排列在纸板上。再配上一套可以移动的蓝色木质字母，就像元音木质字母一样，以便用来覆盖纸板上的辅音字母。除上述教具外，还制作另一套纸板，纸板上在辅音字母（同木质字母相同）旁画上一两个东西图形，东西名称以那个辅音字母开始。在斜体字母前还画上印刷体字母，颜色相同但字体要小。"

"女教师指着字母，用语音方法读出辅音字母名称，然后指着纸板读出所画东西的名称，并且高声读出首个字母，比如 m……mela①，我接着说：'请给我找出辅音 m，再把它放在其位置上，并用手指触摸它，等等。'这里我们将研究儿童语言的缺陷。"

"按书写笔画触摸字母是为书写准备而开始的肌肉训练。我们曾用这种方法教一位运动型小女孩，虽然她尚未认识字母，却能用笔写出所有字母，每个字母高约 8 厘米，写得规范令人称奇。这位小女孩手工也做得精致。"

"儿童观看字母，辨认字母并用手指按书写笔画触摸字母，同步甚至同时为阅读和书写做准备。"

"在触摸字母同时观看字母，由于视觉和触觉的同步，字母形象很快就铭记在心。随后把两件事分开：观看（阅读），触摸（书写）。根据学童的类型，有的先学阅读，有的先学书写。"

由此可见，在多年前，就基本内容而言，我的书写和阅读教学法业已形成。当时，我就惊奇地发现：晴朗的一天，我递给一个智障学童一支粉笔，他在黑板上轻而易举地写出字母表的全部字母，他运笔稳健，

---

① 意大利语，意为"苹果"。

字迹工整，况且这是他第一次写字。他进步的速度比我预想的快得多：正如在讲义中所说，有的学童还不认识字母，却能用笔把所有字母写得工工整整。正如在后文我说，我发现正常儿童在幼年时期肌肉感觉发展很快，从而对他们来说书写很容易。阅读要难得多，需要很长教学工作和更高的智力发展，由于需要说明符号和调节语音的抑扬顿挫，以便理解词语的含义，这一切都是靠智力完成的任务；而书写时，学童根据教师发音，把声音具体地译成符号并完成运笔动作，这对他们来说既愉快又容易。对于幼儿来说，书写的发展既容易又带有自发性，颇似口语的发展，它也是对听到声音的一种运动转化。相反，阅读属于抽象智力文化，是对书写符号表现的观念的解释，这要晚些时候才能掌握。

对正常学童教学的初步经验

1907 年 11 月上半月，我对正常学童的教学取得初步经验。

在圣洛伦佐的两所"儿童之家"，从开学典礼那天（一所从 1 月 6 日，另一所从 3 月 7 日）起，直至整个 7 月（当时此月是暑假，本应停止上课），我只让学童做实际生活训练和感觉教育练习。我这样做，因为当时我和大家一样也抱有偏见：必须尽可能晚地开始书写和阅读教学，并避免在 6 岁之前进行这种教学。然而，在过去的几个月内，学童似乎要求对所做训练和练习做某种总结，这些训练和练习业已惊人地发展了他们的智力。他们学会穿衣和脱衣，会洗脸洗澡，会扫地，会擦掉家具上的灰尘，会整理房间，会开、关抽屉，会用钥匙开锁、锁锁，会把教具井然有序地放回橱柜，会给花卉浇水，会观察教具，仅靠触摸就能识别教具。有的学童向教师直率地提出学习读写的要求；在遭到我们拒绝后，他们在学校的黑板上描画不少字母 o，挑战般地向我们展示。后来，多数母亲请求我们教她们孩子写字，她们说："在这儿，孩子们都开窍了，轻而易举地学会很多东西，如果你们教读和写，他们很快就能学会，并省得在小学再费劲拔力。"母亲们认为她们的孩子在我们这儿能毫不费力地学会读和写，她们的信任使我深受感动。鉴于我在智障儿童学校取得的成果，在 8 月暑假期间，我决定在 9 月开学时做一次实验。然而，我再三考虑，9月最好继续上学期中断的课程，迟至10月小学开学时才开始讲授阅读和书写的课程，这样做的好处在于和小学同步进行相同内容的教学。

因此，在9月我开始找人制作教具，却没有找到愿意接受此工作的工人。一位教授建议在米兰订做，结果耽误很多时间。我原想制作一套精致的字母模型，就像智障学童使用的那套：木质，上面涂漆，下有黄铜衬底。其后，我满足于只涂漆的字母，类似于商店橱窗里展示的用于教学的彩色字母，但我没有找到。没有人愿意制作金属字母。在一所职业培训学校，我让人制作木质凹形字母（以便让学童用小木棍沿内槽运行）即将完成，后因木工活过于复杂而前功尽弃。

整个10月就这样过去了；一年级小学生已经画满整页整页的竖笔画，而我的孩子们仍在等待。于是，我和教师们决定剪一套大型弓片字母，我叫一位女教师把这套字母的一面涂上浅蓝漆。为了让学童触摸字母，我想用砂纸剪成字母，再贴到光滑纸板上，这样制作的教具很像用于触觉最初练习的那些教具。

只是在制成这些简单教具之后，我才发现，和智障学童使用的那套字母相比，这套字母更优越，为制作那套字母我浪费两个月却一无所获。假如我有万贯家财，我就会永远拥有过去那套精致但效果差的教具。我们渴望旧事物，因为我们不认识新事物，我们总是追求宏大，其实它已日薄西山；没有在新事物的卑微质朴中发现未来要长成参天大树的幼芽。

于是，我懂得了，纸板字母容易大量制作，这样可以让更多学童同时使用，不仅用于识别字母，而且用于组成单词。在砂纸字母中，我找到触摸字母的手指的向导（我渴望已久），从而不仅靠视觉，而且靠触觉来直接教授能准确监控的书写运动。

放学后，晚上，我和两位女教师满腔热忱地用一般书写纸剪成大量字母，再用胶水粘在砂纸剪成的字母上，书写纸字母涂上浅蓝色。然后，我们把它们摊放在小桌上，以便翌日早晨晾干。在我这样工作时，我的脑海里清晰地浮现出一幅完善的方法图景，它是如此简单，让我感到好笑，以前为什么没有想到。我们尝试的历史非常有趣。

有一天，一位女教师生病了，我的一位学生、安娜·斐戴丽（Anna Fedeli）小姐去代她上课，后者在一所正规学校任教育学教授。当我晚上去找她时，她给我看自己改进的两套字母：一种是每个字母后面下方横向贴一个白纸条，以便让学童认出字母的背面，因为他们经常翻来倒去易弄混正反面和上下方；另一种是做一个硬纸盒，每个格子放置一组相同字母，而以前所有字母杂乱无章地堆放。我仍保存着一个盒子，那是用在传达室找到的破纸箱的旧纸板做的，并用白线草草缝成。斐戴丽给我看这个盒子，她似乎对自己粗糙的做工感到抱歉，但我却激动不已：我立即明白，放在盒子里的字母是珍贵的教具，事实上为学童的眼睛提供比较所有字母和选择指定字母的可能性。

这就是我要讲述的方法和教具的起源。

这里，还需着重指出，在圣诞节，在 12 月随后几天，即不到一个半月后，当一年级小学生正在费劲地忘记艰难掌握的竖笔画和横折笔画，以便为学习 O 和其他元音的曲线做准备时，我的两个 4 岁学童写了一封短信，字迹工整，无涂改和污迹，以后被公认达到小学三年级学生的书写水平。

# 十五　书写机制

　　书写是一种需要分析的复杂活动。其一部分涉及动力机制，其另一部分代表真正意义上的智力活动。

　　在所有动作中我先区分两组主要的：持笔动作和描画每个字母形状的动作。这些动作构成书写的"动力机制"，书写可以被真正的机械代替，在此种情况下机械也是一种"机制"，虽然性质不同，但需要发展，正如为打字需要发展那样。

　　机器能代替人书写的事实，让人更加清晰地认识到动作机制和使用文字表达的智力更高功能是可以分开的两码事。

　　生理学机制是可以做细致分析的机制，因为当观察人们如何书写时，记录下汇集于书写的不同协同要素，从而不仅可以区分它们，而且可以把它们彼此"分开"。

　　由此可见，我们从两组动作开始研究。

　　首先是操纵书写工具的动作，也就是手持钢笔或铅笔的动作。人们用一只手的前三个手指抓住笔，并且从上往下持续一致地运动，我们称作书写的"冲动"。这种运动具有个性化，以至我们虽然使用相同的字母表，但每人书写都各具特点；可以说有多少书写者，就有多少种笔体。

　　伪造书写笔体将徒劳无益。不同笔体间存在极小差异，其根源深不可测，但我们每人确实"明显确立自己的机制"，并且这种机制很难改变。机制成为我们个性的清晰和持久东西中"可以识别的特征"。正如在我们说母语时，每人的音色音调将定型，构成我们"功能特征"的运动机能的所有力学必要条件，其存在时间注定超过许多身体特征，虽然它们在缓慢变化但仍然存活。

在幼年"动力机制"被确立。儿童通过自己练习（在练习中遵从看不见的个人足迹）不断形成并确定自己的个性特征。在这一年龄段动力机制处于"感觉期"；由于服从大自然的隐秘命令动力机制才起作用。

也就是说，儿童每一次努力运动，都感到欢欣鼓舞，因为适应生活的需要。

在这个年龄段必须准备让书写机制确定，如果书写机制"无须努力"、"自然地"确立，那么儿童将兴高采烈并生气勃勃。

在普通学校这个年龄段肯定不合适，人们不会试验确立书写机制，要求小学生的小手（已经成熟并确立许多运动）做痛苦努力，在其成长道路上做近乎"倒退"的努力。在六七岁，儿童的手业已丧失运动感觉的宝贵时期。那只微妙的小手已经错失幸福的时光，在那时各种动作协调，在那时"创造"了"功能"手，因此现在它"谴责"一种痛苦并不合乎自然的努力。

必须倒退以便发现儿童功能"娇弱"、仍不协调的手：这是4岁幼儿乱抓的小手，它"触摸周围的所有东西"，不可遏止地、不知不觉地尝试确立最终的协调。


# 书写之手的动作分析


为了帮助掌握书写，必须首先分析构成书写的不同动作，尝试与真正书写分开、独立地发展那些动作。于是，我们让不同年龄（每个年龄都有自己的可能性）的儿童参与构建那种既困难又复杂的机制。

在常伴有微妙的"手部动作"、并且儿童饶有兴味地无数次地重复相同动作的感觉练习中，我们将分析心理时间和外在手段，那些手段恰恰适合对书写机制做早期准备。

"书写之手"应当会用手指夹着书写工具（钢笔或铅笔，等等）并且会用"轻手"引导它"描画"出确定符号。

为了持笔，不仅需要夹紧它的三个手指的活动，而且还需要手的合作，书写之手应在纸面上"轻轻地"运行。

事实上，普通小学生的最初困难与其说是手指握笔，不如说是保持"轻手"——手应当持续承重（学童让粉笔在黑板上，钢笔在纸上发出声响，往往使粉笔折断、钢笔尖损不；他们颤巍巍地抓住并握着书写工具，但他们的娇嫩小手难以承重，在做痛苦努力）。

此外，没有完全协调的小手不可能描画像字母表的所有字母那样的准确符号。只有运笔自如的手才能书写字母。这可以称作"稳定之手"，也就是一只受意志支配的手，这是让它准备书写的必要条件。

只有耐心反复地练习才能做到这一点；如果应当把练习和掌握书写相结合，也就是说如果不具备条件的粗糙之手要书写，首先应让它在"书写时"变得精致，那样的手将成为书写进步的最大障碍。

但在我们的方法中，幼童已经具有"精致并适合书写的手"。

他们在做感觉练习时，手按不同直接目的向不同方向运动，但重复相同动作，它们也就不知不觉地为书写做准备。事实上，我们发现在前述练习中我们的学童早已做过某些书写练习。

### 持笔的三个手指

3 岁的学童在移动圆柱体插件时，就用三个手指持着提钮，这个提钮的大小几乎和书写用的笔杆相同。三个手指无数次地重复那种练习，此种练习协调注定书写的动力器官。

### 轻手

3 岁半幼童被蒙上双眼，手指尖浸上温水，全力以赴地努力"保持抬起轻手"，直至手指刚刚"触及"光滑或粗糙的表面。这种让手变轻的练习有益于以后应当书写的手指"触觉敏感性"的提高：这样，人类意志的最宝贵工具不断地精良。

**稳定的手**

描画一幅图画的灵巧性要求存在某些先决条件；要求手能定向运动，能完全听从指挥。这种灵巧性是手的一般性质，因为涉及协调各种运动的可能性。

平面插件练习就在于和根据木质插件和边框的厚度差（前者比后者高），帮助并不灵巧的小手在确定范围内，准确地触摸不同几何图形轮廓线和边框。与此同时，眼睛观看并识别用手不断触摸的形状。

这种练习既间接又遥远，是对将要书写的手的准备，而不是对书写的准备。

## 书写直接准备
## 书写要素分析

现在，我们准备分析书写要素，以说明业已提及的事情。书写包含错综复杂的困难，不仅通过不同练习，而且在人生的不同时期不同时刻的练习，可以将这些困难彼此分开。但涉及每个要素的练习应当独立于书写。事实上，书写若是不同要素的结果，当那些要素被分开时，就不再是书写。这类似于在化学中探寻氧和氢，它们源于对水的分析，但已不再是水，而是其他的东西：它们是两种气体，每种都有自己的特性，并且自身可以独立存在。因此，当我们说到分析要素时，我们想要在有趣的练习中区分开书写的构成因素，这些练习自身可以成为幼童活动的动因。这和把整体分成部分的分析截然不同，当把独特东西视为整体的部分，就会失去兴趣（竖笔画、曲线条，等等）。相反，我们对要素的分析激活独立练习中的各个要素。这种分析区分开因素，但在区分中探寻自身存在的或可以应用于具有一个合理目的的练习的因素。

第一因素：操纵书写工具：描画

我曾利用学童具有的本能用彩色蜡笔为轮廓线限定的图形上色，这是原始的图画；或说得更确切些，是绘画的先兆活动。为使这种练习更加有趣，我曾让学童自己描画有待上色图形的轮廓线，从而保证轮廓线具有审美性质；把选择的可能性交给学童。为了这一目的，我组织制作了一套教具——铁制插件（我将在下文叙述），用于描画几何图形轮廓线。这造成一种装饰艺术的诞生，我们称做插件艺术，并且无论如何可以视为对书写的直接准备。

第二因素：书写字母表符号

为了另一组运动，即为了描画字母符号，我向学童展示一套用光泽纸板制成的教具，每张纸板上贴着用砂纸剪成的字母，然后让他们按书写笔画顺序触摸字母。这样做，手和臂的运动被固定，从而手和臂变得善于再造那种符号，同时眼睛有机会长时间注视，这样就以双重方式记忆字母表符号，也就是边注视边触摸。

简言之，书写的两种运动因素在两个相互独立的练习中展开，也就是说：描画，从而让手更加灵活地操纵书写工具；触摸字母用以巩固字母的运动记忆和视觉记忆。

对指导描画及书写的教具的说明：斜面架、铁质插件、画出轮廓的图形、彩色蜡笔。

我组织制作了两个完全一样的斜面架，用稍微向右倾斜的木板制成，由四个较短的木质桌腿支撑，在斜面下部横置一个木条，防止斜面上放置的教具滑落。每个斜面架容纳四块铁质正方形板，铁板边长10厘米，漆成红色。每个板的中心是接口件，漆成浅蓝色，在中心装一个黄铜提钮。

练习

我们把两个斜面架靠近放置，仿佛一个斜面架，可容纳8个形状，也可以放置在教师讲台的托架上、小柜上或学童课桌的边上。

教具做得很精致，能吸引孩子们的目光：他们可以选择一个或多个形状；可以同时拿起插板和插件。

这和我们已经熟悉的平面插件的情况完全相似，只是这里学童拥有操作的插件，它们更重却较薄。他们先拿起插板，再把它放在一张白纸上，然后用彩色蜡笔描画插板中心空白形成的轮廓线；在拿掉插板后，纸上留下一个几何图形。

这是学童第一次用图画再现一个几何图形：迄今他们还未把平面插件放在第一、第二、第三系列的纸板上。

因此，在由学童自己描画的形状上，他们放置上几何插件，正如用平面插件放在第三种纸板上一样；他们用不同颜色的蜡笔描画；因此使形状突出：在纸上留下用两种颜色重叠描画的图形。

在这之后，学童自己选择一种颜色的蜡笔，像握钢笔那样，给描画的图形上色。

教师应教给学童上色时不要越过轮廓线。

给一个图形上色的练习可以让学童完成并重复持笔的动作，而这一动作需要写满 10 页竖笔画练习才行；注意不要让他们疲劳，因为他们若准确协调不可或缺的肌肉收缩，他们会自由自在地、随心所欲地去做；当他们的目光看到纸上显现出色彩鲜艳的大形象将心满意足。

起初，学童用那些红色、橙色、绿色、蓝色、天蓝色、玫瑰色的较大正方形、三角形、椭圆形、不规则四边形填满一页又一页练习簿。

当我们观察由学童自己安排的连续图形时，我们发现他们取得两种形式的进步：首先，符号逐渐地不再越过轮廓线，直至完全吻合，并且颜色填满，其边缘和中心一样均匀。其次，填充的笔画从短和杂乱变得越来越长和平行，直至有时图形被真正规则的长笔画填满。这种情况表明学童确实成为蜡笔的主人，也就是说为持笔所需的肌肉机制业已确立。因此，通过考察这些图形，可以对学童持笔的能力做出可靠判断。

为使练习多样，我们还应用业已叙述的白描图画，它们代表几何图形的组合和不同的装饰；我们又补充上花卉和风景。这些图画使学童持笔动作更完善，因为它们限定符号的不同长度，从而握笔的那只手变得更灵巧、更稳定。

现在，若有人计算一个孩子在为图形上色时描画的符号，并让这些符号转化为文字符号，竟然发现他必须写满几十页作业！由此可见，我们学童书写符号的稳定性可以和按普通方法学习的三年级小学生相比。

我们这些学童第一次握笔，就会像一位小书写员那样运笔。

我们的方法能在短时间内取得如此成绩，并且学童兴致勃勃地练习；我认为，任何其他方法都做不到。和这种方法相比，我曾给智障儿童使用的旧方法，用一根木棍触及纸板上字母轮廓线，就过于贫乏和事倍功半了。

甚至，当学童学会书写后，我仍让他们继续做此类不断取得进步的练习。因为无论如何图画可以变得更丰富更复杂，而学童主要做同一类练习，当看到自己完成的越来越完美的图画几乎汇集成小小画廊，每一个人都感到自豪。由此可见，我应用相同的练习，我称作准备性练习，不仅激发书写而且完善书写。在此种情况下，无须重复做书写练习，只需做给图画着色的练习，持笔的手越来越稳定。这样，我的学童尚未书写就已完善书写。

**触摸字母的教具**——用砂纸制成字母表的字母小板，形状相似字母分组木板。

教具是用细砂纸制成字母图形，再固定在一个纸板上，其大小正好适合每个字母；纸板上贴有绿光纸，而砂纸是浅灰色；或者木板涂上白色亮光漆，而砂纸字母涂上黑色。这样做，为了让深色字母在浅色背景中凸显。

用纸板或木板还可制作更大的类似教具，它们可以聚集不同字母，这些字母同小板上的对应字母一般大，但可根据形状的相似或相异分组排列。

字母应当是漂亮的书法字体，并且采用明暗对比法。它们要竖直地书写，正如小学校内通常所做那样，也就是说"实用书写法"决定教具的内容和形式，教具不想体现书写方法的改革——和这里指导我们的意图截然不同，只使书写更容易（无论书写什么）。

练习

我们立即开始教授字母表的所有字母：先讲元音字母，再讲辅音字母；只教字母发音，不教字母名称；接着把辅音和一个元音相结合，并根据众所周知的音节发音法重复音节发音。

教学根据业已说明的三个阶段进行：

第一阶段，和字母发音相连的视觉及肌肉触觉。

女教师向学童展示两块绿色纸板或两块白色木板，根据我们使用的教具决定，板上写着字母 i 或 o，她说"这是 i"或"这是 o"（随后其他字母教学也大同小异）。进而她让学童触摸字母，说"你们摸摸"，没有其他说明，她只对他们解释怎样触摸字母轮廓线，如果需要的话，她实际指导他们右手食指按书写笔顺在砂纸上运行。

"会触摸"和"不会触摸"取决于是否认识笔顺，按笔顺可以描画一个确定的文字符号。

学童很会就学会了，他们的手指业已习惯于触摸，现在他们的手指被细砂纸轻柔的摩擦指引沿字母的准确轮廓运行；从而他们自己能无休止地重复再现字母所需的动作，他们不怕犯错并遵循书法形式，光滑的感觉会让他们立即发现犯错。

四五岁的学童尚未成为这种触摸专家时，他们特别喜欢闭着双眼重复做此类练习；这样他们虽然看不见，但手听任砂纸上的细砂指引沿字母形状运行；可以说肌肉对字母的直接触觉对取得丰硕成果的贡献最大。

相反，如果让大些的儿童（例如 6 岁）去做此类练习，他们的兴趣转向看见字母，进而引起发音和构词，触摸不再吸引他们专心致志地做动作练习。大些的学童书写并非容易也不完美，因为他们已经丧失运动的欢乐，那是属于更小的幼童的。

幼童不是看到视觉形象后才活动手；视觉形象没有引起他们的兴趣；而是触觉指引他们的手完成那一动作，其后靠肌肉记忆加以巩固。

当女教师让学童观看并触摸字母表的字母时，视觉、触觉、肌肉感觉等三种感觉同时参与，因此文字符号形象在相当短的时间内被确立，而应用普通方法获得视觉形象所需时间要长得多。

其后，我们注意到幼童的肌肉记忆最牢固，同时也最敏感。事实上，有时他们在观看字母时没有认出字母，但在触摸时却认出了。

与此同时，这些视觉形象同字母发音的听觉形象相结合。

第二阶段，只要学童听到字母的发音，就会比较和识别字母形象。

譬如，女教师要学童做练习（其他字母也做类似练习），说道："请把 o 给我，请把 i 给我！"假若学童看着文字符号却认不出字母，女教师就鼓励他们用手去触摸那些符号；如果这样他们仍不能识别字母，这堂课就应当立即结束，推迟到明后天再上（上文业已说明千万不要强调错误，当学童没有适应教学内容时，不要坚持上课）。

第三阶段，语言：学童学会每个字母发音。

我们把字母放在讲台上，过一会儿再问学童"这是什么"，他们应当回答是字母 o 或 i。

在辅音教学中女教师只发辅音字母音，刚刚发完立即与一个元音结合发出一个音节，或换成多个元音发出多个音节，每次都要强调辅音，最终多次重复这个辅音，比如 m,m,m,ma,mi,me,m,m。当学童反复练习发音时，先重复单个辅音，再与元音结合发出一个音节。

在转向辅音教学之前，没有必要讲授所有元音；学童刚认识一个辅音，应立即让他们构词。类似方法应由女教师决定。

在辅音教学中我未发现遵循一种独特规则有实效。往往是学童对某个字母的兴趣决定教他们所希望的辅音；当一个名词被说出时，他们兴趣盎然地渴望知道哪个辅音构成此词。学童的愿望是决定教学顺序的推理根据。

当学童学会各个辅音发音时感到满心喜悦：对他们来说，那一系列熟知的不同辅音是那么新奇，每个辅音发出声时，就出现一个迷宫般的符号，那就是字母表的字母。这一切具有某种神秘性，能引起前所未闻的极大兴趣。有一天，我站在平台上，而学童在自由自在地玩耍，我身旁有一位两岁半幼童，暂时离开了母亲。我先把所有字母混放在几把椅子上，后把它们存放在对应盒子内。随后，我把各个盒子放在小椅子上。那位幼童注视着。他走近椅子，把字母 f 拿在手里。此时学童正列队跑步，看见那个字母，齐声发出读音并跑过去。幼童对此没有注意。他放下字母 f，拿起字母 r。学童跑过来微笑地注视那个字母，开始对他喊：r r r! r r r! 那位幼童逐渐懂得他拿起的每个字母都有对应的不同发音。这使他非常开心，我想特意观察他们不知疲劳地玩多长时间那种游戏，我耐心等了 3 刻钟！学童兴趣盎然地做游戏，并且三五成群地停下齐声发出字母读音，个个面带微笑地看着惊奇的幼童。最后，那位幼童一再拿起并高举字母 f，在听到学童发出相同读音后，再次拿起字母 f 并指给我看，他本人也发出 f 的读音。他在听到的混杂的声音中学会那个字母读音，他对那个长形字母产生印象，列队跑步的学童看见那个字母，禁不住脱口发出读音。

无须强调，字母单独发音会揭示语言状况：几乎所有缺陷都同语言本身发展混乱有关。缺陷变得一目了然，女教师能够轻而易举地记下每一个缺陷。这里，根据儿童语言的发展状况，可以制定个体教学的进步标准。

在纠正语言时，应当及时遵循语言发展的生理学规律并循序渐进地克服困难。如果儿童的语言已经充分发展，发出所有字母读音，再让他们在阅读符号时发出一个又一个字母读音就没有兴趣。

其后，大部分缺陷在成年时仍保留，由于是在幼年语言发展时所犯的功能性错误。假若在幼年对语言发展进行指导，就不必在青春期纠正语言缺陷，那将是非常有效的预防工作。许多发音缺陷都是由方言造成的，在长大成人后几乎不可能纠正；但借助一种特殊教育完善儿童的语言，就很容易避免。

这里，我们姑且不提与解剖学和生理学的异态有关的真正语言缺陷或神经系统功能变质的病理学事实，我们只谈那些由于儿童发音的持续恶习造成的变质，方言变质有待列入此类变质。这些缺陷，包括称作发音不清的缺陷，可能涉及每个辅音的发音。任何纠正语言方法都没有像我的方法那样实用，并且介绍掌握文字不可或缺的发音练习。

然而，这个非常重要的问题值得单设一章。现在直接涉及书写方法，请注意在描述的前两个阶段已经包括书写，因为学童凭借那些练习已经学会并确立持笔和书写所需的肌肉机制。当学童长时间地做上述练习时，他们"潜在地"准备写下字母表的全部字母、简单音节，但实际上他们并没有手握书写的钢笔或粉笔。

### 读和写雏形般混合

此外，应用这种方法，可以在进行书写教学时开始阅读教学。当向学童展示一个字母时，同时说明其读音，学童用视觉和肌肉触觉铭记字母形象；主要是将读音与对应符号相结合，也就是说对文字有了认识。进而，当他们看到并识别出字母时，就读出读音；当他们触摸字母时，就写出字母；或者说通过两个连续的运动，开始意识到字母，随着不断发展，读和写两个不同进程将分开。

因此，教学的同步性，或说得更确切些，两个原初运动熔为一炉，从而让学童面对一种新形式的语言，没有确定哪个构成的运动占优势。

我们不应担心学童在学习进程中是先学读还是先学写；对他们来说学会读容易还是学会写容易；我们应当等待经验揭示，不应带有任何先入之见，我们甚至可以期待读或写的进程中的个体差异。这种期待能让我们从事兴趣盎然的个体心理学研究；并能让我们的方法沿着实际方向继续发展，因为我们的方法恰恰基于个体的自由发展。然而，只剩有待确定，我们的方法是否适用正常年龄（5岁前）的"幼童"先写后读，而大些的儿童（5岁至6岁）先读后写，由于需要艰难地训练后者并不熟练的书写机制。


## 从机制中解放出来的智慧


通过对字母符号的"认识"可以截然分开写和读。当"话语"而非文字符号被确定为要素时，书写和阅读才真正存在。即使在口语中，开始由具有含义的词语首先显现表示，而不是由元音或音节的读音的显现表示。智慧当用其最高手段表现时，将"采用"自然或教育艺术"为构词"做准备的机制。

由此可见，存在某种与分析书写运动时所描述的截然不同的东西，它代表确定超级语言——真正的书写与阅读——的先兆活动。这就是"构成"词语。应用文字符号构"词"不应当和写、读混为一谈，甚至把字母构词这种活动分开受益匪浅，它可以明显地与它的高级应用分开。

学童的智力可以对那些象征符号——各个字母——组合能表现词语的神奇事实产生"强烈兴趣"。

起初，创造词语比阅读词语更有魅力；构成词语比书写词语更"容易"，因为书写词语需要尚未确立机制的高级工作。

因此，作为初步练习，我们为学童展示一个字母表，在后文我们将叙述他们如何选择字母表中的字母，并把一个字母和其他字母放在一起以构成词语。他们的手工劳动仅仅是从一个盒子内取出熟悉的形状，再放在地板上的小毡毯上。词语由同读音对应的"字母"构成。其后，由于字母是可以移动的教具，很容易通过移位纠正完成的构词，这是对词语的研究分析并完善拼写的极佳手段。

这是真正意义上的学习，不受机制制约的智力的纯粹练习，智力在有趣的练习中没有受到"必须书写"的妨害。智慧的力量受这种新的兴趣驱使，因此能够表现出来，工作量惊人却不感疲倦。


教具

主要由各个字母构成。字母表的各个字母用纸板或皮革制成，形状及大小与砂纸制的字母完全相同。

字母都可以自由移动，也就是说没有贴在硬纸板上，因此每个字母都是一个可操作的教具。

在每个盒子底部固定一个不能取下的字母，因此不用费力就能让字母复位，因为盒子底部的字母在召唤它们。

字母分装两个盒子，每个盒子都装有所有元音字母。元音字母由红色纸板制成，而辅音字母由浅蓝色纸板制成，一些字母的背面横向贴有白色纸条，它指示此字母的位置和不同字母根据形状应达到的高度（同人们书写的横线一致）。

## 构成词语

当学童刚刚学会几个元音和辅音时，我们就把一个大盒子放在他们面前，盒内装有所有元音字母和一半辅音字母，有些字母他们已熟悉，有些未知，在字母背面用白纸条标明。使用这种教具可以构成词语，我们把字母表的字母一个接一个放在讲台上，每个字母都同此词语发音时的连续读音一一对应。这些字母从大盒子的隔层中取出，为让学童开始做练习，女教师说一个词语，比如 mano[1]，其后分析字母发音，将每个字母分开发音，先发 m, 并拿起字母 m, 再发 a, 并拿起字母 a, 接着把字母 a 放到字母 m 的右边，然后分别发 r 和 o, 分别拿起字母 n 和 o, 这样就用字母构成了词语。现在，在讲台上有连续排列的 4 个字母 m-a-n-o。

有时因学童知道这种练习的过程，能够兴致勃勃地自己完成构词，而不是由女教师完成构词。在上过几节课后，几乎所有孩子都在自己的小桌上开始练习构词。他们要求教师说出要构成的词语，这样又派生出某种听写练习。

构词练习令人惊喜。仿佛孩子们业已掌握的口语被激活，他们对自己的语言产生极大兴趣，并且尝试对语言进行分析。我们看到有些孩子自己边走边说。一个孩子说道："Fer fare Zaira sono necessari zaira"[2]，他没有借助教具就发出各个字母的读音。由此可见，他并未专注于构词，

---

[1]　意大利语，含义是手。

[2]　意大利语，意思是"为了构词 Zaira( 人名 )，需要字母 zaira"。

只专注分析构成词语的字母读音。这仿佛是新发现：我们所说的词语由各种声音构成。所有 4 岁幼童都能完成这种独特活动。我记得放学时一位父亲问自己的儿子今天可好。孩子回答："Buono? buono"[①]；也就是说，他不是在回答问题，而是在分析词语。

在活动字母盒内，与这些读音对应的字母应当一目了然；我们借助不同颜色能轻而易举地找到与辅音截然不同的元音，每个字母都有自己的隔层。这种练习魅力无穷，以至学童尚未认识字母表的所有字母就开始构词。有一次，一个女孩问女教师："字母 t 是什么样子?"而女教师想按某种顺序介绍字母表，她还没有给学童展示过字母 t，因为那是后面的字母。女孩说："我想组词 Teresa[②]，但不知道哪个是字母 t。"这样，学童的野心往往促进新字母的教学，他们比教师还要快捷。

一旦兴趣被激活，也就是说当"每个读音都能被一个符号代表"，这个字母表原则和口语核心部分接触，接踵而来的是促进掌握拼写语言的自发进程。女教师发现自己的地位改变，她不再是教师，而应当迎合学童的需求。事实上，许多孩子确信自己已经学会。学童兴趣盎然地分析自己的语言，十分欣喜地看到自己的语言被转化为排序的字母，而年龄大些的孩子没有发生这种情况。

这种现象只有如下解释：我们确信 4 岁幼童仍处于语言形成期。他们处于心理发展的敏感期。在这一领域，由我们经验揭示的所有奇异现象，只有承认如下事实才能理解：人生的创造性时期、强化期不断地建构并完善人的语言。

在 5 岁时这种敏感性业已减弱，因为创造性时期濒临终结。

我们对另一现象也感到惊奇：孩子们无须反复倾听词语发音，只要女教师清晰地读一遍，他们就能成功构成整个词语。

即使是长词或他们不理解的词（比如外来词）也是如此。孩子们听过一遍，就在理论上翻译出来；女教师刚刚读出那些词，他们就在小桌

---

① 意大利语，意思是"好吗? 好。"

② 意大利语，人名，泰蕾莎。

上把读音转化为字母。

观察学童做此类练习非常有趣：他们注意力高度集中，注视着装满字母的盒子，同时双唇不知不觉地活动；随后把所需字母逐个地拿起，没有犯任何拼写错误（如果发音不错的话）。双唇的运动源于如下事实：他们自己多次重复那个词语，能立即把读音转化为符号。

许多人来观摩我们的教学，尤其是学校视察员，他们最了解在小学里练习听写的困难。小学教师要把让学生听写的词语重复多遍，直至他们铭记在心。而在我们学校，4 岁学童都能牢记词语，尽管他们在做一件费力之事，要求精力集中、竭尽全力完成此词语。事实上，他们应当在字母盒内寻找所需字母，再用手把所需字母拿起，连续操作最终完成组词。

在这种神奇试验前期，一位学校视察员来找我们，他想给我们的学童听写一个词，他觉得那个词很难。他按标准意大利语音清晰地发出"Darmstadt"，后两个字母发音非常相近。孩子们根据听到的发音用字母教具组成了词语。还有一次，一位教育部官员给一个 4 岁半幼童听写"Sangiaccato di Novibazar"，那个幼童用活动字母教具在小桌上成功地排出词语。

这里，很有必要叙述罗马学校监察长的一件轶事。他想亲自做一次试验。他让那位幼童听写他的姓 Di Donato。幼童开始用活动字母教具排出该姓，因没有听清所有发音，出了一个错，排成了 dito。监察长再说一遍 dido，幼童并未把原词分解，而是拿起刚才构词时排列的字母 t，但没有把它放回字母盒内，而是把它放在课桌边上。这样 dito 就变成了 didona……其后，幼童又拿起放在一旁的字母 t，用它最终构成了词 didonato。因此，他把整个词铭记在心。他从一开始就知道字母 t 是最后那个音节不可或缺的。他对自己要做的事了如指掌，监察长的观察并没有影响他。监察长呆若木鸡，他说："这个字母 t，我认为将成为教育史上的奇迹。"

不仅这个幼童，而是许多学童都显现出令人惊奇的心理现象。他们显现出对词语特别敏感，似乎"那个年龄段如饥似渴"地、本能地掌握语言。

显然，学童用活动字母教具再次构成这些词语，不是靠一般记忆帮助回忆起那些词语，而是由于他们在头脑中"铭记"并"吸收"了那些词语。他们根据这种铭记和吸收的形象复制了词语，仿佛他亲眼看见了词语。无论词语音节多长、发音多怪，它总能被简单地铭记和吸收，从而学童能够复制它们。还应当强调指出，这种练习对学童绝对具有吸引力，从而他们不费力就能反复练习，因为这种练习"充满活力"。

孩子们既不写也不读，但他们却这样构词。他们对写出的词语不感兴趣。他们对一种刺激采取行动，或说得更确切些，对一种刺激做出反应，不是引起低级反应，而是引起同创造性感觉一致的回应。


### 书写的爆发

掌握文字的全部方法也分为三个阶段。这种方法的意义一目了然：分开地并强化地准备决定书写和阅读的心理生理活动。

一方面，为书写字母所需的肌肉运动做准备；另一方面，持着并操作书写工具机制做准备。此外，构词转化为听觉与视觉形象相结合的心理机制。那一时刻来临：学童不用思考，用从容、规范的笔画为几何图形涂色，闭着眼睛用手触摸各个字母，然后再现其形状，用手指在空中舞动；此时构词变成一种心理冲动，让孤单的学童不断重复练习："per fare Zaira ci vuole zaira"[①]。

现在，学童确实从未写过；但他们已经潜在地形成书写所需的所有动作。

学童在听写时不仅会构词，而且一瞬间用头脑把握全部构成字母，并且会铭记一个词语及对应的符号，他们还可能会写；由于他们闭着眼睛能完成再现那些字母所需的运动，几乎不知不觉地操作着书写工具。

甚至那些准备性动作（每个动作作为机制都能引起冲动），或早或迟融合为一个突发的书写行动。在罗马圣洛伦佐建立的首批"儿童之

---

① 意大利语，意思是"为了构词 Zaira（人名），需要字母 zaira"。

家"中的一所，正常儿童从一开始就恰恰做出这种神奇反应。

那是一个充满阳光的冬日，我们和学童登上平台。他们自由自在地奔跑玩耍；有的孩子站在我周围。我坐在一个壁炉烟道旁，我让一个5岁幼童坐到我身边，给他一支粉笔，对他说："把这个烟道画出来。"他很听话，蹲在地上，在地上画出烟道，他画得尚可识别；因此，我大声赞扬他，正如我对学童一贯那样。

那个幼童微笑地看着我，瞬间似乎一个令人愉快的行为要突然发生，其后他喊道："我写，我写！"他弯下腰在地上写出 mano，从而兴奋不已，又写出 camino①，接着还写出 tetto②。他边写边继续高喊："我写，我会写！"其他孩子听到喊声纷纷跑来，把他围在中央并惊奇地看着他。两三个孩子急不可耐地对我说："给我粉笔，我也写。"事实上，他们动笔写出不少词语：mamma③,mano,gino④,camino,ada⑤。

在此之前，没有一个学童的手握过粉笔或任何书写工具，这是他们第一次用笔书写完整的词语。

如果孩子说出第一个词语，他们的母亲会万分激动。他们选择的第一个词语是妈妈，仿佛恰恰这个名词是对母爱的回报，这是我的学童写出的第一个词，他们感到欣喜若狂，简直难以形容。他们看到自身蕴藏的能力，那仿佛是大自然馈赠的礼物，因为他们还不会同引导他们行动的准备性活动相联系。

因此，他们几乎抱有幻想，随着自己成长，在美好的一天，他们一定会写字。在现实中恰恰如此发生。一位说话的孩子，首先不知不觉地准备好心理—肌肉机制，从而导致词语的发声动作。这里的学童几乎都这样做，而直接教育帮助及可能准备书写动作，比起词语发声所需动作要简单得多粗糙得多，从而文字能够更快捷更完美地发展。由于准备性动作不是局部的而是完整的，也就是说学童拥有书写所需所有动作，拼

---

①　意大利语，含义是"壁炉"。

②　意大利语，含义是"屋顶"。

③　意大利语，含义是"妈妈"。

④⑤　意大利语，均为人名。

写语言发展不是渐变而是突变，也就是说学童能够书写所有词语。

这样，我们亲历了我们学童拼写语言的最初发展的感人经验。最初的那些日子，我们感到兴奋不已。我们仿佛生活在梦中或参与神奇之事。

学童第一次会写一个词语，感到欣喜若狂；我立即把这种成就和母鸡下蛋做了比较。事实上，无人能躲避学童的喧闹：他们召唤大家来观看，若有的孩子不动，就被拽住衣服强拉来看，必须大家都来并站在写好的词语前欣赏奇景，他们惊奇的叫声和幸运小书写者的欢乐呼喊汇成一片。多数情况下第一个词语是在地上写的，为了靠近自己的作品，为了更近地静观，那个幼童开始跪下。

在第一个词语之后，学童继续到处书写，一般写在黑板上，带着某种狂热。我看到孩子们围着黑板争着写字，在站立的孩子身后，其他孩子登上椅子列成一队，写的字比前者的高，在黑板另一面书写，而被排斥在外的孩子举止不雅，为了占有地盘不管不顾地把扶手椅放倒（他们的同伴就站在上面）。最终，竞争失败者跪着在地板上写字，或者跑向窗户和门，在窗户上和门上写满词语。

在那些日子里，铺在地板上的地毯被写满文字符号，一个挂毯到处是书写的词语。在家同样如此，有的母亲为了拯救地板和面包（面包硬皮上常写有词语），把纸和铅笔递给自己的孩子。有一天，一个孩子带着写满词语的练习簿来上课，母亲说他写了一天一夜，后来手拿纸、笔在床上睡着了。

在最初几天，我不可能制止这种冲动性活动，这让我想到口语逐渐发展、并伴随观念逐步形成同步发展口语的合乎自然的智慧。相反，若大自然像我那样行动不谨慎，并且让丰富、有序的教具按感觉发展，让思想的遗产发展，其后完整地准备口头语言，我们就会对直至此刻仍沉默不语的孩子说："大胆点，说！"我们则亲历了一种狂热多言症现象，因患此症的孩子开始滔滔不绝地说，直至在说更困难更怪异的词语时肺部不适、声带耗损。

然而，我相信在两极之间存在一条实际可行的中间道路，也就是说我们不应当突然激起书面语言，而应让它逐渐出现，就像自发事实那样，从第一次起就近乎完美地完成。

### 实施教学法的态度

我们经验的进一步发展引导我们证实一个更为平静的现象，由于如下事实：孩子们看见同伴写字，这促使他们刚一可能就模仿写字；因此当学童写第一个词语时，并没有完全掌握字母表的所有字母；他们可以书写的词语有限，利用他们认识的少量字母不能发现词语的所有可能组合。他们对写出第一个词语总感到欢快，但不再感到惊奇和诧异，因为每天都见类似现象发生，并且知道或迟或早他们也会这样做。这一切造成一个平静、有序，同时令人惊奇的非凡的环境。

在参观一些儿童之家时，即使前一天刚到也会发现新奇之事。譬如，那里有两个幼童正在安安静静地写字，他们因自豪和欢乐而激动不已，而昨天他们还不会写字。女校长向我们介绍，一个是昨天上午 11 点开始学习写字，另一个是下午 3 点开始学习写字。

人们对这种现象司空见惯，冷漠地视为习惯并容易承认儿童发展的合乎自然形式。

教师的艺术决定是否并何时适合促使学童写字，虽然他们在准备性练习的三个阶段已经取得长足进步，但还不能自发地写字。这一切旨在避免学童因推迟写字而在以后热衷冲动无序的工作，那时他们将认识所有字母，已不可能阻止他们。

教师对学童自发书写成熟进行判断的依据是，填充几何图形的平、直线条；闭眼能识别砂纸字母，构词的自信与敏捷。教师在干预前通过鼓励让学童写字，在确证他们熟练之前，最好至少等待一星期让学童自我写字突发。

当学童开始自发地写字，教师才应当进行干预，以指导书写不断进步。

教师给予的第一个帮助是在黑板上画格，以便让学童在书写时中规中矩。

第二个帮助是激励迟疑不决的学童反复触摸砂纸字母，当他们练习写字时千万不要直接纠正错误，也就是说他们不会通过重复书写动作实现完美，而是通过重复准备书写动作实现完美。我记得一个幼童初学者，他为了在打格的黑板上把字母写得漂亮，靠近细长的纸板，一再地触摸他应书写词语所需的所有字母，之后他才动笔写，如果他觉得那个字母写得不够漂亮，就把它擦掉，再次在纸板上触摸那个字母，然后在黑板上重写。

我们的学童，包括那些已经写过一年的幼童，仍要做三阶段准备练习，这些练习既促进又完善书面语言。由此可见，我们的学童没有直接书写，却在学习书写并为书写做准备。真正的书写是一种尝试，是内在冲动的释放，是进行高级活动的欢乐，而不是一种练习。

此外，在尝试前的准备概念，在活动前的完善概念都具有教育学性质。学童不断纠正自己错误，会让他们敢于尝试处理有缺陷的事情，而他们还不具有这种能力，从而他们对自己所犯错误倒感觉迟钝。相反，我们的书写教学法蕴含一种教育思想，教给孩子们应谨慎从事避免错误，教给他们要有尊严——有远见卓识，指导他们实现完美，保持谦恭态度——善之源泉，内在收获只能从善的源泉获取并保存；丢掉幻想——取得的成绩足以让他们继续前行。

其后，所有学童（无论是刚刚开始三种练习的孩子，还是写字已有数月的孩子）都在重复相同的动作，从表面看都处于同一水平，这一事实让他们紧密团结、亲如兄弟。在这里，没有初学者和老手的等级划分；大家都用彩色蜡笔为几何图形上色，用手触摸砂纸字母，用活动字母教具构词，年龄小些的孩子靠近年龄大些的孩子，让后者帮助做练习。其后，所有孩子都产生做同一件事的错觉。有的为写字做准备，有的练习字写得更完美，但大家都在一条大路上前进。这样，仿佛社会差异巨大的人们完全平等，亲如兄弟。这样，正如在精神之路上，所有孩子，无论是候补者还是佼佼者都在相同练习中竞赛。

学童在极短时间内掌握书写，因为那些对学习有兴趣的孩子，自发地关注教师给其他孩子的授课和后者做的练习。有些孩子学习却没有上过课；只因为他们听过其他孩子的课。

　　一般说来，4岁以上的孩子大都对写字感兴趣。但我们某些学童3岁半就开始写字了。极大热情尤其表现在触摸砂纸字母上。在我的经验前期，也就是说当孩子第一次看见字母表所有字母时，有一天我对贝蒂尼（Bettini）校长说，带些她自创的各种各样纸板字母教具到平台去，孩子们正在那儿玩耍。孩子们刚一看到那些纸板字母教具，立即围拢到女校长和我周围，他们全都伸着手指，要用几十个小手指触摸字母，他们一个个你拥我挤。最终，大些的幼童从我们手中夺走纸板字母，幻想着自己作为主人在触摸它们，但更小的幼童妨碍他们练习。我记得，于是，拥有纸板字母教具的孩子以一种自发冲动，双手抓住教具，像一面旗帜那样高高举起并奋勇前进，其他孩子在后面紧紧跟随，鼓掌欢呼、兴高采烈。

　　游行队伍从我们面前走过，所有孩子无论大小都笑出了声，而母亲们被喧闹声所吸引，从对面窗户欣赏这一盛大场面。

　　对4岁幼童来说，从第一次准备性练习到书写第一个词语的所需平均时间是一个半月；对5岁幼童来说，所需平均时间要短得多；而我们一个学童在20天内学会用字母表的所有字母写字。4岁幼童在两个半月后，就能听写任何词语，并且可以在练习簿上用钢笔写字。一般说来，三个月后我们的学童就取得经验；那些写字已达六个月的学童可以和三年级小学生相比。

　　最终说来，写字对儿童是一种最容易并最愉快的成就。

　　如果成人学习写字像6岁以下幼童那样容易的话，那么扫除文盲只需要一个月。然而，两大障碍可能妨碍取得辉煌成就。无论如何，在成人中不存在幼童由心理敏感引起的热忱，这种热忱只存在于天性决定的语言形成期。此外，成人的手特别僵硬，不易完成写字所需微妙动作。

　　然而，我知道，我们在教育学童时采用的方法，一旦应用于成人（应用于美利坚合众国的新兵和老兵），扫除文盲的斗争显然变得容易了。实际上，蒙台梭利式的女教师投入对士兵的教育。

　　晚些时候，我被告知以往在罗马成人的手也参与练习，目的在于改善握笔方式，不让他们直接写，而是在他们眼前放一个字母表模型，正如今天书法练习时所做那样，让他们的手指以完美形式画出字母表很大字母的轮廓线。

由此可见，无论对谁来说，手指跟随字母轨迹，用活动字母教具按语音构成整个词语都有益于掌握写字。千真万确，一个成人需要数月学习的东西，一个已经间接准备的儿童在一个月内就能掌握。

这就是掌握写字所需的时间。至于说到写字，我们学童从一开始就写得不错；圆圆的或细长的字母形状和那些砂纸字母模型一模一样。他们写字完美，任何没有受过特殊书法练习的小学生似乎都达不到。我研究了很久书法，我知道在中学引导 12 岁或 13 岁学生书写整个词语（除了写字母 O）而不掉笔多么困难，还有不同字母的直笔画是难以克服的困难，构成的竖笔画彼此往往不平行。

相反，我们的幼童自发地用一种令人惊奇的自信一笔画书写整个整个词语，字母符号完美、竖笔画平行，并且不同字母间保持等距。这让不少主管部门参观者发出赞叹："我若不是亲眼所见，绝对不会相信。"

事实上，书法是高级教学，必须纠正业已形成并固定的缺陷。这是一件繁重而超级的工作，因为儿童看到字母模型，就应当运动以再造它，而在那种视觉和那种运动之间不存在直接一致。

此外，书法是在缺陷已经巩固的年龄段内讲授，而肌肉记忆独特准备的生理时期已经过去。其后，我们不再提及其他错误，让书法走从竖笔画开始的掌握书写的相同道路。

相反，在我们这里孩子们不仅直接准备写字，而且还为书法做准备，主要有两方面的贡献：形式的美（触摸书法的字母）和符号引起的冲动（用彩色蜡笔给图形涂色的练习）。

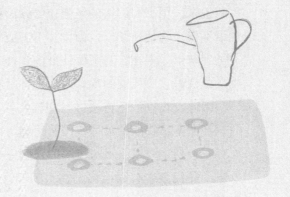

# 十六　阅　读

经验让我清晰地区分书写与阅读之间的差异，让我确证这两者并不绝对同步。我们的这点经验和普遍的偏见——书写在阅读之前——相悖。我不把让学童检验所写词语称作阅读，也就是把符号转化为声音称作阅读，正如以前把声音转化为符号。因为在那种检验中学童已经认识词语，他们在书写时在心中业已重复多遍。

我把根据文字符号解释一个观念称作阅读。

没有听写过词语的学童，看见小桌上用活动字母构成的词语就能认出，也知道他们阅读的那词意味什么（是孩子的名字、城市名称、物品名称，等等）。

因为被阅读的词语在书面语言中和口语的语汇一致，用以接受由其他人传达给我们的语言。

现在，只要学童从书写的词语中没有接受观念的传达，他们就没有真正阅读。

我们可以说书写（正如业已叙述那样）是一种心理—运动机制占优势的活动；相反，阅读是一种纯粹的智力工作。然而，我们的书写方法显然为阅读做准备，旨在让学童感觉不到阅读的困难。书写确实让学童准备机械地解释所见写出词语字母读音组合。现在，有必要指出，当学童用活动字母构词或书写时，有时间思考他们应当选择或写出的符号：书写一个词语需要长时间，和阅读词语所需时间一致。

# 发现儿童

　　会写字的孩子面对他阅读时应当解释的词语，长时间地保持沉默，一般说来，用书写词语的缓慢速度读出构成词语字母的发音。相反，当词语不仅被匆忙地读出，而且用不可或缺的抑扬顿挫朗诵，那么词语含义被理解了。现在，为了保证抑扬顿挫地朗读，学童必须认识词语，也就是说认识它所代表的观念，从而必须有更高级的智力工作介入。

　　因此，我以如下方法进行阅读练习：我马上要叙述的方法代替陈旧的识字课本。我准备了一些用普通书写纸制成的卡片，在每张卡片上方写有一个高 1 厘米、手写体的、众所周知的词语，这个词语被学童朗读多遍，并代表现有的或铭记在心的事物（如妈妈）。如果词语涉及现场就有的事物，我就把它们放在学童面前，从而让他们解释阅读的词语更加容易。为了这一目的，我主要选择玩具。事实上，"儿童之家"不仅拥有陶瓷餐具、炉灶、球和洋娃娃（正如我已介绍过）；还有橱柜、沙发和小床，也就是洋娃娃家里必备的家具；还有房子、树木、羊群、纸动物、木偶及可浮在水面的赛璐珞白鹅；还有带水手的船只、小士兵、飞驶的火车、带乡间小屋的农庄、宽敞围栏内饲养的马和牛，诸如此类，不一而足。一位艺术家把一套精致的细瓷水果赠给我们罗马的"儿童之家"。

　　如果说书写用以纠正，或说得更确切些，用以指导并完善学童的口头语言机制，那么阅读则用以帮助观念的发展，并把这种发展和语言的发展相结合。说到底，书写帮助生理语言，阅读帮助社会语言。

　　因此，正如我已指出，我从术语开始，也就是阅读熟悉事物名称，那些事物尽可能现场就有。

　　我从未从容易的或困难的词语开始，因为学童已会阅读由语音构成的词语。我让学童把写出的词语慢慢转化为语音，如果他们发音正确，我仅限于说："再快点儿。"孩子们第二次阅读更快捷，往往尚未懂得其含义。我一再重复说："再快点儿，再快点儿。"孩子们越读越快，在重复相同的声音组合，最终他们猜出其含义；于是，他们怀着某种感激之情望着我，感到心满意足，从而容光焕发。这就是全部的阅读练习，它是快捷的练习，对于已有书写准备的孩子来说并不难。

千真万确，识字课本的所有厌烦连同那些竖笔画被一同埋葬！

当孩子们已经阅读，我把卡片展开，轻轻放在对应物品（卡片上写有物品名称）上，练习到此结束。这样训练的儿童很好地理解这是他们所需要的练习，而不仅仅是练习阅读。我想到随后的游戏（为使应重复的阅读练习更愉快，为使阅读更清晰更快捷）。

### 阅读词语游戏

我在一张大木桌上展示各式各样富有魅力的玩具，一个卡片对应一个玩具，此卡片上写有此玩具名称。我把各个卡片卷起混放在一个盒子内，再让会阅读的孩子从盒子里随意抽出卡片。他们慢慢地展开卷起的卡片，聚精会神地阅读，不让邻近的同伴看，再把卡片卷起，这样绝对保守包含的秘密，接着手持卡片向木桌走来，他们要让卡片各就各位。孩子们应当大声读出一个玩具名称，并向教师展示用以证实的卡片，此时那张卡片仿佛变成一枚硬币，用它可以获得以其命名的玩具。孩子们如果清晰地读出玩具名称，就会用手指指着那个玩具（教师可以检查卡片上的名词是否同玩具一致），然后拿走玩具并在不确定时间内随心所欲地玩耍。

这一轮游戏结束后，教师先叫一个孩子，再叫其他孩子，按相同命令领取玩具。教师再让他们依次随意地抽出卡片并应立即读出，而卡片上写有一个不会阅读的同学的名字，所以这个同学没有玩具。接着，教师要求拥有玩具的孩子（他有权拥有）把玩具让给那个不会阅读的同学，并且要求态度热忱、问候彬彬有礼。这样做可以根除任何等级观念，并且培养让与弱者的美好情感，无论有无功绩，人人都应平等地享用。

阅读的游戏的进展令人惊奇。可以想象那些可怜的孩子有多么快乐，他们曾幻想拥有如此漂亮的玩具，现在实际上长时间地玩耍享用。

但令我惊奇的不在于此，而是当孩子们通过练习理解卡片上的文字后，就拒绝领取玩具，不愿意为做游戏、为小同伴所施礼节而浪费时间，相反他们怀着永不满足的愿望取出一个个卡片，并把上面书写的词

# 发现儿童

语一一读出。我观察他们，试图探索他们心灵的奥秘，我们对他们的心灵并不了解，我静观他们，近乎陷入沉思。我发现儿童出于人的本能热爱知识，并不热爱缺乏意义的游戏，这一发现让我震惊，让我想到人类心灵的伟大崇高。

因此，我们把玩具收回，并开始制作几百个书写卡片：孩子们的名字、物品的名称、城市名、颜色名，还有通过感觉练习而熟悉的各种质的名称。我们把这些卡片分装在许多盒子内，让孩子们从中自由地选择。我至少期待他们变化无常地从这个盒子转到那个盒子，然而并非如此，每个孩子都是把手里盒子内的卡片看完，才转向另一个盒子，他们对阅读确实永不厌烦。有一天我去平台，发现那里搬来许多小桌和扶手椅，仿佛在成立露天学校。有的孩子在阳光下玩耍，有的围坐在小桌旁，小桌上摆满字母教具和白纸卡片，女教师独自坐在顶楼阴影边，她手里握着一个很长很窄的盒子，里面装满卡片，由于那个盒子的特殊形状，那些小手仿佛依次去盒里捉鱼。几个孩子在打开并卷起卡片时读出声。女教师对我说："他们在这儿待了一个多小时，却仍然乐此不疲。"我们有过使用球和洋娃娃的经验，但没有取得成果；那些无关紧要的娱乐和获取知识的欢乐相比失去价值。

当我看到如此辉煌的成果时，我曾想过让他们朗读印刷体字母；我曾向女教师建议某些卡片上的词语写两种字体。但孩子们跑到我前面去了：在教室里有一个日历，上面的许多词语是印刷体，有的是哥特体。有的孩子渴望阅读，开始注视那个日历，接着读出那些印刷体和哥特体的词语，我的惊喜难以言表。

我们就这样只介绍一本书：事实上他们只阅读词语。但在"儿童之家"起初我只提供一种书——看图识字，在所有看见的东西的形象下印着名称。

母亲们立即利用孩子们的进步；事实上我们很惊奇，在有的孩子的衣兜里装着纸条，用粗糙字体写上购物清单：面条、面包、盐等等，我们的一些学童就用这样的清单购物。其后，父母向我们述说他们的孩子上街再不快走，因为他们在商店前驻足读招牌。

在私人家庭里可用同样方法教育孩子，比如一位 4 岁半的马尔凯①幼童，有如下插曲：孩子的父亲是一位议员，常常收到许多信件。他知道儿子两个月来在做练习，这种练习利于幼童对读、写的掌握；但他对此方法并没有特别关注，对此也未表示信任。一天，这位马尔凯议员在读信，儿子正在他身边玩，此时仆人把刚到的体积大的邮包放在桌上。孩子立即被那个邮包所吸引，聚精会神地看那些信件，并大声读出所有地址。马尔凯议员认为这几乎是奇迹发生。

可以询问学习阅读所需平均时间，经验告诉我们，从幼童开始写字起，即从拼写语言初级学习过渡到阅读中级学习，平均需要 15 天。但熟练阅读几乎总在书写完美之后。在多数情况下，儿童书写不错但阅读一般。

不是所有年龄相同的孩子都处于同一水平，由于，我不说强迫，即使激励或诱导他们，也无人做违背自己意愿的事情。发生一种情况：有的孩子没有自发显现学习的愿望，他们既不会写、也不会读，却心态平和。

如果粗暴对待儿童意愿并窒息其自发性的陈旧方法从不相信小于 6 岁的幼童能学习拼写语言，那么我们更不相信那种方法能做到。

然而，若有更长的经验，我不能决定，任何情况下口头语言充分发展的年龄是否就是选择促进书面语言的年龄。

无论如何，几乎所有正常儿童采用我们的方法接受教育，在 4 岁开始写字，并在 5 岁会写会读，至少像读完一年级的小学生那样，也就是说他们能上二年级，一般情况下满 7 岁的孩子才能上二年级。


## 分类卡片练习


为学习阅读拼写与读音不一致的语言，比如英语，上文叙述的阅读

---

①　意大利中部大区，首府是安科纳。

最初游戏被重新采用、改进，其后定型。

主要练习（起初可一般地采用，就是说也可应用于字母拼写与读音一致的语言）在于准备一系列物品和相同数量的卡片，每张卡片写上对应物品名称；在读过卡片后，就把它放在对应的物品旁。对于拼写和读音一致的语言来说，练习旨在唤起孩子对书写的词语的兴趣，认出现有物品名称会让孩子激动不已——发现一个秘密，放置卡片的行为令他们满意并使这种内在活动周期结束。

现在，内在动力被触动，兴趣被唤起，生命之源和外在收获之间的交流已建立。

对于拼写与读音不一致的语言来说，某些类似内容应当视为第一步。因此，首先找到一组字母拼写与读音一致的词语（为讲授英语），人们知道这类词语在拼写与读音不一致的语言中也总存在。其后，在这些词语中挑选所有能以 20 个不同音素为基础构成的词语。我们曾经做过试验，对于 3 岁至 5 岁的幼童来说，能够清晰区分单独发声的数量就这么多。

当尝试确定词语的一定数量时，我们不应当担心其他困难（上文未指出），因为对孩子们来说，词语过长或者词语音素复杂并不代表困难。在这种初步和基本的探索中，只需要引起学童的兴趣，而词语拼写与读音一致并且词语代表已知、现有物品就足矣。在这样做并唤起学童对写出的词语的兴趣后，就可以克服以后的困难：根据语言拼写结构准备几组词语。总之，首先需迈出第一步，目的在于唤起学童对阅读的强烈兴趣，其后为克服拼写的各种困难而准备走漫长道路。于是，必须探索实际物品和对应词语的分组，并确定一系列练习内容。只有学童对困难本身和词语分组发生兴趣，才需要真正意义上的词语分类。这将引起学童对阅读词语的纯粹兴趣，正如在拼写和读音一致的语言中所显现的那样。

在英国英语教学就是这样进行的，在那儿不难发现制作的小柜，在小柜的不同抽屉里分装（正如分类盒）根据拼写困难选择的几组词语；还有几组和词语对应的几组物品。学童先选择小柜的一个抽屉，并可以独自支配物品，给每个物品贴一个卡片，练习结束后，把该抽屉放回小柜原处；接着取出另一个抽屉，者如此类，不一而足。这样做可以逐渐认识拼写和读音的不同困难。

### 练习的颠倒

此类练习的实际优点启示另一种应用：即把上述练习的目的颠倒，将具有文化意义的物品分组，再由写上物品名称的卡片来陪伴。相反，在前述练习中，物品是熟悉的、学习的困难涉及词语；这里，是从对词语的充分认识出发，进而讲授按不同文化目的分组的物品名称。此类练习还会扩展到铭记涉及大部分材料的词语，比如衣料的名称、扣件的名称、多边形的名称，等等。最终，此种练习还可应用于动植物标本和关于它们分类的科学术语。在分开的卡片上分别写着那些学名，然后卡片应当放在被认出的标本之上。

但最后几种练习方法走的道路和我们感兴趣的道路（学习阅读）截然不同，相反，当学童用卡片指示不同植物的拉丁学名时，他们是利用阅读从事类似于植物学家或园丁的事业。

# 指令：阅读句子

第一批圣洛伦佐"儿童之家"的某些参观者刚刚发现学童阅读印刷体词语，就给他们寄来图文并茂的精美图书，这些赠书成为我们图书馆的首批重要藏书。我大致浏览了一下那些简单童话，我明白学童不可能理解它们。所有女教师都很满意，想要向我详述许多孩子阅读的情况，说我们的学童阅读又快又好，胜过上完一年级的小学生。但我并没有被迷惑，我做了两个实验：先让那些学童叙述童话梗概，并观察多少学童对童话自发地感兴趣。在叙述几句话后，学童的注意力就不集中了，女教师下了禁令——让分心的孩子听话；这样学童慢慢地开始显现焦躁不安情绪，恢复习惯做法，再不愿听话。

显然，学童似乎喜欢读那些书，却未能把握其意义；但享用习得的机制，把熟悉的词语书写符号转化为声音。实际上，学童读书不如读卡片持之以恒，由于在第一批书中就遇到许多不认识的词语。

我的第二个实验是让学童读书却不做任何解释，女教师仅限于急忙地插入提示性问话："你懂了吗？你读的是什么？孩子坐马车走，是真的吗？不是真的？要认真读，好好看。"诸如此类，不一而足。

因此，我把一本书递给一个孩子，并靠近他以示亲切和信任，我如一位朋友那样简单、严肃地问他："你懂你读过的内容吗？"他回答说："不懂。"但其面部表情似乎请我解释我的问题。事实上，从阅读一系列词语能过渡到和他人复杂思想的交流，他们的思想靠那种手段传达给我们，认识到这一点将是学童未来辉煌成就之一，并成为惊喜和快乐的新源泉。

书本按逻辑语言展开，而不按语言的发音机制展开。为了让学童理解书本，必须让逻辑语言在他们头脑里扎根。会阅读词语和把握一本书的意义，其差异如同会读一个词语和会读一段话。

于是，我决定学童中止阅读图书，并耐心地等待。

有一天，当我们练习对话时，四个孩子愉快地同时起立并在黑板上写出这类句子："花园里百花盛开我非常高兴。"我们教师感到惊喜和激动：学童终于会自发地造句，正如他们自发地写出第一个词语。两者机制虽相同，但此现象却逻辑地出现：流利的逻辑语言会导致美好一天来临，那时书写语言会突然爆发。

我明白练习阅读句子的时刻到了，我仍采用相同方法，即在黑板上写字。孩子们大声、缓慢地朗读："你们喜欢我吗？"他们沉默了一会儿，仿佛在思考，其后高声呼喊："喜欢！爱你！"我继续写"请你们安静并遵守纪律"，他们读着句子，几乎全都在喊，刚刚读完教室内一片寂静，这种寂静偶尔被移动椅子的声音打破，由于有的学童想坐端正。

这样，我和他们之间借助文字开始交流，他们终于对文字产生浓厚兴趣。他们逐渐发现文字传达思想的巨大能量。当我开始写时，他们激动地期待了解我的意图，期待能理解它，而我却没有说一个词。

其实，文字不需要口语。文字的全部重要性应理解为能完全独立于口语而存在。

那是 1909 年的一天，正值我的教学法专著初版付印之际，在"儿童之家"，我们终于成功地引导学童充分地享受阅读，我们仍采用做游戏的方式。

我在几张纸上写下长句子，描述学童应当干的事情，诸如："请你关上百叶窗，请你去开门；然后请等一会儿，像以往一样整理东西。""有礼貌地请 8 位同学离位，在教室中央两两列队，然后踮着脚尖轻轻地前进、后退，不要发出任何声音。""劳驾，请你约 3 位歌唱得好的大同学到教室中央，排成一队，再合唱一首由你挑选的、动听的歌曲。"

往往我刚刚写完，孩子们就从我手中夺走卡片要读，并把卡片放在他们的小桌上晾干。他们自发地、专心致志地阅读，大厅里安静得掉根针都能听到。我问他们："你们懂吗？""懂，懂。""那么请你们照办。"我以赞赏的目光看着他们每人迅速选择一件事并顺利完成。这是伟大的活动，大厅里学童普遍重新骚动起来：有的关上百叶窗又把它打开，有的让自己同伴唱歌，有的到黑板上写字，有的到碗橱里取餐具。惊喜和好奇造成普遍肃静，这场演出在激动人心地进行。我这里仿佛发出一股神奇力量，推动着一种以前未知的活动。那股神奇的力量就是文字，文字是文明的最大成果。

孩子们都懂得文字的重要性，当我走出大厅时他们围拢来，为了表达感恩和敬爱之情齐声对我说："谢谢，谢谢您给我们上课！"

他们取得巨大进步：他们从发音机制提升到阅读精神。

今天，最受欢迎的游戏是：首先实现绝对的肃静；然后展示一个内装卡片的盒子，每张卡片上写着长句——应完成的活动。

所有学童都会阅读，他们从盒子内抽出一个卡片，读一遍或多遍直至完全理解，然后把卡片交还给教师，自己去执行行动指令。由于许多活动需要不会阅读的同伴参与，不少活动要使用教具或移动教具，从而产生按神奇指令运行的普遍运动；而绝对的肃静仅仅被轻轻移动的脚步声、和谐的歌声所打破；一种自发的、严肃的纪律意想不到地形成了。

经验告诉我们，构词应当在逻辑阅读之前进行，正如写字应在词语阅读之前进行一样。因为阅读需要从中获取意义，因此应当是心智的而不是发声的。

事实上大声朗读包含两种语言机制的练习——口语的和书面语的，从而这种练习更复杂。无人不知：当成人应在大庭广众中高声朗诵一段文章，他必须先通过心智阅读理解它以做好准备；大声朗读属于最为困难的智力活动之一。因此，开始阅读旨在解释思想的儿童应当用头脑阅读。当文字上升到逻辑思想时，应当从口语分离出来。其实，逻辑思想代表长距离传达思想的语言，而肌肉的感觉及机制都沉默不语了：精神化的语言让全球的人们进行交流。

☆☆☆

在"儿童之家"教育达到这样的水平，其符合逻辑的结论是小学全部秩序都应改变。

正如应用我们的方法对一年级教学进行改革，结果出现了大问题，这里不宜陈述。但说一句话足矣：一年级可以完全被我们的幼儿教育所代替，因为我们的幼儿教育包括一年级教育内容。

由此可见，明天的小学应当欢迎我们培养这样的学童，他们已经学会无求于人，他们会穿衣、脱衣、洗澡，他们明了文明举止，他们遵守纪律，虽说他们在自由中受教育，但我仍然可以这样断言。他们除了完全掌握流利的、完美的口语外，还学会初级实用语言，后种语言开始向逻辑语言发展。

他们说话发音清晰，写字工整，举止优雅，这一切说明他们在健康成长、走向完美。

这是胜利者的童年，由于他们是睿智并耐心的环境观察家，他们自发地推理，这是自由思想的形式表现。

因此，为这样的学童有必要建立一所小学，它将根据尊重自由和儿童自发表现的相同教育原则，即培养那些幼小公民个性的原则，能够接纳并指导他们在人生和文明的大道上继续前进。

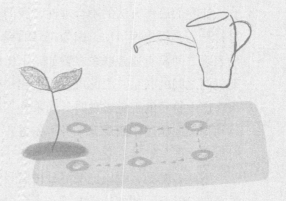

# 十七　语　言

　　包括听写和阅读的书面语言包含口头语言的全部机制（听觉通道、中枢通道、运动通道），按我的方法引起的书面语言发展的方式，主要建立在口头语言的基础上。

　　因此，书面语言可以从如下两种观点来考察。

　　（a）从获得具有主要社会意义的新语言来看，它是自然人的口头语言的补充；这是一般赋予书面语言的文化意义。因此，在学校讲授书面语言时没有考虑其和口语的任何关系，而只是旨在给社会人提供一种和环境联系的必要手段。

　　（b）从书面语言和口头语言的关系来看，可能利用书面语言来完善口头语言。这就是我想坚持的一种新观点，它赋予书面语言一种生理学意义。

　　此外，正如口头语言是人的一种自然功能同时又是为达到社会目的而使用的手段一样，书面语言从其形成来看，自身可以视为一个在神经系统内建立的新机制的有机整体，同时也可看作为达到社会目的而使用的手段。

　　总而言之，不仅赋予书面语言一种生理学意义，而且肯定它有一个独立于其他功能的发展时期，这个发展时期注定以后终结。

　　我认为，初学书面语言会充满困难，不仅由于迄今采用不合理方法教学，而且因为我们刚刚掌握它，就想用它教授一个文明民族历经数世纪完善并巩固的书面语，完成其崇高事业。

让我们思考方法的不合理性，我们分析过书写符号，而不是产生字母符号的必要生理活动，因为符号的视觉表现和产生符号视觉表现的运动表现之间没有遗传联系，譬如，不像词语的听觉表现和口头语言的运动机制之间的联系。由此可见，引起一种刺激性行为总是困难重重，如果在产生符号的视觉表现时，尚未确立那种运动表现。观念不能直接对运动神经起作用，而观念本身不完整并且不能引起一种情感以激发意志时更是如此。

因此，譬如，我们把书写分析成竖笔画和曲线，就把没有意义的符号介绍给学童，从而这样的符号不会引起他们的兴趣，而其表现也不能激发自发运动冲动。可见，强求的活动需要意志的努力，这种努力会使学童迅速疲劳，显现出厌烦和痛苦的表情。除上述努力外，还需补充上让肌肉同步运动的努力，以协调握住和操作书写工具所需的动作。

各种沮丧情绪伴随着种种努力，导致学童写出不完美和错误的符号，从而教师又不得不加以纠正，因所写符号的不完美和错误被不断指出，他们越来越灰心丧气。由此可见，当学童被迫做出努力时，教师不是激活学童的精神力量，反而是在压制。尽管所走道路如此错误，但艰难掌握的书面语言应立即应用于社会目的；不仅如此，这种不完美不成熟的书面语言还要为语言的句法结构服务，为高级心理中枢的理想表现服务。

请想一想，从本性上看，口头语言是逐渐形成的；当高级神经中枢按照库斯马尔（Kussmal）所说的dictorium[1]，即为表达复杂观念（逻辑思维）所需的语言句法形成，口头语言在话语中就已经确立了。

总之，语言机制应当先于使用它的高级心理活动而存在。

因此，语言发展有两个时期：一个是低级时期，即准备神经通道和应把感觉通道与运动通道相联系的中枢神经机制；一个是高级时期，即

---

[1] 拉丁文，含义是"说的艺术"，即按语法、逻辑和语义形成的日益丰富并流利的口语。

由凭借预先形成的语言机制而外在化的高级心理活动决定。

譬如，在库斯马尔所绘的关于口头语言机制示意图中，必须首先区分一种大脑反射弧（代表纯粹话语机制），它在最初口语形成时就确立了。O代表耳朵，L代表说话用的各种运动器官，这里指舌头，U代表语言听觉中枢，M代表运动中枢。OU和ML是外围通道，前者为趋向中枢通道，后者为远离中枢通道；而UM是中枢之间联系通道。

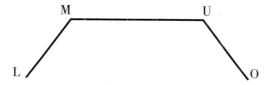

话语的听觉印象在中枢U可再分为三部分（正如下图所示）：语音（Su），音节（Si）和词语（P）。

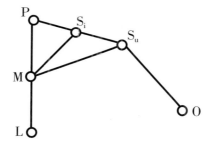

语言病理学仿佛可以证实，实际可能形成语音和音节的局部中枢。由于在某些中枢感觉语言困难症患者只能发出语音，或者语音和音节。

幼童也是如此，起初对简单语音特别敏感，尤其是对带s的音，母亲们逗弄她们的孩子们，常用这样的声音引起孩子们注意。再晚些时候，孩子们对音节敏感，因为母亲们又用这样的音节逗弄他们，说：ba,ba,punf,tuf！

最终，是简单的词语，大多是双音节词语引起幼童的注意。

但对运动中枢仍可重复上述区分：幼童起初发出单音或双音，例如bl,gl,ch，这是母亲们高兴、亲切地呼唤她们宝宝的声音；其后，幼童开始清晰地发出有音节的音：gε,ba；最终，说出双音节词，大多是唇音：

mama,baba。

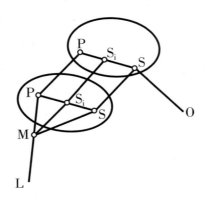

　　我们说幼童的口头语言开始的标志是，他们说出的词语代表某种含义，如他们看到母亲并认出她就叫"mama"，他们看见狗就说"tetè"，他们想吃东西就叫"pappa"。[①]

　　这也就是说，我们认为语言是从它和知觉发生关系时开始的；但此时的语言就其心理—运动机制来看，还是非常基本的。

　　这也就是说，当在反射弧上无意识地形成语言机制时，就发生词语被认出的情况，这样词语被感知并和其代表的事物相连，那么我们认为语言开始了。

　　随后在此水平上，由于听觉逐渐更好地感知构成词语的声音，心理—运动通道越来越便于发音动作，语言本身不断完善。

　　这是口头语言的第一阶段，口头语言有其开端，有其演进，并通过感知来完善语言本身的原始机制。恰恰在此阶段确立我们称作的口语，作为成人后表达自己思想的手段。口语一经形成，成人就很难完善和纠正。事实上，可能发生如下情况：某些人文化修养高，但口语却不完美，这就妨碍他们优雅地表达自己的思想。

　　口头语言是在 2 岁至 5 岁这个年龄段发展的，也就是在知觉的年龄段，在这一时期幼童的注意力自发地转向外物，并且记忆力极强。这也是好动的时期，在这个时期所有心理—运动通道畅通，肌肉运动机制确

———————————

①　意大利语，含义是面糊。

立。在生命的这个时期，由于口语的听觉通道和运动通道的神秘联系，听觉似乎能够引起口语的复杂运动，在接受刺激后口语复杂运动本能地发生，就像从遗传的睡梦中苏醒。众所周知，只有在这个年龄段才能获得语言的所有声调特征，以后若想求得将徒劳无益。只有母语能说好，就因为它是在童年确立的。成人学习说一种新语言，必然带有外国人的语言特殊缺陷。只有 7 岁以下的儿童同时学习多种语言，能够感知并再现语音语调的全部特征。

同样，在童年形成的缺陷，比如方言缺陷或由坏习惯造成的缺陷，成年后变得难以改变。

随后发展的高级语言，逻辑思维语言（dictorium），其起源只在语言机制中，在使用机械语言的智力发展中。正如口语是通过对其机制的训练得以发展、通过知觉而变得丰富，逻辑思维语言是通过心智而发展，通过知识文化丰富起来。我们再来看看语言示意图。逻辑语言 D 是在限定低级语言的弧上方确立的，话语的运动冲动从 D 出发，它是作为口语确立的，而口语用来表现具有智力者的形成的观念。

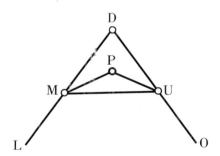

迄今为止，基于先入之见人们仍确信，只有书面语言才应当介入逻辑思维语言的发展，作为适合获取文化并能对语言结构和语法进行分析的手段。由于"口头语言会飞"，人们承认只有凭借客观的、稳定的、能够被分析的语言，正如书面语言，知识文化才能发展。

然而，既然我们承认书面语言是一种宝贵、甚至不可或缺的智力教育的手段，由于它能固定人们的观念并能对其进行分析，还能把其吸收于书本，成为一种不可磨灭的文字，——作为不可磨灭的词语记忆，因此永远显现——为什么我们不能承认它在固定代表知觉的词语并分析词语语音构成的低微任务中有用呢？

迫于教育学偏见，我们不会把书面语言的观念和迄今我们只让其执行的功能的观念区分。我们似乎觉得，当儿童处于简单知觉和运动机能的年龄段教给他们书面语言，就犯了心理学和教育学上的严重错误。

让我们摆脱这种偏见，考察书面语言本身，重构其心理—生理机制，它比口语的心理—生理机制简单得多，也更直接地应用于教育。

尤其是书写特别简单。其实，让我们考察听写：由于一种运动行为应当和听到的词语一致，那么它和口语处于完美平行状态。这里，在听到词语和说出词语之间确实不存在神秘遗传关系，但书写运动比说出词语所需运动要简单得多，执行运动的肌肉，其功能不似声带及舌头的肌肉那样复杂：全部肌肉都是外在的，当准备运动时，我们可以直接作用于这些肌肉。

由此可见，应用我的方法，其实直接准备书写手的运动；从而听到词语的精神性运动刺激找到业已确立的运动通道，并在书写行为中以爆发方式得以表现。

真正的困难在于解释书写符号，但我们应当考虑到，我们处于知觉的年龄段，此时作为感觉和记忆的原始联系，恰恰处于自然发展的典型扩展。此外，我们的学童业已做好准备，他们做过各种各样的感觉练习，他们会通过观念、心理联系的系统建构来感知书写符号。识别出三角形的儿童称它为三角形，同样识别出字母 s 的儿童，也能用声音 esse 来命名它。我们不说教学的提前，让我们摆脱偏见而倚重经验，经验证明学童进展并不费力，甚至明显乐于识别作为物品显现的书写符号。

鉴于上述原因，让我们考察两种语言的机制间的关系。

3 岁或 4 岁的学童早已根据我们系统图示开始口语练习，但他们正处于完善口语机制的时期，同时也是通过知觉遗产获取语言内容的时期。

学童说出词语，或许他们没有清晰地听到其全部构成语音；或许他们清晰地听到，但他们可能没有说好词语，从而有可能造成错误的听觉。最好在错误机制业已固定之前，在容易适应运动的年龄段内，通过训练口语的运动通道，准确地确定完美发音所需的运动。

为此目的，必须分析词语。正如我们想要完善语言，我们让学童从造句开始，然后过渡到学习语法；如果我们想要完善语言风格，我们先讲授按语法规范写作，然后过渡到分析文体学；同样，我们想要完善词语，首先词语必须存在，然后更适时地对其分析。由此可见，当学童说话时，旨在完善词语，最好对词语进行分析。

正如用口语不能进行语法和修辞分析，因此必须求助于书面语，讲话稿呈现在眼前有待分析，对词语的分析也是如此。

对瞬间即逝的东西不能进行分析。

必须使语言物化并固定。因此，需要书写的词语或用书写符号代表的词语。在我的教学法中，我视为书写的第三阶段，即词语的构成，恰恰包含通过物品或字母符号对词语进行分析。就是学童把听到的词语分解，把他们完整地感知并认识其含义的词语分解为语音和音节，旨在用活动字母翻译构成"词语"的内容。

然而，在口语的发展中，构成词语的语音可能被错误地感知，因此，我们讲授和语音一致的书写符号，展示砂纸活动字母，清晰地给字母命名，并让学童观察并触摸字母，这样做不仅能清晰固定对听到语音的感知，而且能使这种感知和另一种感知——运动感知及书写符号视觉感知——相联系，从而能从外部对词语听觉形象施加影响。

以下示意图不断展开并逐渐代表我们提及的进程。

让我们分别考察字母前期教学采用的三阶段课程。


第一阶段

教师展示一个活动字母教具，并对学童说："这是字母 A！A！A！"于是字母符号的视觉形象在神经中枢扎根，和听觉形象相联系扎根。其后，当我们讲授一个辅音的发音时，立即和一个元音结合以构成一个音节，同样视觉形象被固定并和与其一致的听觉形象相联系，譬如，"Ma!Ma!Ma!"

然后，教师面对学童补充说："摸摸 A！摸摸 Ma！"学童触摸 A 或者 M 和 A，按书写的笔顺，这样通过触摸字母，在大脑中枢固定由手完成的运动形象。这种（运动）新形象与相同字母的视觉形象及听觉形象相结合。从而在口头词语的听觉中枢和书写语言的视觉、运动中枢之间确立三重联系。

第二阶段

教师一再重复说："哪个是字母 A？指一指 A！摸一摸 A！"或者说："哪个是字母 M？ Ma 怎样构成？"在第二阶段应连续多次重复类似练习，这样做可以强化各神经中枢间在第一阶段业已确立的联系，这是联系性练习。

第三阶段

教师手指各个字母或音节组合问学童："这是什么?"学童回答："这是字母 A"或"这是 M"或"这是 Ma"。书写符号的视觉形象和口语的运动中枢相联系：也就是说词语发音受字母视觉指导，就像受听觉指导一样。

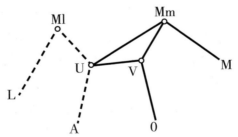

带点的口语反射弧

A ＝耳朵（听觉器官）

U ＝口语词语的听觉中枢

Ml ＝口语词语的运动中枢

L= 词语准确发音器官（舌头）

Mm = 书写语言的运动中枢

M = 手

O = 眼

V = 书写词语的视觉中枢

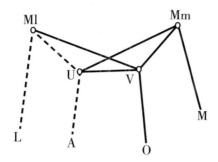

两个三角形 UVMm 和 UVMl 代表发生的联系，它们在两个感觉中枢——口语词语的听觉中枢和书写词语的视觉中枢之间的联系中具有相同基础，而两个顶点分别同两个运动中枢——口头语言的（Ml）和书写语言的 (Mm) 相一致。

众所周知，同儿童的伟大工作相比，课程只代表某种特殊的启蒙和澄清，就是不断重复相同练习。因此，当学童长时间地持续触摸砂纸字母，同时记住字母发音并自己发出时，他们最终在机制上确立构成词语的字母和语音之间的联系。持续此种练习的时期正是这样的真正发展时期：为确立字母的视觉形象，为确立书写字母所需运动形象，为确立它们同口语一致形象的联系；也就是说构成词语的语音，和通过发声器官再造词语的动作。由此可见，善于促进在机制上分析即有口语词语的一种新语言的培训分析工作业已实施。于是，字母表的字母对幼童来说，就如同一个突然弹起并发出声音的弹簧：这肯定比一个盒子更令幼童感兴趣和惊奇。幼童经常全神贯注于字母（精力集中的时期）。业已叙述的联系工作持续六个月或更多个月，也就是大约从 3 岁半到 4 岁的年龄段。在这个年龄段，幼童的话语还像弹簧，很容易说得不连贯（分解），因为他们对以往时光感到亲切并怀有好感，正是在那时形成幼儿的口语。

只是在更晚时候（4 岁多几个月），幼童抓住其分析机制并利用它们促使构词的有趣工作。于是，他们只是再次解释其机制，正如孔雀开屏：把两种分析联系起来。他们通过以前的练习变得善于清晰感知词语的所有语音，善于运用可称作的机制、容易识别出和语音一致的字母符号。于是，用字母构成的词语代表口语词语的"外在投射"；而教师可以深入到最终形成词语的内在错综复杂之中，允许学童表现。由此可见，教师应进行干预以帮助两种语音并指导学童既掌握完美口语，又掌握书面词语的完美拼写法。

即使拼写和读音不一致的语言，说到底也存在相同的机制：被字母表的字母或被话传电报代表的语音，一旦和话传电报联系起来，通过对语音的分析，语音被更好地确定，最终外射以构成词语。

构词练习时间比确立两种语言间联系机制练习时间要长：因此，在书写突发之前，足以让大部分学童掌握正确拼写法，而正确拼写法可以再造在拼写和读音不一致语言中的大量构成的词语，拼写与读音一致语言中几乎全部构成的词语。

口头语言和书面语言的这种联系具有至关重要的意义，它通向书写全面发展之路。就是说，书写变成与母语联系的第二种语言形式，并且通过那些通常重复的练习，在两种语言之间建立了交流途径。

相反，应用通常方法，书写成为脱离口语孤立地学习的事情，这样书写被客观地学习，由于想象的语音和音节的困难，仿佛全部语言应当重新构成，忘记语言已经形成，幼童从两岁起就使用了，而母语显现的困难是由自然表达造成的。

这里，我们指出已叙述方法的优点。字母表的字母对口语产生作用，从而导致对口语词语进行机制分析。

口语词语在分析其构成语音时才被强调。

一旦符号和语音的联系确立，用字母可以重构在幼童头脑中存在的所有词语，以及他们亲耳听到的那些词语。

于是，通过符号和语音的简单结合，全部口语都可以用书写符号构成并突然导致书写。

事实上，字母符号数量不多，在意大利语中只有 24 个。用这 24 个字母可以构成所有词语，甚至一本厚重的词典都容纳不下。

每个词语，无论是哪一类，总由这些语音中的一个或多个构成。

如果这些语音和代表他们的 24 个字母相结合，全部口语都可以翻译成字母符号，而幼童拿起和语音一致的字母，能够构成拼写与语音一致的语言（比如意大利语）的所有词吾。

一个词语无论长短都要付出努力才能掌握。在循序渐进教学法中显现的、想象的音节困难，日益简化为将语音翻译成符号，就是说识别出和语音一致的符号。构成一个简单词语，比如 pipa①，或构成一个复杂词语，比如 strada②，说到底是一码事，因为这两个词语在母语中业已存在。这可以用如下事实解释：幼童能成功识别构成词语的语音，并且能对这些语音进行分析。如果幼童在音节 stra 中成功识别构成的语音，并且听到它们分开 s-t-r-a，就能够构成书写词语。

由此可见，只存在一种真正的困难，一种应当做的事情，这是绝对内在的事情，就是用头脑对语音进行分析。

至于用手再造字母表的字母图形，我们的方法同样消除了所有人为的困难，由于认为必须采用循序渐进方法这些困难才显现出。譬如，一般认为 i,e,o 等字母比其他字母更容易学；但学童业已普遍地训练了自己的手，在所有感觉练习中他们都使用手，尤其在描画字母及许多几何图形（他们已经掌握）时，对每个字专都不会感到困难，为构成他们感兴趣的词语而对字母进行组合时也是如此，并且他们喜欢通过书面语言而将词语固定。突然爆发书写，他们立即书写整个句子，而不仅仅是彼此分开的词语。

---

① 意大利语，含义是"烟斗"。

② 意大利语，含义是"道路"。

# 缺乏教育造成的语言缺陷

语言的缺陷和不完美，部分原因在于器官变得畸形或神经系统发生病变；但部分原因与语言形成期形成的功能缺陷有关，在于构成口语词语的语音发音错误。这种错误幼童就犯，由于他们听到不完美发音，换言之，他们听到糟糕的说话。方言口音也属此类；还有坏习惯，从而让孩子们保持幼儿口语的自然缺陷；或者模仿童年时周围人们个性语言的缺陷。

幼儿语言的正常缺陷源于如下事实：口语器官的复杂肌肉组织尚未很好运行，从而还不能发出某种先天运动的感官刺激结果的语音。口语正确发音所需运动的配合是逐渐地形成的。由此可见，这种语言的词语发音不准，往往还吃掉一些音（从而词语不完整）。这类缺陷统称"发音不清"，主要源于幼儿不能驾驭舌头的运动。它们很容易确定：s，r，l，g 发音不准或不完美；喉音发音不准；唇音发音不准，根据某些作者，比如普雷叶（Prayer），认为吃掉词语第一个语音属于发唇音困难。

元音和辅音发音的某些缺陷是由于儿童完美复制所听到的不完美语音。

因此，前种情况是由外围运动器官和神经通道功能不足造成的，原因在于个人；后种情况错误是由听觉刺激引起的，原因在于所处环境。

这种缺陷虽然会减轻，但往往可持续到少年和成年，它们最终会导致一种错误语言，在书写时还会产生拼写错误，譬如方言拼写错误。

假若想到人类语言的魅力，那么一个没有掌握正确口语的人素质低下就会突显；若不特别注意完善口头语言，就很难想象教育的美学观念。虽然希腊人曾把语言教育艺术传播给罗马，但人文主义并未在实践中继承。人文主义更关注环境美学和艺术作品的新生，而不是人自身的完美。

今天，刚刚开始采用教育方法来纠正严重的语言缺陷，诸如口吃；

但语言体操的观念并没有在我们学校生根开花，语言体操作为一种普遍方法致力于语言的完美，作为一种伟大事业的特殊方法致力于人的审美完美。

一些聋哑人教师和正音法睿智学者已取得一点儿实践成果，今天正尝试在小学中根据统计学研究纠正各种形式的口齿不清，统计数据表明，学生中普遍存在这类语言缺陷。纠正练习主要是"安静"疗法，要求语言器官保持安静并休息；还包括耐心地重复发单个的元音和辅音；此类练习还要和呼吸体操相结合。这里不适宜详细描述那些练习方法，那些练习需要较长时间和特别耐心，并且和学校教学不和谐。然而，在我的方法中囊括所有纠正语言的练习。

（a）安静练习，为语言的神经通道准确接受新刺激做好准备。

（b）课程分阶段，首先由教师清晰地读出少量词语（尤其是她们想要联系具体观念的名词）的语音，这样就开始了清晰、准确语言的听觉刺激；接着，当教师陈述名词时，学童领悟到词语所代表的事物观念（识别出事物），教师就应反复进行这种刺激；最终，引导学童发出口语，他们应当高声地重复那一个词，发出这个词的每个语音。

（c）书面语言练习，分析词语与语音，并以多种方式逐一地重复这些语音，换言之，当学童学习字母表中的各个字母，或拼读、书写词语时，都要重复其语音，即逐一翻译或拼写或书写的词语的语音。

我相信，今天诞生的"在小学内纠正"语言缺陷的概念，未来在学校中一定会消失，更合理的概念将取而代之，即在"儿童之家"，也就是在儿童语言形成的年龄段关心儿童语言的发展，以避免语言缺陷产生。

上文描述的过程在数不胜数的学校被多次证实，它们全都归纳出如下结论。

幼年，约4岁是书面语言发展最有利的时期，此时口语发展自然过程处于充分活跃状态，也就是在感觉时期（请阅《童年的秘密》）语言自然地发展并形成。从发展的敏感性产生对字母表的热情；此种敏感性自发地关注对词语的语音（构成词语的所有音素）分析。再晚些时候

（约 6 岁或 7 岁）创造期结束，无论对口语词语还是书面语词语（字母表），儿童将丧失对这种分析的天生兴趣。这是幼童比大些的儿童进步更快更好的原因所在。幼童不像更大的儿童那样容易厌烦和疲劳，他们乐此不疲地投入活动，仿佛那些活动让他们生气勃勃。

除了证实这一惊人事实外，这种惊人事实和独特的儿童心理学有关，其他发现引起心理学领域应用方法的有趣变化。

这种较长分析的结论是，书面语言及其机制可以直接和口语相结合，并且几乎源于口语，作为另一种表现形式。这是口语合乎自然地形成时期，即感觉时期的特有情况。于是，书面语言变成一种外在手段，以指导和完善口语，并且清除口语中的所有缺陷和错误。由此可见，书面语言成为一种教育口语的手段。

同样，il dictorium——表达思想的语言，此种语言属智力活动，找到两种相互补充的机制：口语机制和书面语言机制。

以上叙述的经验表明，作为其最终成果，学童会阅读涉及他们要完成活动的长句。由此可见，只要儿童刚刚懂得书本内容（5 岁或 6 岁时），就能轻而易举地过渡到阅读书籍。

无论如何，学童随后取得巨大进步。在更大年龄段取得进一步经验，产生惊人的奇迹：4 岁幼童突然掌握书写。儿童的进步越来越提前，新方法的成效越来越快、越来越显著，儿童的兴趣越来越浓厚。

假若人们突然断言，两岁以下幼儿能识别 20 多个字母并掌握 500 个至 600 个词语，到 3 岁开始学习语法和阅读，给人的印象是在述说天方夜谭（仿佛奇迹发生）。这样的奇迹定会引起轰动和关注，事实上，40 年前，圣洛伦佐"儿童之家"的学童在文化界就引起这样的轰动和关注。

无疑，需要一部新著作来描述这些随后成果；但这里我们只想简单提及。我们的注意力被更年幼的儿童，即从新生儿至 3 岁幼儿所吸引。恰恰在此年龄段口语合乎自然地发展；第一次发展大约发生在 2 岁。口语在其发展中遵循某些规则，并且相继取得的成绩属可以称作"语法"的范畴。斯特恩（Stern）首次观察并提及这种现象，其后对心理观察感兴趣的其他人也注意到这点。

儿童开始知道与事物有关的名词，其后知道涉及这些事物的质的词语（形容词），最后知道前置词（涉及事物间的相互位置）和连词（代表事物的连接）。简言之，在前期发展中，学童学会对环境事物的描述。但这确实非常神奇，很多词语从不足两岁（差几个月）的幼儿嘴里涌出，就仿佛口语突然而至：使用了过词，带前缀、后缀的名词和形容词的正确形式，最后是代词并区分开动词的现在时、过去时及将来时等形式。

再晚些时候，两岁幼儿初步掌握句法、造句及句子相互从属关系。

这样观察语言发展其实就进行了"真正的语法分析"。事实上，若不按语法说话，则不可能用任何语言表达思想。

值得指出，一个人无论是否受过教育，能够完美把握（无论是语音构成还是语法结构）的唯一语言是所谓的"母语"。由此可见，儿童不仅掌握口语，而且以独特方式掌握口语，由于只有这样语言才能变成"个体特性"，从而成为"种族特性"。语言在人类个体中扎根。

但我们研究并沉思这种奇异的创造性现象时，我们在儿童中识别出一种心智形式，这是一种异于成人的形式，我们称作"有吸收能力的心智"。

儿童语言的自然发展启示如下观念：为了在教育中帮助这种发展，我们应当根据语法模式进行。恰恰正如书面语言机制帮助并完善口语，在我们前期试验中，同样书面语言以另一种形式和语法序列，借助实物、游戏和书写词语，能够帮助学童学习高级口语：dictorium 的语言，即表达观念的语言。

第二种试验的成果大大超过第一种试验。

虽然开始使用的方法曾被视为基本的方法，但请注意这种差异：口语的词语不再重要，因为它们可以在书面语言中再现，书面语言重要还因其语法意义。于是，词语之间的结合不仅帮助说话者把想表达的内容翻译成文字，而且促使立即发现"充满意义的句子"，那些句子沿着语法结构的踪迹逐渐地发展。

我们后期试验的历史比前期试验的历史更重要更辉煌。

这种新发展的一个实际成果是，有益于并几乎彻底改革一种拼写与读音不一致语言的书写问题。这里，事实上，儿童的直觉在发挥作用，由于受到其创造性潜力促进。这样，在试验前期我们是这一现象的见证人：学童直觉地阅读用印刷体或者哥特体写成的词语，而他们从未接受任何形式的教育。同样，这里，学童借助直觉阅读拼写和读音不一致语言（属于他们的母语）的词语，只需简单地采用富有吸引力的教具和游戏。这之后，学童兴趣盎然地自发努力；这类似于促使近代科学家解释史前纪念碑上的不认识的文字。

儿童的浓厚兴趣应当理解为源于在其人生的最初岁月不知不觉发现取得成就。

现在，我们实际说明词语的语法分组。

名词，学童自己拿起并阅读，不代表自然语言，由于他们从不单独说："sedia"或"fiore"[①]，而至少说："la sedia"或"il fiore"[②]，等等，就是说冠词总和名词连用。同样，一个形容词总和名词连用，以便区分同类事物。例如，我们说"红花、黄花、圆桌、大桌"，诸如此类，不一而足。在我们学童看来，形容词具有截然不同的含义，在他们的感觉练习中，通过感官不断认识不同质的感觉，准确地学习那些特征词语：粗、细、大、小、深蓝、浅蓝，等等。显而易见，学童在这一时期完成了智力工作——意识到自己无意识完成的活动，并且扩大及巩固那些活动。我们的试验很好地说明了这种自然倾向；马里奥·蒙台梭利[③]就是这一伟大工程的设计师：在大约二十年的观察中，他提供了儿童智力可能性的全景，人们提及它就像谈及真正的教育纪念碑。

无疑，儿童从环境中获取大量印象，对这种自然本能给予外在帮助会激起他们的巨大热情。正由于这种热情，教育可以对儿童心智的自然

---

① 意大利语，含义分别为"椅子"和"花卉"。

② 加上定冠词"la"和"il"。

③ 马里奥·蒙台梭利 (Mario.M.Montessori,1898—1982)，蒙台梭利之子，其母的得力助手，1969—1973 年任国际心理分析协会秘书长。

发展给予真正帮助。

正如我们业已指出那样，这里虽说不可能提供鸿篇巨制的细节，要详述需要好几卷著作，但为让此巨作普遍应用，如下断言受益匪浅：书面语言不仅帮助年龄似乎过小的幼童认识语法和句法，有助于认识幼童自己喜爱的这种语言，而且还可成为一般教育的媒介物。

在我们工作的前期（本书涉及此时期），看到女教师总是忙忙碌碌，寻找新名词以满足学童不断提出的要求。教育凭借书面语言揭示出，学童永不满足肯定是本性使然。从 3 岁到 5 岁的年龄段，这种不满足自发地丰富了儿童的词语，从 300 个到 3000 多个，正如心理学家业已证明那样，但他们仅限于观察，测量并陈述发生和发展，并没有指出这种自然发展的道路。

我们的方法还证实另一事实，我们的方法显现出作为心理信息手段。就是说，儿童甚至对外语词语感兴趣，在使用活动字母教具再造词语时惊人地记起它们。这是由于如下事实：在感觉时期（从 3 岁到 5 岁），儿童倾向于积累词语，即使他们不懂其含义。

事实上，所有词语都是新的，只要儿童尚未理解它们，理解恰恰是一种自觉行为，促使澄清、决定和保持。

假若两个事实——倾向积累词语和词语可脱离其含义掌握——存在，那么提出如下问题就顺理成章：为什么一位教师非要搜肠刮肚地把大量词语杂乱无章地灌输给学童，而不利用学童的这个感觉期，首先给词语排序，接着介绍一些科学术语呢？

马里奥·蒙台梭利系统地介绍了这一充满奇迹的事业，我们放弃使用随意选择的各种词语，而是使用整体名词，涉及一组独特事物，比如 5 种脊椎动物，分为几组的动物，叶、花、根等。在此种情况下，还应准备说明性图画以指示新词的含义。我们不仅仅使用图画，而且还使用实物，利用儿童对大自然的探索精神，诸如此类，不一而足。

巨大成功让我们有可能推行一种科学教育方法，它适应儿童的智力水平，并且取得预想不到的结果。这种教育方法应当大大扩展，超越练习初期规定的界限。令人惊奇的结果是，儿童喜欢给词语分类并记住分类。这一现象证实如下看法：给词语分类合乎自然，头脑必须根据词语含义进行排序。这样，在所有这些练习中存在两个极端：一个是内在的，即准备排序的语法，词语为表达思想而排序，因此也为了建构语言；另一个是外在印象得以分类的排序必要性。

此种试验远远超过我们的预见，今天学童有语言做向导，学习大量生物学、地理学和天文学的准确概念，那些概念成为在肥沃土壤——儿童的头脑——里播下的种子，在那里，种子凭借自然的刺激，合乎自然地发芽并生长，大自然呼唤儿童认识世界。

无论是谁，只从心理学观点考察这些自然发展的纯粹表现，正如被称作心理学家的科学家通常所为，就会发现 5 岁幼童对外部世界的认识广泛，近乎奇迹般地识别出文明新事物及其名称。例如，他们会辨别各种各样的汽车，而他们的母亲却不会。

斯特恩对类似现象感到惊异，他总结道："几千年来，在人类中儿童被视为陌生人；但他们拥有心智本能，在文明发展中，我们必须承认他们是连续世代的中间一环。"

# 十八　计数教学和算术入门

　　计数教学使用的第一个教具是 10 根木杆，在进行感觉教育时曾采用过：木杆的长度呈等差数列，从 1 到 10，最短的长 10 厘米，次短的20 厘米，直至最长的 100 厘米，即 1 米。但用于计数的木杆不应是同一种颜色，不能像感觉练习教具那样涂上红色以便吸引眼睛判断长度差异。相反，这里，每 10 厘米一段红蓝相间，从而在每根木杆上都能区分和计算。若第一根木杆代表数量 1 的话，则其他木杆相继代表数量2，3，4，5，6，7，8，9，10。这种教具的优点在于可以整体展示每根木杆代表数量的构成单位，因为它们有区别并可以数。例如，代表 5 的木杆由红蓝相间的 5 个单位组成。应用这种方法可以克服巨大困难，在计数时要分开添加单位所遇到的困难。如果使用任何形式的小教具以计数，我们假设使用一般大的立方体，因为放置一个就说是一，再放置一个就说是二，诸如此类，不一而足。幼儿对添加的每一个新物品都倾向于说一个，从而不说"一，二，三，四，五"，而说"一，一，一，一，一"。

　　事实上，伴随添加一个新单位，会扩大为一组，这应当视为不断扩大的整体。这种整体恰恰成为 3 岁半或 4 岁幼童计数时的障碍。在整体中聚集实际分开单位是一种智力工作，起初幼童难以承受。事实上，许多幼童数数时背诵自然数，但面对和自然数一致的量时感到困惑。对于幼儿来说，数数双手、手指和双脚业已成为更具体的事情了，因为在那个确定数量中总能找到聚集的相同东西。他们知道有两只手和两只脚。

然而，他们很少能数清手指数：但为了数清，有待知道困难的原因，若一只手有五个指头，应当按同类东西说"一，二，三，四，五"。这种混乱在人生的幼年妨碍计数，头脑再成熟一些会加以改正。为使幼童心智更准确、更具体，有必要提供准确并清晰的帮助。当我们向学童展示计数木杆时，我们看到年龄更小幼儿对计数的兴趣更浓厚。

计数木杆和数目一致；它们的长度按单位递增，因此不仅提供数目的绝对观念，而且提供其相对观念；在感觉练习中业已学习的比例在这里用数学方法确立，从而开始学习算术入门。使用方便并可以比较的数字立即显现组合和比较。譬如，把代表一和代表二的木杆连接，其长度和代表三的相同。把代表三和代表二的木杆连接，其长度和代表五的相同。但此练习引人入胜之处在于把所有木杆依次连接，就像在做感觉练习时准备系列教具一样。这样，就像管风琴的音管那样排列，红蓝相间构成美丽彩段。于是，我们把代表一的木杆和代表九的木杆连接，这样依次把代表二的和代表八的、代表三的和代表七的、代表四的和代表六的……木杆连接，从而每一组合构成的长度和代表十的木杆的长度相同。这种数量的运动和组合是什么？难道不是算术运算的开端吗？如此移动教具同时也是一种令人愉快的游戏；学童的头脑未做无益努力以理解分开单位的组合作为代表数目的总量，而是将充沛脑力投入确证并合计那些数量的高级练习。障碍一经清除，学童的充沛脑力发挥作用，学习就突飞猛进，甚至超过年龄允许的极限。当学童开始阅读和书写时，很容易学会代表数量的数字。我们为学童提供砂纸数字卡片，和砂纸字母卡片同步使用。学童触摸数字符号和字母符号，学习写数字及字母并学习其单词。每张熟悉的卡片都放在对应数量木杆上端。数字卡片和数量木杆的结合类似于将名词卡片放在对应实物上的练习。一旦学童熟练做这种练习，就奠定他们继续独立工作的基础。木杆单位总数可以写在放在教具上方的数字卡片上：有时5岁学童在整本练习簿上写满那些小数量。

虽说木杆教具主要帮助学童开始学习算术，但另外两种教具也属于最早的算术教具。一种引导学童给分开的单位计数（编号），并让他们开始确立数字组合概念，同时让他们注视连续数字符号:0，1，2，3，4，5，6，7，8，9。这种教具称作纺锤小棍盒，分成多个格，每个格底部写有上述连续数字之一。学童按格内标出数字，把分开的纺锤形小棍放置格内，让小棍数量和数字相等。

另一种教具是上文指出的一组卡片及装着实物（彩色标签）的盒子。卡片是分开的（混放的），每张写上从 0 到 9 的 10 个数字之一。学童首先应独自把卡片排序，这表明他们已经掌握数字系列并能识别代表数量的数字。其后，在每个数字下放置等量的标签，标签应两个两个地排列，也就是在一对标签下又有一对；这样可以直观地显现等量和不等量之间的差异。

我们认为这是讲授计数和算术运算基础不可或缺的教具。

以下数字最能细致入微地描述教师的实践。

教师按长度把木杆排列，这样就可以让学童计算红蓝彩段的数量，先从彩段最少的木杆开始，即一个彩段的长杆，其后是两个的木杆，再后是三个的木杆，诸如此类，不一而足；每次总从 A 边出发，从一个彩段数起。

| A | | | | | | | | | B |
|---|---|---|---|---|---|---|---|---|---|
| 1 | | | | | | | | | |
| 1 | 2 | | | | | | | | |
| 1 | 2 | 3 | | | | | | | |
| 1 | 2 | 3 | 4 | | | | | | |
| 1 | 2 | 3 | 4 | 5 | | | | | |
| 1 | 2 | 3 | 4 | 5 | 6 | | | | |
| 1 | 2 | 3 | 4 | 5 | 6 | 7 | | | |
| 1 | 2 | 3 | 4 | 5 | 6 | 7 | 8 | | |
| 1 | 2 | 3 | 4 | 5 | 6 | 7 | 8 | 9 | |
| 1 | 2 | 3 | 4 | 5 | 6 | 7 | 8 | 9 | 10 |

进而，让学童根据木杆拥有彩段的总数，给每一个木杆命名，从最短的木杆到最长的木杆。从 B 边开始用手指触摸彩段，彩段在不断地增长，结果显现出最长木杆的相同读数法:1，2，3，4，5，6，7，8，9，10。这样，学童从三个边都确证是 10 个彩段，因为他们自发地多次重

复做此类练习，练习使他们兴致勃勃。

现在，我们把计数练习和识别木杆长短的练习相结合。先把这些木杆混放在地板上或者杂乱地摆放在桌上，教师选出一根让学童看，还让他们数出红蓝彩段，比如是 5 个。然后，教师要求学童把比这根更长的木杆给她，学童用眼睛选出一根，教师进行检查看学童是否猜对，而不是让学童计算比较其长度。这类练习可以长时间地反复做，随后学童会给阶梯的每根木杆取个独特名称，从今以后它们被称作一号杆、二号杆、三号杆、四号杆，等等；最终，为使语言更简练，学童在使用它们时简单地称作一、二、三、四，等等。

### 用书写符号表示的数

这时，如果学童已经会书写，我们就给他们展示用砂纸制成的数字卡片。其教学方法和众所周知的三阶段字母教学法相同。教师展示所有教具，对学童说："这是一"，"这是二"，"给我二"，"这是几?"我们要求学童像触摸字母那样触摸数字。

### 数字练习：书写符号和数量相结合

我让人制作了两个数字托盘，每个托盘由一块长方形横板和垂直相接的一块长方形竖板构成。横板由边框分为 5 个木格，在木格内可以放教具；竖板由 4 条垂直线等分为 5 部分并写上数字，与横板木格一一对应。第一个托盘竖板上的数字是 0、1、2、3、4，第二个托盘竖板上的数字是 5、6、7、8、9。

练习很简单，就是在横板木格内放置和竖板上数字相同的教具，我们给学童提供各式各样小物品以做不同练习，我使用的小纺锤是特意让人制作的，还有福禄培尔的立方体，国际跳棋的棋子。我们把一种小物品放在学童身旁，他们应当把小物品放到正确位置，就是说，例如把一个棋子放到和数字 1 一致的木格内，把两个棋子放到和数字 2 一致的木格内，诸如此类，不一而足。当他们自认为很好完成练习时，就呼叫教师检查结果。

关于零的教学

我们等待学童用手指着和零对应的木格问我们:"这里应放什么?"教师回答:"什么也不放,零就是无。"

但这还远远不够,必须让学童真正感受什么是无。为此,我们采用许多让学童兴致勃勃的练习。我坐在他们中间,他们坐在自己的扶手椅上,我对一个做过数字练习的孩子说:"过来,亲爱的,到我这儿来零次。"那个孩子几乎跑着到我这儿,随后又返回自己座位。我对他说:"我的孩子,你来了一次,而我却是让你来零次。"他开始困惑不解:"那我应当如何做呢?""什么都不做,零也就是无。""那如何才能什么都不做呢?""你应当坐在那儿,不干别的事;你不应当跑过来;你一次也不要来;零次就是没有次。"

我们重复做练习。我对一个孩子说:"你,亲爱的,用你的小手给我零个飞吻。"那个孩子很激动,笑一笑却静止不动。"你听懂了吗?"我几乎以一种激励的口吻重复说:"给我零个飞吻;零个飞吻!"他仍然不动,孩子们全都哈哈大笑。我假装生他们的气,粗声大气地叫起一个神色凝重的孩子,带着威胁口气对他说:"你,来我这儿零次!我说……立即来这儿零次;你听懂了吗?我对你说:立即来这儿零次!"他仍然一动不动。孩子们的笑声更大了,他们受到我态度前后变化的刺激,因为我先是请求后是威胁。我改成温柔的哭腔细声细语地说:"总之,你们为什么不干?为什么不来?"所有孩子大声喊道:"零就是无!零就是什么都不干!"他们的眼睛湿润了,那是欢笑的泪珠。我面带微笑温和地对他们说:"是吗?好吧,你们都来我这儿一次!"于是,他们争先恐后地来到我身旁。

数字记忆练习

当学童已能识别书写的数字,并且也了解那些数字的意义后,我就让他们做如下练习。

我预备了许多印有(或手写)从0到9数字的纸条(我往往利用旧台历,把印有红色数字的部分剪下,再贴在白纸上)。我把纸条折叠后放在盒子内，并且"由我监督抽彩"。一个孩子从盒子内抽出一个纸条，拿着它返回自己座位，他打开暗地里看看，再把纸条折叠以保守秘密。其后，孩子们一个一个地或一组一组地这样做，接着我让拿着纸条的孩子（显然都是年龄大些的孩子，他们认识数字）来到教师的大桌边，桌上摆放着许多物品：或小立方体，或福禄培尔的长方体，或我用于重量练习的小木板，每个孩子都取走和纸条上数字相同的物品。纸条留在孩子们的座位上，纸条被神秘地折叠。因此，每个孩子不仅在同伴间走动以接近大桌时，而且在计算并取走物品时，都应把数字铭记在心。此时，教师可以对记忆数字的个体情况进行有趣的观察。

当孩子们把取走的物品一对一对地摆放在自己的桌上时，如果物品为奇数，就让他把余下的那个放在最后两个的下方中间。从而，9 个数字的排列如下：

```
    o       o       o       o       o       o       o       o       o
                                                                  × ×
                                                  × ×     × ×     × ×
                                          × ×     × ×     × ×     × ×
                          × ×     × ×     × ×     × ×     × ×     × ×
    ×       × ×     × ×     × ×     × ×     × ×     ×       × ×     ×
```

这里的十字（×）代表物品，在十字上方的小环的位置应贴上纸条。孩子们做好这一切后，等着检查：教师走过来，打开纸条，读出纸条上的数字，发现没有错误，脸上露出满意的神色。

在开始做此种游戏时，孩子们往往取的物品多于纸条上的数目。这不是由于他们没有记住数字，而是由于他们渴望拥有更多物品。这种小诈取恰恰属于原始的、不文明的人的本能。教师要竭力对孩子们解释，小桌上有再多的物品也无用，相反游戏的价值在于猜中物品的准确数量。

孩子们逐渐接受这种观念，但不似人们认为的那样容易。

确实需要做出努力，才能控制自己的欲望，即让儿童在合理限度内约束自己。例如，由一个孩子支配的物品不少，但只允许他取走两件，相反他看到其他孩子取走更多的物品。

然而，我认为这种游戏与其说是记忆数字的练习，不如说是锤炼意志的练习。

其后，当一个孩子抽到写有零的纸条，他静坐在座位上不动，看着其他孩子看过纸条后，离位走到摆放物品的大桌前，自由地取走物品，而他却不能到那儿去。擅长数数的孩子却多次抽到零，不能去取物品；本来他们会因小桌上物品众多、排列整齐而兴高采烈，会自信并自豪地等着教师来检查。

研究持有零纸条的孩子的面部表情非常有趣：显现出的个体差异几乎是每人"个性"的反映。有的孩子不动声色，露出自豪的神色，故意掩饰失望的内心痛苦；有的以不经意的姿势表现绝望的感受；有的忍不住面带微笑，因为他感到情况独特，却会引起他人的好奇心；有的用渴望甚至嫉妒的目光追踪大家活动，直至练习结束；有的立即表现出顺从。

当教师检查时，他们供认自己抽到零的表情同样有趣。教师问一个孩子："你，什么也没有拿？"他回答："我抽到零"，"是零"，"我有零"。这是口头语言的一致回答，但他们的面部表情，他们的声调却表现出截然不同的情感。很少有人勇敢面对，认可对这一奇特情况的解释，多数人或沮丧悲伤，或听天由命。

然而，必须教给学童正确的行为举止。教师要对他们说："请你们注意，保守零的秘密很难；零会从你们的鼻尖底下逃走。请你们从容应对，不要让别人知道你们抽到零。"事实上，过一会儿，他们的尊严和自豪占了上风，就习惯接受零和小数字，他们态度从容，刚才奴隶般的小情绪一扫而光。


### 从 1 到 20 的四则运算

我用于初步四则运算教学的教具与计数教学的教具相同，就是长度递增、红蓝相间的木杆，这些木杆已经包含十进位制的最初观念。

正如上文所说，木杆可以用它们代表的数字称呼：一、二、三，等等。它们按长度排序，也就是按数字排序。

第一个练习是把比 10 短的木杆放在一起以构成 10。最简单的方法是从 1 开始依次把较短的木杆放在 9 以下的木杆后。可以通过下达命令来完成练习：请把 1 放到 9 后边；请把 2 放到 8 后边；请把 3 放到 7 后边；请把 4 放到 6 后边。这样，就形成了 4 根等于 10 的木杆。于是，剩下单独的 5；我们把它按顺时针从头端向末端转动 180 度，我们度量并发现两倍的 5 等于 10。

此类练习必须反复多次进行，并逐渐地教会学童掌握一种技术语言：9 加 1 等于 10；8 加 2 等于 10；7 加 3 等于 10；6 加 4 等于 10；而剩余的 5，则是 5 乘 2 等于 10。最后，教给他们加号、等号和乘号的写法及含义并鼓励他们写。于是，在我们学童干净的练习簿上可以看到：

$9 + 1 = 10$

$8 + 2 = 10$

$7 + 3 = 10$

$6 + 4 = 10$ $\qquad$ $5 \times 2 = 10$

当学童已经学会这一切，并兴高采烈地写在纸上时，我们就引导他们把注意力转向如下工作：把形成的 10 的各组木杆分解以恢复原状，先从最后一组拿走 4，结果剩余 6；从倒数第二组拿走 3，结果剩余 7；从倒数第三组拿走 2，结果剩余 8；从倒数第四组拿走 1，结果剩余 9。更准确地说，是：10 减去 4 等于 6；10 减去 3 等于 7；10 减去 2 等于 8；10 减去 1 等于 9。

至于 5，它是 10 的一半，把一根 10 的木杆一分为二，就是 10 除以 2 等于 5。进而把它们写出：

$10 — 4 = 6$

$10 — 3 = 7$

$10 — 2 = 8$

$10 — 1 = 9$ $\qquad$ $10 \div 2 = 5$

学童一旦成为这些练习的主人，还会通过自己自发活动丰富练习内容。我们能用两根木杆构成 3 吗？我们把 1 放在 2 的后边，接着写下来以便记住完成的练习：$2 + 1 = 3$。我们能用两根木杆构成 4 吗？$3 + 1 = 4$；又 $4—3 = 1$；$4—1 = 3$。

2 号杆和 4 号杆的关系如同 5 和 10 的关系：当把 2 号杆按顺时针从头端向末端旋转 180 度，正好是 2 号杆的两倍：$4 \div 2 = 2$；$2 \times 2 = 4$。一个问题：我们探寻能用多少木杆做相同练习，能用 3 和 6，4 和 8，即：

$2 \times 2 = 4$；$3 \times 2 = 6$；$4 \times 2 = 8$；$5 \times 2 = 10$

$10 \div 2 = 5$；$8 \div 2 = 4$；$6 \div 2 = 3$；$4 \div 2 = 2$

此时，在记忆数字游戏中使用过的立方体大有帮助。

从它们的排列可以一目了然，所有被 2 除尽的数下方没有一个立方体。这全是双数，因为它们可以成对排列，即两个两个地排列；它们被 2 除尽很容易，因为只需把立方体分为两排。数数立方体的排数就知道商数。其后，为了重构原数，只需把两排变 1 排：例如，$2 \times 3 = 6$。

对于 5 岁幼童来说，做这些练习并不难。

但多次重复练习很快就变得单调乏味。谁能阻止我们更新练习内容呢？我们按十进制重新组合木杆，不再把 1 放在 9 后边，而是放在 10 后边；把 2 放在 9 后边而不是 8 后边；把 3 放在 8 后边而不是 7 后边。同样，把 2 放在 10 后边；把 3 放在 9 后边；把 4 放在 8 后边。这样，木杆组合的长度就超过 10、11、12、13，等等，直至 20。同样使用立方体也可以做到，为什么在练习中只应用 9 个？那不太少吗？

学童掌握 10 以内的运算后，继续学习 20 以内运算就不在话下。唯一的困难是十进制数，这需要授课。

十进位制数课程——十以上的算术运算

　　所需教具，一是方形纸卡片，上面印着数字 10，高 5 或 6 厘米；二是长方形纸卡片，其大小为方形卡片的一半，上面分别印着从 1 到 9 的数字。我们把数字排成一行：1、2、3、4、5、6、7、8、9。其后，由于没有其他数了，必须从头开始，再次从 1 开始数。这个 1 类似于 10 号长杆，其长度超过 9：沿阶梯从上往下一直数到 9，由于没有数字，以后仍要从 1 开始，但这个 1 应移至高处，为了把它与另一个 1 区分开，我们把代表无的符号——0 放到 1 后边，从而得到 10。再用长方形纸卡片上的独个数字按顺序覆盖 0，就形成了 11、12、13、14、15、16、17、18、19。

|  |
|---|
| 10 |
| 11 |
| 12 |
| 13 |
| 14 |
| 15 |
| 16 |
| 17 |
| 18 |
| 19 |

　　这些数字可以用系列木杆构成，用 1 号杆接续 10 号杆，接着依次用 2 号杆、3 号杆接续，直至用 9 号杆接续，从而最后形成一根更长的木杆，数一数红蓝相间彩段，正好是 19 个。

　　然后，教师指导学童做 10 以上长度练习，她向孩子们展示数字 10 纸卡片，再用数字 6 盖住 0；孩子们就用 6 号木杆接续 10 号木杆。教师在数字 10 纸卡片上拿走 6，再用 8 盖上 0，形成数字 18；孩子们就拿走 6 号木杆并换上 8 号木杆。

　　每次练习都可以做记录，例如：10 + 6 = 16；10 + 8 = 18。类似练习可以应用于减法。

　　对学童来说，当数字本身具有清晰意义时，就可以只用纸卡片做数字组合练习，先准备长纸板卡片 A，如图所示，A 上面写有一系列 10，再用从 1 到 9 的纸卡片去覆盖。

| | | | |
|---|---|---|---|
| 10 | | 10 | |
| 10 | | 20 | |
| 10 | | 30 | |
| 10 | | 40 | |
| 10 | A | 50 | B |
| 10 | | 60 | |
| 10 | | 70 | |
| 10 | | 80 | |
| 10 | | 90 | |

在长纸板卡片 A 上的第二个 10 的 0，用长方形纸卡片 1 去覆盖；第三个 10 的 0，用长方形纸卡片 2 去覆盖；诸如此类，不一而足。这样，左边数字保持不变，仍是 1；而右边数字则变成从 1 到 9。从而，形成从 11 到 19 的等差数列（等差为 1）。

应用长纸板卡片 A 构成 B 则比较复杂。在第二个 10 的 1，用长方形纸卡片 2 去覆盖，第三个 10 的 1，用长方形纸卡片 3 去覆盖；诸如此类，不一而足。这样，右边数字保持不变，仍是 0；而左边数字则变成从 2 到 9。从而，形成从 20 到 90 的等差数列（等差为 10）。在 90 之后，必需过渡到下个 10，从而最终会出现 100。

几乎所有孩子都能数到 100，给他们这个数，是对他们想学这个数显现的好奇心表示敬意。

我认为，关于此种教学无需进一步说明。

# 十九　算术教学新进展

　　数到 100 并做与合理地学习首拉数字的简单计算相结合的练习，我们觉得至关重要，特别由于它们显现为合理算术的入门，而不是记住和重复记忆读数法。

　　二十多年来，算术教学就受到上述局限的钳制。

　　一般说来，我和大家一样，也有过一种偏见：算术教学会遇到巨大困难，期待在幼童中取得更多成果是不切实际的幻想。

　　事实上，和学习书面语言时的热情及取得的惊人成果相比，经验表明学童缺乏学习算术的兴趣。从表■上看，学童对学习语言有着浓厚兴趣，恰恰验证关于算术既枯燥又艰难的偏见。

　　与此同时，我为稍大些的小学生（从一开始，我就在小学试验，尝试扩展已取得辉煌成果的教学法）制作一种教具，以各种几何形状代表数字并配以可移动的物品，这些物品可以和数字进行组合。这是一种神奇的教具，被称作"小球教具"。这种教具是用串起的彩色玻璃球（杆或竿）代表从 1 到 10 的自然级数；每个数字都有一种独特颜色。小球众多，从而数字可以成串组合。10 个小球穿成 1 串，把 10 串小球结合起来就形成一个正方形。边长为 10 个小球的正方形由 100 个小球构成。接着，把 10 个正方形叠加形成一个立方体（棱边长为 10 个小球，由 1000 个小球构成）。在一本关于小学教育高级教学法的著作（《蒙台梭利高级教学法》）中，对这种教具做了具体描述。

# 发现儿童

现在，某些 4 岁幼童被这种神奇教具所吸引，它既好操作又好移动，我们惊奇地发现，他们开始使用教具，仿佛他们看过大孩子操作。

结果，学童对学习算术尤其对学习十进位制的兴趣大增，说实话，算术练习属于他们最爱之列。

4 岁幼童能够构成数字 1000。其后，5 岁至 6 岁学童取得不可思议的成绩，今天 6 岁学童可以做几千内的四则运算。

马里奥·蒙台梭利帮助算术教学法进一步发展，他让许多运算实现了教具化并做出具体说明，直至两位、三位甚至四位数的开方（求平方根）；他将大量彩色玻璃球组合，从而能把初级代数运算引入教学。

在这些练习中他们能灵巧操作小几何体（正如操作福禄培尔制作的著名的立方体"礼物"及在方盒内摆放棱柱那样），从而他们欣喜若狂，为此我受到极大鼓舞，设想制作类似教具。我没有把所有立方体和长方体做成同样，我只把一个木质大立方体（棱边长 10 厘米）分开，一个面分成不相同的两部分，另一个面分成不相同的三部分；结果这样切割开会得出不同形式的小立方体和长方形棱柱。这是用教具体现代数表达式，也就是三项式和二项式的立方体。这些十进位制价值相同的立体要涂上相同颜色，而相似一组的立体应涂上不同颜色。

这样，学童打开盒子，就只会看到一个教具，一个涂上五颜六色的立方体，其各个构成部分相接又分开地置于各组内；例如，在三项式中有三个不同大小、三种颜色的立方体；三个棱柱有正方形底面，全涂上绿色；另外三个棱柱也有正方形的底面，但面积不同，因此颜色也不同，全涂上黄色；另外三个棱柱也有正方形底面，但颜色和前两组都不同，全涂上蓝色；最后六个棱柱完全相同，都具有长方形的底面，全涂上黑色。上文所说的前三组棱柱的长方形侧面也涂上黑色。这些五颜六色小教具很吸引人，练习首先要求根据它们的颜色分组，再按不同方式排列，从而会虚构出一篇故事：这里，有三个国王——三个立方体；每个国王都要同样的随从；皇家卫队身着黑衣。使用这种教具可以收到很多效果；其中之一是代数式的顺序：

$$a^3+3a^2b+3a^2c+b^3+3b^2a+3b^2c+c+3c^2a+3c^2b+6abc$$

最终，按某种顺序立方体和棱柱被放置在盒内，从而形成五颜六色的大立方体：

$$(a+b+c)^3$$

使用这种教具做游戏，可以形成各种物体安排的视觉印象，从而有助于对它们的数量和顺序的记忆。

这是对头脑的感觉训练。对于 4 岁幼童来说，其他教具没有如此巨大的魅力。进而，学童用 a、b、c 来称呼三位国王，并且根据其从属的国王，给每个棱柱也写上名称。于是，5 岁幼童可能，6 岁幼童肯定，能够铭记立方体的三项式代数方程式，而根本不用看教具，因为不同物体位置的视觉记忆已在头脑中铭刻。这让人们认识到实际上可以实现。

以阅读卡片（旨在记忆）和使用其他教具的方式，进行全部算术和初级代数教学，取得令人惊奇的成果。这些成果证明算术教学应当彻底改革，算术教学应当从头脑的感觉训练开始，这种准备建立在具体认识基础之上。

显然，这些 6 岁孩子在进入普通小学后，仍要重新数 1、2、3，此时就会感到无用武之地。若想让这种教学法的可喜进展继续的话，就必须对小学教学进行本质地彻底改革。

然而，除了这种积极教学法外，它要求手不断活动以移动教具并充分利用感官，还需要认真思考儿童心智对数学的特殊能力。当儿童离开教具后，顺理成章地希望把运算过程写在纸上，这样就从事了脑力劳动，并且形成了某种合乎自然的自发的心算倾向。

例如，一个英国孩子，在伦敦和母亲一起下电车前，观察车厢内情况并说："若大家都吐痰，将罚款 34 英镑。"这个孩子注意到警示牌上写着，在车厢内吐痰将罚款若干先令。由此可见，这个孩子在做心算，一瞬间计算出罚款总额，并把先令转换成英镑。

# 二十 绘画和表现艺术

我们叙述过的绘画练习，真正是对手的训练，旨在为书写做准备。它们被视为那种复杂训练的要素，那种训练引导儿童不灵活的小手实现动作的协调，从而完成书写——一种特殊绘画。

这些彼此分开的要素或因素（正如我们发现都参与书写运动），其后在书写时为实现一种综合（一种典型的突发性综合），有时成为和其他不同综合的协调要素。于是，我们描述的那种特殊绘画，其后成为艺术要素，成为真正意义上的绘画的协同因素。即是说，这种特殊绘画既不是绘画也不是书写，而是绘画和书写的开端。

今天，人们常说所谓自由绘画；许多人对此感到惊愕，而我却认为它确定了儿童绘画的奴隶般的限度，强制幼儿描画几何图形，用铅笔以特定方式画出轮廓线，或用彩色蜡笔涂满轮廓线内空白。因此，我感到有义务坚持，让人们更好地理解，我描述的过程只是分析书写的要素之一。

我的教学法并不包括所谓自由绘画，我避免做不成熟的试验，但那些徒劳无益、令人恐怖的绘画在观念前卫的学校里却很盛行。无论如何，我们的学童描画出的装饰性图案和形象，比那些胡涂乱抹、怪异的所谓"自由绘画"更清晰更和谐，而学童不得不用费解的短评来说明"自由绘画"表现什么。我们不讲授绘画课程，也不讲授造型课程，但我们许多学童会画花卉、飞鸟、风景，甚至用一种令人羡慕的方式画出想象图景。我们常常发现，他们还把画儿画在书写和算术作业上做装饰，有时把写字孩子的形象画在四则运算作业本上，或者把作业四边画上想象图案做装饰用。几何图形往往变成形象的画框，或者几何图形的四周也用图案装饰。

由此可见，应当得出结论：训练手和感官不仅是对书写而且是对表现绘画的自然帮助。

当学童描画时，我们不教绘画，但我们应及时准备表现工具。我认为这是对自由绘画的真正帮助，因为这不是无效的，也不是不可理解的，这会激励学童继续学习。

我们对每一种学习提供的另一种形式的帮助是，分析困难，或分析构成要素。绘画本身存在不同要素，比如轮廓线和色彩。现在，涉及这两个要素，我们要求学童描画平面插件的轮廓线，并用线条把图形填满；这样通过准确肌肉练习来训练手。关于色彩，我们要求学童使用画笔和水彩，即使没有轮廓线，用它们也可以表现画面。我们还向学童提供彩色粉笔，并且演示使用方法。

最后，学童学会把彩纸剪成各种形状，从而可能实现艺术表现，正如著名的维也纳的物理学家奥斯特瓦尔德①用于艺术目的所做那样。

这些纸片差异微小，色彩按科学安排，特别重视颜色组合的和谐。线条和色彩——这两个分开的要素，彼此独立地确立并完善。它们是个体的收获，个体在同时使用两种要素进行艺术表现时变得聪慧、灵巧。

于是，个体通过教育变得完善，个体不受干预能自发完成工作。

事实上，对业已完成的工作进行干预通常构成障碍，因为会中断内在表现倾向，正如若在绘画教学中采用直接方法可能造成的后果。

我们把绘画和书写教学法称作"间接教学法"。结果，学童变得越来越善于表现，他们画出成百上千张图画，有时一人就画出 10 张，恰恰像书写时那样乐此不疲。

---

① 奥斯特瓦尔德（W.Ostwald,1853—1932），德国物理化学家。唯能论创始人。获1909 年诺贝尔化学奖。晚年对绘画产生兴趣，从物理学和心理学的角度研究色彩。

然而，我们并未发现如下结果：学童的进步无限地继续，不如在书面语言方面取得突飞猛进的进步，从他们的图画也看不出未来都会成为艺术家。在某个确定时刻，当学童失去对绘画的兴趣，而对其他，比如书写的兴趣更浓厚时，教师就要进行干预。许多人，尤其是艺术心理学家，都观察到这种绘画艺术倾向减弱的现象。

例如，契泽克（Cizek）注意到，在他那所位于维也纳的著名自由艺术学校里，许多曾酷爱艺术并富有艺术天赋的孩子，突然丧失对艺术的任何兴趣，并且从此止步不前。雷维兹博士（dott.Revesz）是一位致力于艺术的心理学家，在总结其经验时，他指出："有些孩子逐渐提高其语言和文化表现能力，却逐步地放弃绘画，或许因为绘画不再吸引他们，或许因为他们没有艺术天赋，或许因为他们的兴趣转移别处。"

同样，例如，人们往往观察到，对音乐有特殊天赋或受抽象观念（数学、逻辑学）强烈吸引的儿童在绘画上并不成功，甚至对绘画不理不睬。

人们从心理学观点深入研究一个确有音乐天赋的孩子的情况。他的绘画恰恰证实我们上述看法，如果我们与他同期的令人欣喜的音乐创作比较，就会发现绘画水平低下，也没有提高（雷维兹：《音乐天才心理学》）。

这大概是我们的学童酷爱书写时一段时间内放弃绘画的原因所在。其后，当书写大功告成后，他们才想起用图案装饰书写作业的四边。相反，一旦艺术精神显露，就会完全统治并创造艺术家，正如乔托[①]所说。

当人们置身于原始人的大洞穴中，那些令人叹为观止的描绘动物运动的彩色图画，告诉我们在人类史前时期会存在绘画艺术天才；但那些精美图画不仅仅是一种表现方式，也不仅仅是交流愉快观念的手段，还被普遍视为宗教观念的反映。

简言之，存在探寻自己途径的表现本能。这样的途径有两条：一条

---

① 乔托（Giotto,1266—1337），意大利画家，被赞誉为西方现代绘画之父。

是用以表现观念的书写，另一条是表现艺术。然而，在多数情况下，儿童对绘画的不可否定的爱好和儿童的艺术天赋无关，和对艺术的决定性爱好也无关。当儿童尚不能表达观念和情感，即其内心尚不能对所处环境及产生印象的事物形式化时，这主要是用形象来书写。

这一点意味着手参与会话，正如我们所见，儿童在喋喋不休地述说，他们也在连续不断地描画。他们用发音器官表达，也用手表达，显现出尚未意识到的潜在倾向。

书写的历史确实证明，就其起源来说，书写就是绘画，正如在图画文字中那样。许多史前民族最原始图画文字的大量文献，往往非常接近儿童的自由绘画，尤其在表现人物形象方面。这些奇异的图画具有十分清晰的目的：运用与人声截然不同的手段和其他人进行交流。其后，在文明发展过程中，在原始图画文字之后，存在一个过渡期，直至音节象征表现出现，那些音节难以理解（正如许多儿童画），因此必须对它们给予合适解释，为此象形文字如同口语，各个民族截然不同，成为民族的显著特征，例如古埃及象形文字和赫梯①楔形文字之间的差异极大。

最后，在字母表中的字母，它们是简单化的绘画，不再代表音节或观念，而代表语音本身，口语正是由这些语音构成。于是，一旦书写被容易地掌握，同时也就实现口语的准确再造，头脑也仿佛完全继承用手和口语表达的能力。

结论是：对绘画施加影响的最佳方式不是让学童自由绘画，而是训练完成绘画所需的天生手段，也就是说对手进行教育。真正天才自发地显现，对于绘画无需讲授旨在帮助的课程，相反，那些低劣课程会窒息天生兴趣。然而，否定学童用手表达的显著努力，是对绘画自由发展设置障碍。为了避免这种损失，我们应当丰富表现手段的环境，并且间接地训练手尽可能好地发挥功能。眼睛应聚精会神地注视各种事物，从美的事物中获取灵感，手变得更灵活更老练。儿童将达到目的，天性驱使

---

① 赫梯，小亚细亚中部古国，约公元前 17 世纪建国。赫梯人属印欧人的一支。赫梯长期与埃及争夺叙利亚地区的统治权。

他们向着目的迈进，兴高采烈地完成必要练习以学会绘画。

雷维兹博士提到我们的教学法，并且回应对它、尤其对涉及"自由绘画"的普遍批评，他说："蒙台梭利学校并不拒绝自由绘画，相反让儿童在自由绘画中享受最大快乐；与此同时，重视儿童对色彩及形状感觉的自由发展，让他们连续不断地做手和眼的练习。"

对手进行教育至关重要，因为手是人类智慧的表现工具：它是心智器官。

卡兹博士（dott.Katz）对手和心理的关系做过特别研究，他说："蒙台梭利教学法致力于手的功能发展，让这个器官的神奇多面性呈现出来。我的研究扩展到 12 岁少年，这些研究让我思考，手就其触觉和运动究竟是个什么神奇工具。手是让人类智慧得以表达、文明可以伴随其活动的手段。若没有手，智慧人类功能的内在价值和特征将丧失殆尽。手是表现的器官，即使在想象世界里实际也居首位。在人的幼年手能帮助智力发展，长大成人后手是决定人在地球上命运的工具。"

# 二十一　音乐艺术开端

　　我在本书中简述音乐教育，必然造成对音乐在教育中的价值低估。然而，应提及幼童只能初学音乐的事实，年龄大些的孩子才能进一步学习。此外，成功还和儿童题材音乐丰富多彩有关，从而形成一个能够发展音乐"感觉"和"智慧"的环境。学校应当配备一位善于演奏乐曲的教师，并且拥有适合儿童的简单乐器，比如今天多尔梅什[①]生产的乐器，它们专供其神奇儿童乐队演奏用。这样的乐器不可能作为不可或缺的条件提供给向所有人开放的学校。然而，在蒙台梭利示范学校深入地开展音乐教育，正如在学童成长的所有领域一样，我们竭力让学童自由选择和自由表现。

　　马盖罗尼女士业已取得成功经验，在我的《小学内自我教育》一书中介绍了部分经验。在这之后，劳伦斯·本杰明 (Lawrence. A. Benjamin) 在伦敦和维也纳得到著名音乐学者的帮助，对此问题做出至关重要的贡献，尤其是他在各国古典音乐和民间音乐间精心收集乐谱，在取得在维也纳蒙台梭利示范学校的多年经验后，这些乐谱最终定稿。

　　现在，我们对音乐教育的要素和进程做简要分析。

---

① 　多尔梅什（Dolmetsch,1858—1940），法国音乐家，毕生从事古代音乐的演奏和配器的考证工作。

# 发现儿童

### 节奏和节律操

节律操的训练可以列入所谓"沿线行走"的练习，提供那种练习，学童可以保持身体平衡，同时学会控制脚和手的运动。

在这种"如履薄冰"的行走进程中可以引入音乐，作为对学童持续努力的帮助。一旦学童能保持平衡，就要开始节奏教育。许多摇篮曲适合做那种缓慢和整齐划一动作的伴奏音乐，幼童的运动类似于"摇篮"的摆动。给动作配上乐曲，在此种情况下是对坚定步伐的真正"伴随"，并且和步伐熔为一炉。和这种节奏形成鲜明对比的是和跑步一致的节奏。幼童对这两种对立的节奏最敏感。正如在感觉教育初期那样，在节奏教育中对比又再现了。此外，三四岁幼童最喜欢的两种行进方式是：缓慢且谨慎的步伐（以克服困难保持平衡）和跑步。相反，节奏性跳跃不仅是在确立完美平衡之后的运动，而且还要求做出肌肉上的努力，显然这种努力不适合幼童（由于幼童身体的特殊比例）。至于和不同节奏一致的步伐，也就是在感觉教育中符合"序列"的东西，只能在随后年龄段（大于 5 岁）开始练习。

沿线按节奏行走应当和沿线做体操区别开，因为其目的是确立完美平衡和控制运动。这些以不同方式（手持一面小旗、一只玻璃水杯、一支点燃的蜡烛，或头顶一个篮子）进行的音乐练习，要求在地板上画出一条线以引导一种确定步伐。这种限定方向使保持平衡变得更困难，从而确立并强化完美平衡。一首匀速、优美的乐曲伴随这些练习，以促进学童持续努力、准确完成动作。

然而，当节奏练习重新开始时，双脚应当是自由的，地板上的画线只用于引导并帮助学童行走、奔跑和跳跃，等等。由此可见，当过渡到练习舞蹈时，显然线就没有存在的理由，但可以给动作下达某种自觉命令。

演奏音乐的技术在于确定一个易于演奏的、并多次重复的乐句。这类似于练习的重复。除了起初的两种相反步伐特别适合幼童外，还可选择富有节奏感的乐曲并重复演奏，以提高幼童的音乐敏感性。他们没有其他机会从环境中获取音乐印象，不像对于色彩印象，甚至一般对于视觉印象所发生的那样。每首乐曲都应当多次重复演奏，从而有的五六岁孩子能演奏各种节奏乐曲，这些节奏要求彼此差异不大的运动，比如行板的步伐，进行曲的步伐，等等（序列）。

教师的授课要特别实用，应向学童演示和确定节奏一致的步伐，正如以前"上课"教师说"这是大的，这是小的"那样。然而，若这样授课，就应当让学童自己演奏乐曲，也就是让他们在不同乐曲中识别出相同的节奏。

指出这一点很重要：在演奏音乐时强调节拍，也就是在节拍分开处强化演奏是错误的。人们在演奏乐曲时应当完全根据旋律要求的表现，这样才能保证演奏出的旋律本身显现的节奏。只因节奏重音落在一个音符上，奏得比其他音符响，就会去除此乐段的全部旋律价值，从而也就丧失引起与音乐有关的运动反应能力。由此可见，必须准确无误并满怀激情地演奏音乐，也就是说，"音乐节拍"（正如人人皆知，那不是节拍器的力学时间）源于好的音乐再现。

儿童怀着音乐情感来倾听演奏乐曲的节奏，往往不仅他们的步伐，而且他们的手臂动作及整个姿态都和乐曲节奏一致。有时幼童也有节奏表现。贝比诺是个大约4岁的小男孩，他会用右手伸出的大拇指打拍子；音乐（一首歌曲）由不同的两部分构成：一部分连音演唱，另一部分断音演唱；连音时他的手匀速地挥动，断音时手就跳跃地舞动。

纳尼娜是个4岁小女孩，她随着一首旋律优美的乐曲，优雅地展开裙摆，把头微微上扬，脸上露出恬美笑容。其后，她在倾听一首军队进行曲时，上身挺直、神色凝重地前行。

为了单纯演示步伐，或为改进某些动作，教师及时授课，会让学童兴高采烈。

在马盖罗尼女士的那个班里，她的女学童艾米尼娅、格拉杰拉、佩比奈拉、索菲娅和阿梅利娅把教师围在中间，和她亲切拥抱，感谢她教会她们跳富有节奏的舞蹈。奥塞罗、文琴齐诺、泰蕾莎在听过课后，很好地改进其步态和姿态，对帮助过他们的教师也表示谢意。

有时，学童坐在大厅四周，边倾听音乐边注视同伴沿线行走，他们往往用手拍出节奏，十分准确地表现节奏。有的孩子仿佛变成了指挥：文琴齐诺这个 4 岁半小男孩，双脚并拢、站在地板上画出的椭圆形内（线内），而孩子们正沿着曲线在行走，他张开手臂打着拍子，每到一个节拍他就准确地低下上身，其上身的一落一起恰好是两节拍间的时间；他的动作和旋律表现完美吻合。

应用此种正确方法，最终学童不用人教，就能区分 3 拍、4 拍，等等，并记住各个拍子的速度。这种方法是把感觉教育应用于音乐节奏的试验。起初，学童只跟随速度却不关注拍子。

然而，在一定时刻，他们会突然感受到拍节，从而也会跟随拍节，也就是说他们的动作符合拍节的初速。玛丽·路易丝是个刚刚 4 岁的小女孩，一天她按一首进行曲行走，突然她对教师喊道："快看，快看我该怎么做！"她做了一个跳步，并且按着拍节的初速优雅地抬起手臂。

学习音符价值只适合更大些的儿童（请阅劳伦斯·本杰明《幼儿音乐导论》中详述的过程）。对这种学习的兴趣和如下事实有关：儿童在自身发展并分析节奏感觉。

## 音乐再造

倾听为节奏性动作伴奏的音乐，只是音乐教育（涉及乐音在时间中的连续、乐句的表现音调）的一个要素。

其后，学童应学习旋律和和声，这需要单独练习；还需要有适合儿童演奏的乐器，不仅就其大小，尤其要结构简单，让他们自由使用，不会遇到技术上的麻烦。于是，通过简短的"指导"和授课，这类似于我们的教师在介绍一般教具使用方法时所做的那样，从而让学童学会演奏，恰恰由于乐器的简单和易于使用，他们对演奏的兴趣与日俱增。

孩子们的器乐演奏可以取得惊人成果，为开音乐会他们常常结成小组。能否开成音乐会，要看每人用自己乐器单独练习的情况，是否能从个人练习中产生真正音乐情感。

多尔梅什在英国取得这样的成长，他想让在今天废弃的（因钢琴取得决定性胜利）过去优美乐器重新使用，他直觉到要为儿童制作简单乐器。多尔梅什确信音乐的神奇力量和儿童纯洁心灵，这种信念引导他采用的方法和我的教学法原则不谋而合（一种适合的"教具"）；简短的指导，旨在让儿童和教具发生关系；其后，让儿童自由地演奏自己乐器。英国比代尔市的杰出学校设有几个蒙台梭利示范班。我遇到，孩子们在大树下演奏小提琴；或他们分成几个小组，尝试增加几种独特弦乐器（类似简化的竖琴和里拉琴）的旋律。或许他们听到从窗户里传出美妙动听的曲调。这些孩子多数一点儿也不了解乐理和音符，他们也从未做过节奏练习。音乐发展在于令人愉悦的倾听，这位年迈、热情的大师到处慷慨示范：在大厅，正如在森林和草地，孩子们围坐在他身旁，或躺在草地上，欣喜若狂地倾听他演奏乐曲。此外，音乐发展还因儿童及时拿起一种乐器，当灵感驱使他们探寻某种和声，和谐之音就在他们心灵扎下根。

### 音乐阅读与书写

然而，在儿童之家也可以初学书写音符。

音符书写基于识别乐钟教具乐音的感觉练习，在最初的练习中，成对地敲击乐钟，其后按序列敲击。

学童可以"掌握"音符，也就是能够操作产生音符的教具，这些教具除声音不同外，其他方面都相同。它们应分开并可移动以便于混合和整体排列，这对学童是巨大的帮助。因为用教具形式展现音符，它们就类似于用于感觉教育的其他教具。接着要做的是，把音符和名称相结合，正如学童在类似练习中所做的那样。在与音符等量的木质"棋子"（写有音符符号）上写上其名称 do、re、mi、fa、sol、la、si，要求学童把每个"棋子"放在对应乐钟（它发出的乐音和"棋子"的音符相同）的木质基座上。这样，学童通过多次重复练习，最终能够有把握地认识各个乐音的名称。因此，写有音符名称的"棋子"不仅是有待放置在五线谱上的符号，而且首先是表示乐音的符号。所以，当学童开始在五线谱上学习音符时，他们仿佛在做业已熟悉的音乐书写练习。

为让幼童自己做练习，需求助于其触觉本能和教具移动。我们制作了一块五线谱板，上面刻出圆形"凹槽"，其面积和音符名称（do、re、mi、fa、sol、la、si、do）"棋子"相等。我们要求学童把音符"棋子"（其上方刻有名称）插入对应的"凹槽"内。为了确保正确放置，在"凹槽"和"棋子"下方写有一一对应的数字（1、2、3、4、5、6、7、8）。这样，学童按数字的提示放置"棋子"，就可以在五线谱板上放置所有八度音符。

为了随后的练习，我们还准备了一种五线谱板，和前一种一样也是木质的，但没有"凹槽"，因此也没有要"会师"的数字。五线谱板附带一个木盒，内装不写数字的"棋子"，每个"棋子"正面写有一个音符的名称。再准备一些"棋子"，全都写上相同音符的名称。这种练习用以检验学童的记忆力，利于记住各个音符的准确位置。练习要求学童把偶然拿到的"棋子"放在五线谱板上对应的位置。然而，他们按"棋子"写有名称的一面放置，但有待显现"棋子"隐秘的一面（音符）。显然，许多"棋子"放在相同的格上或占据相同位置。音符"棋子"被放置后就不能移动，而应当翻转，于是易于阅读的名称会告诉学童，他们可能犯的错误。

第三种教具是画有两个五线谱的木板，在板上音符按菱形排列，而因两个五线谱分离，所有音符则根据小提琴的和低音的两种谱号排列。

这时，学童可以阅读小奏鸣曲乐谱并能用乐钟奏出旋律。与此相反，只有当学童的耳朵能再现乐钟或其他乐器奏出的旋律之后，即他们能够发现旋律的音符后，才能写出小奏鸣曲的乐谱。

大些的儿童，即小学生，在书写音乐方面将取得突飞猛进的进步。在巴塞罗那的蒙台梭利学校，每个孩子都备有五线谱本，其数量几乎和书写练习簿相等。

请读者注意上述三种练习：节奏运动，器乐演奏和书写音乐，它们可以分开并独立地进行。为证明这一点，我们不仅指出存在独立进行的练习，甚至可以指出存在涉及一个方面的完整方法。我们提及德尔克罗兹（Delcroze）的方法足矣，它只关注发展节律操；正如多尔梅什的方法只关注一种乐器和声的艺术。其后，陈旧的音乐教学法脱离音乐从认识五线谱上的音符开始。然而，这是一个我们称做分析的例证，也就是在各种练习（单独可以成为兴趣盎然的工作）中，把艰难复杂的整体分成各个部分。

然而，节奏、和声、书写及阅读，这三种兴趣，这三种愉快工作和内心愉悦（成就感）的历史，最终要统一。

# 二十二 "儿童之家"的纪律

从本书出版至今积累的经验,一再向我们证实:虽然我们学校一班人数众多,甚至多达 40 个至 50 个学童,但比普通学校的纪律好得多。无论是谁参观管理有素的学校,都会对学童的纪律留下深刻印象。这是一个有着 40 名 3 岁至 7 岁学童的班级,每个孩子都在专心致志地工作:有的做感觉练习,有的做算术练习,有的触摸字母教具,有的画画儿,有的用扣件框做练习,有的清扫灰尘;他们有的坐在桌边,有的坐在地毯上。他们轻轻地移动东西,他们踮着脚尖走路,只发出轻微的响声。有时,他们抑制不住内心欢乐,尖声呼叫:"小姐,小姐,看看我做的!"

然而,聚精会神工作是学童的常态。

教师轻捷地缓慢地走动,走近呼唤她的孩子,她特别注意,要立即出现在那个孩子身边,又不要打扰其他孩子。

几个小时过去了,教室内一片寂静。

他们就像小大人儿,正如某些"儿童之家"的参观者所说,或用其他人的说法,他们像"议会的小议员"。

在这种兴趣盎然的工作中,从未发生学童争夺教具的情况。如果一个孩子成绩优异,他会发现有的孩子为他的新成就欢欣鼓舞,并对他大加赞赏,没有人因为他人的好成绩感到内心痛苦,相反为他人感到惊喜和欢乐;从而往往有不少善意的模仿者涌现。大家仿佛都对自己力所能及的工作感到心满意足，他人成绩从未引起嫉妒之心和令人不愉快的竞争，取得成绩者也没有骄傲自满。3 岁幼儿平和地站在 7 岁孩子身旁，如同他对自己的身高感到平静，不会妒忌那个比他身高的孩子。一切都在和平温馨之中进展。

如果女教师想让所有学童干一件事，例如，都放下自己感兴趣的工作，只需低声说一句话或做一个手势，大家都会停下手中工作，并兴致勃勃地望着她，"急不可耐地"渴望她下达命令。

许多参观者看到女教师在黑板上写出命令，而孩子们都心悦诚服地服从。

不仅教师，无论谁对学童提出要求，都会惊奇地发现他们满心喜悦、一丝不苟地服从。参观者往往想倾听一个画画儿的孩子唱歌，这个孩子为使他高兴放下画儿；当他刚刚完成礼貌之举，立即继续中断的工作。年龄更小的孩子往往先干完手中的工作，再执行命令。

当参加我的教学法培训班的女教师们到学校考查时，发生了一件这种纪律令人惊奇的事实。女教师们的考查切合实际，于是一组组的学童听从考查教师的安排，他们根据抽到的题目完成不同的练习。在我们面前，他们以自己最高兴的方式支配自己的时间：在因考查中断工作后，他们又继续以前的工作。时不时地有孩子把在等待时画完的画儿献给我们。

学童的耐心、执著和永不枯竭的欢快情绪令人惊奇。

这一切给人以学童有很强自制力的印象。他们毫无惧色，以明亮的眼睛、快乐从容的面貌，胸有成竹地欢迎我们考查他们的工作，陪伴我们回答问题，让我们感到面对的是"一家之主"。他们热情洋溢地抱住女教师的膝盖，或请她弯下腰以亲吻她的脸颊，体现出童心的崇高和伟大。

无论谁看着孩子们摆放餐桌，都会既焦虑不安又惊喜万分。4 岁女童充任小服务员，她们把餐刀和其他餐具摆放在餐桌上的各个位置，她们托着装有 5 只玻璃杯的托盘，甚至端着一锅热汤转遍各个餐桌。没有一人衣服破污，没有打碎一只玻璃杯，没有撒出一滴汤。在整个进餐过程中，文静的女童服务员勤奋地照管着；看到有人喝完汤，她们立即递上第二道菜；看到有人吃完，她们急忙撤走空盘。① 每个用餐的孩子都无需要求添加汤，也不用通知已吃完一道菜。

看到这一切的人们，联想到 4 岁幼儿的一般状况：他们吵吵嚷嚷，容易打碎东西，总要人服侍；从而被亲眼目睹的惊人景象所打动，认识到人类心灵深处隐秘的潜在力量。

这样的纪律绝不可能靠命令、靠说教，甚至靠人们普遍认可的管理手段获得。

为了获得纪律，指望责备、说教完全无用，起初这些手段可能给人有效的假相；但很快，当真正纪律刚一出现，那一切如沙塔般轰然坍塌，如同幻觉面对现实那样："黑夜给白昼让位"。

真正纪律的最初曙光源于工作。在一确定时刻，学童对一件工作产生浓厚兴趣；这从他们的面部表情可以看出。他们注意力高度集中，持之以恒地做自己的练习。他们走上纪律之路。他们不论做什么练习：感觉练习，或扣件练习，或清洗盘子练习，都能遵守纪律。

从我们方面来说，通过不断重复"肃静课"，对培养纪律性施加影响。"肃静课"要求学童保持肃静，注意力高度集中以倾听远处用轻微声音的点名，轻捷地、协调地运动，踮着脚尖走路，不碰撞室内东西。这是事半功倍的训练方法：循序渐进地培养个人的运动能力和心理素质。

学童专注于一种工作的现象一经出现，我们就应当小心翼翼地保护它，根据经验启示，我们应把各种练习分成不同阶段。"我们教师努力确立纪律，就是严格实施我们的教学法。"

真正让人服从纪律的巨大困难就在于此。并非话语让人守纪律，人也不是听到"他人的话"就服从纪律，而是通过训练一系列复杂行动，例如彻底实施一种教育方法，才能形成遵守纪律现象。

---

① 按意大利餐习惯，第一道菜为汤；无论是汤，还是面条、拌生菜、海鲜、肉菜和比萨饼，都用盘子盛，只是汤盘和生菜盘要深一些，而比萨饼盘既大又厚。

# 发现儿童

由此可见，纪律是通过间接途径，在自发工作中开展活动才实现的。每个人都应当发现自我"收敛"的可能，在平和、安静的活动中修炼，这种活动没有外在目的，而旨在让维系我们生命的精神火焰永不熄灭。

我们本能、随意地向学童提供工作，"方法"的精髓恰恰就在于此：那种工作应当是人们强烈渴望的，那种工作是生命的潜在倾向所隐秘要求的，换言之，个体通过这种工作逐渐提升自己。这是一种使个性有序发展并让个体前途无量的工作。我们以幼童不守纪律为例：实际表现为肌肉不守纪律。他们不停地无序地活动：他们躺倒在地，做出奇怪姿势，大声呼叫，等等。说到底，存在一种潜在倾向以探寻运动协调，晚些时候这种协调将实现。幼童运动尚未灵活，说话尚未流利，他们将会成为运动灵活、说话流利的人；但目前他们被自己的经验左右，这种经验既充满错误，又朝着正确目的艰难努力（在本能中潜在，在意识中模糊）。

他们应当确立的运动是与人的行为举止一致的运动，儿童应当在所处环境中掌握运动并形成习惯。这就是儿童及时做这些练习的原因所在；仅仅观察他人做练习是不够的。他们的运动不是一部机器（只要求调节好）的运动，而是其机制具有明确目的的运动。因此，运动活动应当拥有一个目的，并且应当和心理活动相结合。在运动和渴望学习头脑之间存在紧密关系。不仅仅从未学习过运动的儿童运动不协调，而首先是头脑营养不良的儿童，他们受头脑饥饿的折磨。

我们对学童说："像我这样，不要动！"但并未具体说明。对正在生长发育的个体来说，仅靠一个命令不可能调整心理—肌肉复杂系统。在这种情况下，我们把成人和幼童弄混了。成人由于坏刺激而喜欢混乱，并能（在其可能的限度内）服从一个强有力命令而让意志转向，在其可能的限度内朝着公认的秩序发展。相反，幼童的情况主要是帮助自愿运动机能自然发展。于是，需要教授所有协调运动，尽可能分析这些运动，并让他们逐步提高运动水平。

做这些促进运动协调的练习，旨在达到一个头脑认识的确定目的。

在这些练习中，学童不仅活动其肌肉，而且让头脑具有秩序感，还让头脑变得聪明。这种活动会发展意志力，而意志力的形成正是基于引起活动本身的全部动因。虽说运动已协调，但协调运动的个体占据中心地位。通过做这些运动练习，他们提高自己的智力，越来越意识到所处环境和自身。真正运动协调是人格完善的结果。

由此可见，不是学童学习运动，而是他们遵守纪律，因为他们通过对自己活动的自由选择，已经达到人格发展的较高程度。

不要感到惊奇，相反顺理成章：儿童通过练习能够遵守纪律，虽说此年龄段儿童的肌肉并不听话。事实上，由于儿童在运动，他们对自然做出回应；但由于运动倾向具有一个目的，所以不再呈现混乱面貌，而是具有工作面貌。这就是纪律，它代表一个取得大量成果的目的。于是，如此守纪律的儿童不像以前只知道要乖；而是实现自我完善的个体，他们克服年龄段的通常局限，实现了一次飞跃，在现在把握住未来。因此，他们人人欢欣鼓舞。他们不需要永远要人陪伴，徒劳无益地重复对他们说"不要动，要乖"，混淆两种对立观念。美德不可能通过惰性获得，现在儿童的美德全在运动中表现。

其实，"好人"是朝着善的目标前进的人们，而善则通过自身完善和有益、有序的外在活动体现。在我们的情况下，外在活动就是为了实现内在发展的手段，并且显现为对这种手段的采用：这两种因素相辅相成。工作使儿童内在地完善；而实现自我完善的儿童能够更好地工作，更好的工作吸引他们，从而他们继续内在地完善。由此可见，纪律不是一个事实，而是一种途径，沿着这条途径，儿童准确地，甚至可以说科学地获得美德的概念。

此外，儿童主要通过不断取得成果，最终实现自己的目的，从而感受内心有序的极致快乐。

在长期的训练中，儿童感到欢乐、觉醒和满意，这是他们心灵的隐秘宝库，在这个宝库中，一种特别的快乐、一种成为美德源泉的力量逐渐积淀。事实上，儿童不仅仅学习运动并完成有益活动，而且学习优雅姿态，从而使其动作更准确更美，并使其手、面貌和眼睛的美凸显，还表明精神生命之光已经照耀着他们。

显然，很好理解：儿童逐渐自发地发展的协调运动，也就是他们自己选择和进行或暂停练习，并不比他们放任自流地完成不协调运动所付出的努力大。肌肉的本性是运动，因此有序地运动让肌肉得以休息；正如按正常节奏吸入大量空气让肺得以休息一样。让肌肉完全停止运动，就是强迫肌肉抗拒其运动冲力，因此不仅使肌肉疲劳，而且让肌肉在无所作为中退化。正如强忍着不让肺呼吸，不仅造成肺瞬间死亡，而且导致整个机体一并死亡。

因此，人们最好清晰地认识到：在某种符合自然目的性的运动中，该运动主体得以休息。

按照秩序并遵循生命隐秘准则来运动，这就是休息。在这种特殊情况下，由于人具有智力，人越是多用智力运动，人在运动时越感到平静和从容。儿童乱蹦乱跳必然造成神经和心脏力量的耗损；而智慧的运动会让儿童几乎因超越自己而感到自豪，他们对置身于一个超越界限（视为不可逾越的障碍）的世界（在尊重他们又不让他们察觉的指导者中间）自己力量倍增感到心满意足。

"力量倍增"是一种说法，可以从生理学上进行分析：通过合理使用，器官得以发展，血液循环得以改善，组织进行积极物质交换，所有这些因素有利于身体发育并保障身体健康。

精神帮助身体成长；心脏、神经、肌肉都沿着自己的道路很好发展。由于道路只有一条。

对于幼儿的智力发展，同样可以这样说：幼儿心智的特征是混乱，但也在探寻自己的目的，并且在自由放任和（往往）受到普遍迫害之间积累艰难的经验。

一天，我在罗马宾丘公园内看见一个大约1岁半的男孩，他长得非常漂亮，总是面带微笑。他有一只空小桶和一把小铲，他费力地用小铲铲起小路上的小石子，再把小石子倒入桶里。一位仪态不俗的保姆站在他身旁，她心地善良，对孩子的照看可以说既亲切又聪明。当到应回家的时刻，保姆耐心劝说男孩放下手中工作，并要把他抱进童车。但劝说对执著的男孩无效，保姆就自己把小桶装满小石子，接着把小桶和男孩一起放进童车，她确信孩子会很高兴。然而，那个孩子大声呼叫，他反抗暴力和不公平的面部表情令我震惊。那个童心完全被冒犯！那个孩子并不想要一满桶小石子，他想做练习——铲起小石子，再装满小桶，并通过练习满足其生机勃勃机体的需要。孩子的目的是实现其内在成长，而不是装满一桶小石子的外在事实。他如此依恋外部世界是表面现象，而现实是他的生活需要。事实上，他若把小桶装满小石子，或许他会倒掉，接着再装满，他这样反复多次，直至心满意足为止。我看到不久之前由于满意他的粉红小脸带着神奇的微笑。内心喜悦，自由练习和灿烂阳光使他的生活生气勃勃。

这个男孩如此简单的插曲，成为发生在全世界儿童，尤其是那些最优秀和最受关爱孩子的一个例证。他们不为成人理解，因为成人按自己情况判断他们，认为儿童预先确定外在目的，从而成人要满腔热情地帮助他们达到目的。相反，儿童只有未意识到的、发展自身的目的。因此，他们总轻视业已实现的东西，而酷爱有待实现的东西。例如，他们更喜欢自己穿衣，而不是穿好衣服让人看，即使衣服华丽。他们喜欢自己洗澡，而不关注清洁舒适的感觉。他们喜欢造一所房子，而不是要拥有这所房子。因为他们"不应当享受生活，而应当塑造生活"。他们真正的、几乎唯一的享乐就是成长。现在，1岁婴儿的成长在于营养；随后幼儿的成长就在于协同确立集体的心理—生理功能。

宾丘公园的那个漂亮男孩的情况就象征着：他想要协调自觉运动，通过铲小石子来训练肌肉力量，通过估算距离来训练眼睛，通过涉及装满小桶活动的推理来训练智力，驱使自己的意志来决定行动。相反，保姆认为孩子的目的就是拥有小石子，从而越俎代庖，但这绝不是对孩子的爱，而肯定令孩子伤心。

类似的错误还有：我们不厌其烦地说，想象学生要达到的目的就是获取知识。我们帮助他们在智力上掌握某些知识，却因此妨碍他们的发展，并使他们心情不愉快。一般说来，人们认为在学校只要学到东西就会令人满意。

然而，我们让学童自由活动，我们就能够保证他们沿着智力自发成长的道路前进。

对于儿童来说，学会某些东西只是一个起点。当他们学会某些东西后，就开始享受重复练习，并且把学会的东西兴高采烈地重复无数次。他们欣欣鼓舞地做练习，因为这样做可以发展其心理活动。

当人们对这一事实有切身体验后，便对今天许多学校的做法提出批评。例如，常常发生如下情况：教师向学生提出问题，有的学生要抢先回答，她就对学生说："不，不是你，因为你会。"她想让她认为不会的学生回答。

这样，不会的应当回答，而会的却应当沉默。因为人们认为知道至关重要，其他徒劳无益。然而，在日常生活中，我们多次重复众所周知的、令人兴趣盎然的、同生命产生共鸣的东西。

我们恰恰喜欢哼唱熟悉的旋律，即我们欣赏过、亲身体验过的旋律。我们喜欢重复叙述令我们感兴趣的东西、我们熟知的东西，即使我们心里清楚叙述内容毫无新意。人们总在重复刚刚学会的祷文。

然而，为了这样重复，首先需要存在有待重复的东西；知道符合这种存在，这种必要条件，它是为开始重复行动而不可或缺的东西。发展生命的练习在于重复，而不在于学习。

现在，当儿童成功地达到重复一种练习的程度，他们就走上发展自己生命的道路，并且外在地显现他们严守纪律。

儿童并非总能产生此种现象。不要让不同年龄的幼童重复做相同练习。事实上，重复应和需要一致。实验教育法的关键就在于此：必须向学童提供符合机体发展需要的练习；儿童年龄若超过特定需要，就不可能取得适合年龄的那种充分发展。从而儿童在成长时往往不健全，会留下永远的缺陷。

另一个有趣的观察涉及完成活动的时间长短。儿童最初尝试完成的活动非常缓慢。他们的生命规律和我们的截然不同。

幼童缓慢地、持之以恒地完成自己喜欢的复杂活动，例如穿衣、脱衣、打扫卫生、洗澡洗脸、布置餐桌、进餐，等等。他们做这些事都很耐心，努力克服因机体正在发育而产生的种种困难。当我们看到他们"艰难地"并"浪费时间地"从事某个活动时，而我们只需一瞬间毫不费力能完成，就代替他们做了。

仍然由于同一偏见——外在活动完成就达到目的，我们给儿童穿衣和洗澡，我们从他们手中夺下他们爱不释手的东西，我们把汤盛在汤盘里，喂他们，然后收拾餐具。在为他们服务后，我们以极不公正的态度判断他们，认为他们笨拙无能，正如过于热心者所为，虽说表面上使他人受益。我们往往认为儿童缺乏耐心，恰恰因为我们没有耐心等待他们行动，要知道他们行动遵循的时间规律和我们的截然不同。我们说他们"蛮横"，恰恰因为我们对他们专横跋扈。这样的坏名声，这样的污点，这样的中伤，现在严重损害幼童既有耐心又温和的个性。

幼童正如每个强者都捍卫自己的生存权，他们反抗冒犯他们心灵的人，他们听从自然的声音；于是表现为粗暴行为，大声哭叫，抗议他们的使命被剥夺。他们反抗不理解他们的人，反抗自认为帮助他们，实际却驱使他们在生活之路上倒退的人。他们是造反者、革命者和破坏者。从而，热爱他们的成人，重申对他们的诽谤，将捍卫被冒犯的生命和天生捣乱混为一谈，认为天生捣乱是幼童的典型特征。

假若我们陷入弗雷格利[①]的同行之中，即落入动作极其敏捷的人们之中，我们能够像他们那样快捷地换装，让剧场观众目瞪口呆、忍俊不禁吗？假若我们按自己的习惯继续活动，我们会发现弗雷格利之流冲向我们，他们开始粗暴地为我们换装，摇晃我们，并迅速地给我们喂食，不给我们留一点儿吞咽时间，他们抢走我们手中的活儿，以便他们快捷地完成。就这样，他们让我们深陷难以言状的无能为力和惰性十足的泥潭，我们不觉得这是奇耻大辱吗？我们不知道如何更好表达这种情绪，就用拳头和呼喊反抗那些狂人进行自卫。而他们怀着为我们服务的善意，说我们是邪恶的造反者，没有能力干成一件事。我们，认识我们真

---

① 弗雷格利（L. Fregoli,1867—1936），意大利喜剧演员、杂耍演员，以扮演多个角色换装快捷而闻名于世。

正的祖国，对他们说：请你们来我们国家，看看我们创造的灿烂文明，看看我们神奇的工作。弗雷格利之流心醉神迷地欣赏我们，当他们看到我们的世界如此美好、生气勃勃、井然有序、和睦相处、以礼相待，简直不敢相信自己的眼睛，尽管比他们的世界运行速度缓慢。

在我们和儿童之间也发生类似情况。

感觉教育恰恰在于重复练习，而练习的目的不仅让儿童认识颜色、形状和物的不同性质，而且通过注意力、比较和判断（真正的智力体操）的练习，提高儿童感觉的灵敏性。这种由不同刺激合理引导的体操有助于提高智力，正如身体体操有益身体发育和健康。

儿童练习用不同感觉分别接受刺激，集中注意力，逐步发展心理活动；正如通过分别训练运动，让肌肉活动井然有序。儿童不仅仅限于心理—感觉体操，而且应当训练一种特殊活动：让各个观念自发连接，根据实际认识形成推理模式，并让智力和谐平衡。当儿童对外部环境有所发现，当他们欣赏并沉思向他们展现的新事物，他们因自己意识提高而欢欣鼓舞，从这种隐秘体操中产生并发展那种心理突发（令儿童兴高采烈）的根源。几乎由于自发性"瓜熟蒂落"，并类似于内在发展的现象，最终在儿童那里产生认识的产物：书写和阅读。

有一次，我看到一个两岁幼儿，他是我的同事、一位医生的儿子。他几乎是挣脱母亲的手臂，是他母亲领他来见我。他突然扑向他父亲写字台上摆放的物品：一个长方形练习簿，一个圆形墨水瓶盖。后来，我激动地看着这个聪明的男孩尽力模仿我们学童，他们正热情洋溢地用平面插件连续不断地练习。他的父母让他离开，并且大声训斥他，还对我解释："那孩子好动，太调皮。"我不止一次地发现全世界的所有儿童都遭到训斥，因为他们"触摸一切"，不管谁要阻止他们，他们都造反！

相反，由于指导并发展这种触摸一切和识别几何形状和谐的天生本能，我们4岁半的小大人儿在自发书写现象中感到欢欣鼓舞。

儿童冲向练习簿、墨水瓶或其他东西，但总是白费力气难以实现自己的目的，因为他们被比自己更强大的人们所战胜，他们因努力失败而绝望，浪费神经能量，总焦躁不安和痛哭流涕。而他们的亲人却有一种他们得以休息的错觉。正如把渴望为其智力大厦奠基的幼童视为捣乱鬼，是对他们的误解和中伤。相反，在我们学校学童幸福大胆地享受自由，他们移动并放置平面几何形状插件，这些插件供给他们用于高级素养本能训练。他们享受着最完美的心理安宁，却不知道他们的眼和手开始通往一种新语言的奥秘世界。

我们大部分学童平静地做这些练习，并使神经系统得到休息。于是，我们说这些学童听话和安稳。这大大超过普通学校渴望的外在纪律。

然而，正如一个安稳的人和一个恪守纪律的人不是一码事，同样，在这里，和他们身上正在确立的纪律相比，平静的事实只是其身体的、部分的、外在的现象。

我们往往认为（这也是一种偏见），为使儿童自愿行动，命令他们足矣。我们自以为会发生这种现象，并把这种奢望称作"儿童服从"。我们发现儿童、尤其是幼儿并不顺从；当三四岁幼童反抗时，我们感到失望或放弃让他们服从的奢望。但我们仍固执地向儿童宣扬"服从的美德"，我们认为，这恰恰应当属于儿童的，尤其是"幼儿的美德"，恰恰因为在儿童那里很难发现这种美德。

然而，靠祈求、命令或鼓动企图得到很难获取的东西是一种普遍幻想。例如，我们要求儿童服从，而儿童想要月亮。

但通过心理个性的复杂训练可以实现服从。必须做到：为服从不仅愿意服从，而且还会服从。由于，当人们命令做一件事时，就是奢望一种相应的、有效抑制活动。因此，服从包括意志的训练和智力的训练。通过独自的练习，在个别事物中训练意志和智力；这虽然是间接地，却能促使儿童服从。

这里提及的方法的每一部分都包含一个意志力练习。当儿童完成协调运动时，就实现一个预定目的，他们耐心地重复一种练习，就锤炼自己的意志。

与此同时，通过一系列复杂练习来培养学童的抑制能力。例如，"肃静课"就要求长时间地抑制所有动作，当等待被点到名，当希望被点到名，当被点到名后想欢呼并奔跑时都要严格控制；他们注意沉默不语、走动轻捷、勿碰桌椅和教具，以免发出噪音。那些算术练习也是一种抑制性练习。当一个孩子抽到某个数字时，在属于他支配的许多物品中只应拿取与数字一致的物品。然而正如经验所表明，他们总想拿取尽可能多的物品；而如果他抽到零，会两手空空地耐心坐着。零课程是另一种抑制活动的练习。当孩子被点到名，以多种方式被诱使来零次，给予零个飞吻，但他能静止不动，因为其感觉战胜恰恰要服从召唤的本能。当孩子两手端着一锅热汤，他应同干扰他的一切环境刺激隔绝，要克服蹦蹦跳跳的想法，苍蝇叮他脸时不能用手驱赶，他清楚认识自己肩负责任重大，不能跌倒，也不能打碎汤锅。

一个 4 岁半小女孩把汤锅放在餐桌上，在给每个同伴盛完汤后，她就高兴地跳一跳，接着端着汤锅到另一张餐桌，服务完后仍然跳一跳。她经过 20 张餐桌从未中途忘记汤锅，也从未忘记小心谨慎控制自己举止。

正如任何其他活动一样，意志力也要通过系统练习来增强和发展。在我们这里，所有智力的和实际生活的练习也都是意志力练习。学童似乎在学习动作的准确和举止的优雅，或是完善自己的感觉，或是在学习计算和书写，但他们成为自己的主人，成为意志坚定、思维敏捷的人，意义更为深刻。

经常听人说，儿童应当会摧毁自己意志以服从命令，对儿童进行意志教育就在于此，他们应当屈服和服从。然而，这种奢望是不合逻辑的，因为儿童不能摧毁自己不拥有的东西。这样，我们就阻止他们形成自己的意志，我们就对儿童犯下滥用权力的最大过错。他们甚至没有时间和方式检验自己、评估自己的力量和局限，因为他们总被我们的权势所打断和奴役；他们在不公正中变得软弱无力；他们总遭成人严厉指责，因为他们不具有每时每刻被摧毁的东西。

于是，产生后果——儿童胆怯，这是一种意志疾病，是儿童意志得不到发展，而暴君靠通常诽谤有意无意掩饰自己错误造成的，人们反而认为这是一种幼儿特征。

我们的学童从来不胆怯，他们最富有魅力的品质之一是待人的从容自如，他们在他人在场时能从容自如的工作，他们真诚地希望他人参与他们的工作。矫揉造作和胆怯的儿童心理畸形，当他们和同伴在一起并做"恶作剧"时就有了胆量，因为他们只能在"阴影"中发展其意志。在我们的儿童之家，不存在这和儿童心理畸形现象。

除意志练习外，还有其他服从因素——认识到有待完成的活动。

我的学生安娜·马盖罗尼先在米兰、后在罗马朱斯蒂路的"儿童之家"做过十分有趣的观察，恰恰涉及让幼儿通过"知道"而服从的方式。

儿童的个性一旦形成，服从就作为潜在本能产生，正如我们所说他们开始服从。例如，一个孩子开始尝试做某种练习，一次突然做成功，他对此感到惊奇，他注视着，因此希望再试试，但不是每次都成功。后来，孩子似乎每次练习都成功；但当他人要他做时，却不能次次都成功，甚至几乎总失败。这是由于外在命令没有引起自愿行动。然而，当练习总能做成功，并有绝对把握时，外在命令就能引起实现目的、充分、井然有序的行动，也就是说儿童可以永远执行接到的命令。

这些事实（除个体差异外）反映的心理形成规律，每人在学校和家中与儿童日常交往的经验里感悟到。我们往往听到一个孩子说："我做过那件事，但我现在不会做了。"给他下达命令的教师对他的无能感到失望，便说："虽然以前这个孩子做得很好，但现在他不会做了。"最后，存在一个完全发展时期，此时儿童在学会做一件事后，就有能力多次成功重复。

由此可见，存在三个时期：第一，是潜意识时期。此时，在儿童智力中，因内心神秘冲动从无序产生有序，并作为外在结果，完成某种有序行动；但因它仍在意识阈之外，儿童个体不可能自愿重复这种行动。第二，是意识时期。此时，存在自愿的行动，意志参与行动的发展和巩固的过程。第三时期，意志可以指导并引起行动本身，意志可以执行外在命令。

现在，服从也和类似进程同步。在第一时期，即内心混乱时期，儿童不服从，他们仿佛心理上的聋人，根本听不进命令。在第二时期，他们愿意服从，具有理解命令的能力，并愿意执行命令，但不能或至少不总能执行命令，可见他们还未做好准备，也没有因服从显得快乐。在第三时期，儿童做好了准备，热情地服从命令。他们在各种练习中得到锻炼和提高，他们因会服从命令而感到心情舒畅。

在这个时期，只要接到微不足道的命令，就会放下感兴趣的事情，兴高采烈地去执行。

从意识中确立的这种秩序（以前意识中是混乱）产生纪律现象和智力发展的整个画卷，这幅画卷是丰富内心世界的创造。从这些"明暗分明"的、有序的心灵，产生丰富情感，智力获突飞猛进发展。

他们已经闻到礼貌、友爱、真诚向善的盛开花朵的芬芳，这芬芳是从儿童的心灵深处发出，并且将结出圣保罗①的精神生活的硕果——仁爱、欢乐、忍耐、善良、美德、温顺、谦逊。

他们变得有道德修养，因为在反复练习中训练了耐心；从服从命令和他人意愿中训练了温顺；在利他中得到享受，他们没有妒忌和敌意；他们在欢乐与和平中做好事；他们神奇地辛勤工作。

这是一种实验的初步梗概，它说明间接培养纪律的形式。在这种形式中，合理组织儿童工作和儿童自由的宗旨代替教师的批评和说教。这种形式意味着在宗教领域而不是在人的内心普遍认知的生活概念，意味着承认上帝和明显代表上帝的人们的权威，而将其基础建立在文明进步的途径——工作和自由之上。

因此，人们发现，在幼儿个性中，通过持续练习发展的本能美德（在自由地共同生活中产生的文明美德）和宗教美德（在道德意识领域代表所有先在的、受启示的、提高的美德）熔为一炉，并期待超自然的成果。

---

① 圣保罗（San Paolo），早期基督教主要活动家之一，约公元67年被罗马皇帝尼禄处死。《新约圣经》中收有据说为保罗所写的十余封书信。《保罗书信》的主要内容是基督教教义和神学思想。

# 二十三 结论和印象

　　我认为，这里描述的科学教学法的部分，显然可以引导教师实际应用。

　　无论是谁，只要很好把握这种方法的整体思想，就能理解涉及其实际应用的部分特别简单和容易。

　　那种教师形象消逝了：她们艰难地维持纪律，不让学生乱说乱动；她们因慷慨激扬、滔滔不绝而元气大伤。

　　一种发展教具代替了口头授课，这种教具可以对学童的错误进行监控，可以让他们用自己的力量进行自我教育。这样，教师就成为"学童自发活动的指导者"，教师要"有耐心"并"默不作声"。

　　每个学童都投入不同的活动，而指导者可以看护他们，进行心理观察，要用科学标准、系统地收集观察材料，这样的观察有助于重构儿童心理学并为实验教育学奠定基础。我认为运用我的方法业已确立发展科学教育学的必要研究条件：采用这种方法的教师，可以在每所学校、每个班级开设一个实验教育学实验室。

　　从这里，我们应当致力于真正实际解决人们谈及的所有教育学问题。正如某些问题已经解决，诸如儿童自由、自我教育，为儿童教育的共同目的做到家庭活动和学校活动的和谐统一。

　　从学校的实践方面来看，应用我们的方法，其后显现出可以同时教育不同年龄、水平参差不齐儿童的优越性：在我们最早的"儿童之家"

# 发现儿童

里，2 岁半幼儿和 5 岁多的孩子在一起，前者尚不适合做最简单的感觉练习，而后者的文化水平已超过三年级小学生。每个孩子都能自我完善，并能根据自己个人潜力不断进步。这种方法的最大优点在于使乡村和小镇学校教育变得容易。那里不可能设立许多班级，也不可能有许多教师。我们的经验表明，一个教师可以教授许多孩子，他们的水平参差不齐，从幼儿园小班到小学三年级。除这一实际优点外，其另一优点是能使掌握书面语言变得特别容易，从而能有助于扫除文盲和规范语言。

学童独立工作，这样赢得纪律的主动性和实际生活的独立性。一位聪明教师，不仅指导他们的身体发展，而且指导他们的智力和道德的发展。应用我们的方法，学童不仅拥有健康体魄，而且拥有崇高人类心灵。

迄今为止，仍有人错误地认为，儿童的自然教育应当只是身体的，但精神也具有其自然性，正是精神生活在所有年龄制约着人的存在。

我们的方法重视儿童的自发心理发展，并且应用从观察和经验中推演出的手段促进这种发展。

如果身体的关注能让学童为身体健康感到愉快，那么智力和道德的关注则能让他们欢欣鼓舞，促使他们不断对外在环境和自己心灵深处的发现感到惊奇。

这种崇高精神享受在培养人，只有它能够真正教育人类童年。

我们的学童和迄今人们了解的各类学校的学生截然不同。他们因幸福而从容，他们动作自如感觉可自己做主。当他们跑去迎接参观者并坦率地和后者交谈，他们庄重地伸出小手有礼貌地和后者握手。当他们感谢客人来访时，他们两眼闪亮、语调动听，让人们感到他们是卓越的小大人儿。其后当他们显现出自己的能力时，用亲切、简单的举止，仿佛要从参观者那里得到母亲般的赞许。他们蹲在地上，在相互交谈的参观者脚下，静静地写着自己的名字和一句感谢的话语，似乎想要向参观者表达他们深切的感激之情。当他们保持肃静以表示敬意时，确实震撼人心。

"儿童之家"似乎对所有人都产生精神影响。在这里，我看到，为艰难工作殚精竭虑（正如意识到自己的社会地位）的活动家和企业家，变得平静、温情、从容，几乎去除其权威的严厉、僵硬表情，仿佛忘却自己肩负的重大责任。这一人类心灵按其真正本性转向的场景启示我们称呼我们的学童：神奇的孩子，幸福的孩子，他们的童年比我们的要进步。

应深刻理解英国伟大诗人华兹华斯，他热爱大自然，开始倾听绚丽多彩、寂静的大自然的神秘之音，他向大自然追问全部生命的奥秘。最终，他像一位先知，揭示出答案：整个自然的奥秘就在幼儿的心灵中。

他对我们揭示生命的真谛存在于人类的精神中。然而，那个被"我们童年笼罩"的精神，其后被"开始逼进正在成长的儿童的牢房的阴影"所遮蔽：成人"看到它在远处死亡，在光天化日之下消逝"。确实，我们的社会生活往往日益黑暗，在我们身上存在的自然生命正在死亡。

# 二十四 凯旋的驷马战车

　　在儿童之家取得的教育成果代表文化的局限，这种文化把儿童之家和小学各个年级分隔开。最好确定这一界限，虽然有一部分是不真实的。儿童之家不是小学的"预备部"，而是不中断的持续教育的开端。应用我们的教学法，就不再有"学前"期和"学校"期的区分。事实上，在我们这里，不是教学大纲指导儿童教育；而是儿童本身（靠身体和智力的练习帮助成长和发展）来确定某些文化水平，这些平均水平和随后年龄一致。

　　在学童中明显地证明，他们要观察、思考和学习，他们还要集中精力、独自完成练习，有时在肃静中中止练习，这一切使我们有充分把握断言，如下观念是错误的：幼儿离开适合教育他们的地方就会休息。相反，指导幼儿活动是一种责任，要让他们避免做无益努力，那样做会消耗精力，会使本能认识探索偏离正轨，那些无益努力往往成为神经紊乱和发展滞后的原因。因此，从事幼儿教育责任并不在利于进入义务教育期这一实际目的；而是一种对幼儿健康和生命负责的责任。

　　现在，这里，我们关注的是确定文化水平，它可以成为两种学校——儿童之家和小学的界限。

　　幼儿在儿童之家业已开始学习文化的四个分支——绘画、书写、阅读和算术——，在小学将毫无差别地继续学习。

　　这些分支源于感觉教育，四个分支训练和开始刺激都在感觉教育中，它们以猛烈的形式从感觉教育中产生。事实上，算术源于估计维度、即估计事物间数量关系的感觉练习。绘画源于教育眼睛辨识形状和区分色彩，同时源于训练手触摸确定教具轮廓线。书写源于一系列复杂触摸练习，要求轻手按确定方向运动，眼睛分析轮廓和抽象图形，听觉感受从书写中产生的阅读的声音，把词语分解成构成的音素，把个人成果扩展到对他人书写中显现语言的把握。这样的成果是内在力量的强势表现，并以突发特性显现出：儿童的热情和欢乐推动高级活动发展。由此可见，这不是枯燥的学习结果，而是个性的胜利表现，个性找到符合生命深层需要的手段。正如一位凯旋的古罗马武士，高傲地站在驷马战车上奋勇前行，站得笔直并保持平衡的儿童，自己驾驭着其四种智力成果"战车"勇往直前：四匹战马拉着凯旋的战车，全力以赴奔向文化的更高殿堂。

无论如何，这种经验的真正关键是儿童心理学领域的发现。以后所有成果都是在圣洛伦佐儿童之家学童取得最初成果基础上发展的：使用活动字母再造长词的难以理解的神奇能力，当时我们甚至没有认识到其意义；突然爆发书写的奇异现象；还有幼儿自发地遵守纪律的奇迹般的事实。所有这一切以最难以理解的方式发生，他们并没有为实现这一目标而直接地训练，也没有把任何命令强加给他们。但是，这些现象不仅仅在一个特殊环境中出现一次；而是在世界各个角落重复出现，只要那里忠实地采用我们的教学法。

这些神奇现象揭示出儿童心灵中不为人知的部分。这是我们全部工作的真正中枢，因为它围绕这些现象发展，并受到这些现象的启示。这些经验和基于这些经验的教学法未被理解的原因就在这里，由于人们不承认这些现象和心智特殊形式，即与幼年创造期特有的形式有关。

这一伟大试验突出证明：6岁以下儿童和六七岁儿童具有截然不同的"心智形式"，从而和成人的心智形式也截然不同。这种差异年龄越小越明显，新生儿最大。我们把这种形式称做"吸收性"心智，在著作《为新世界的新教育》中，我们首次提及这一概念；现在我们正在准备出版另一著作，不久将会面世的《吸收性心智》致力于儿童心理学。

确实如此：这些神奇事实首先涉及无意识心智，其后涉及潜意识心智，同时有意识观念不断显现，表明儿童具有从环境中吸收形象的能力。还有当心智迷宫收集这些形象时，正如真正神奇事实所揭示那样，儿童可以吸收被错误称做"母语"的一切，包括所有语音和语法的特征，虽然他们尚不具有我们为学习所必需的心智能力：自觉注意力，记忆，推理能力。同样千真万确：在无意识年龄段被吸收的东西，由于自然的力量，将会持续存在并和个性同一，以至母语成为种族的真正特征，人类个体的独特属性。

从另一方面看，成人学习一门外国语，由于心智已经定型，学习将十分困难，模仿发音不可能完美，总带有当地口音，并且常犯语法错误。

幼童在人生的头两年，用其吸收性心智为个体的所有特性奠定基础，虽然他们自己对此毫无觉察。3 岁幼童的运动性活动突显，通过这些活动形成经验，从而确定最终"意识心智"。手是促成变化的最本质的运动器官，双手应当使用工具。众所周知，儿童想要触摸一切，并全神贯注地投入智力推动并有手参与的游戏。

在童年，双手作为合作性器官，对意识心智形成的重要性，在教育中并未得以体现。

吸收性心智能力逐渐减弱，意识心智组织逐渐发展。无论如何，在整个童年那些能力仍然存在，正像如我们的普遍经验（几乎所有种族都适用）所表明，并促使在广泛领域"吸收"文化。

而年幼的儿童（2 岁和 2 岁多一点儿）即使不活动，单纯用其无意识吸收能力，就能获得惊人成绩。3 岁后在探索环境时，他们通过自己的努力能够获得一定数量的概念。在这一时期，他们通过自己的活动把握事物，并把它们聚集在心智世界，仿佛用自己的双手逐渐收集。

无论如何，他们尚未发育成熟，晚些时候他们发育成熟后才能通过成人的话语进行学习。这就是认为幼儿不能从普通学校教学中受益的原因所在。

然而，确定无疑的是，在吸收期获取的东西，不是铭记在心的东西，而是在活机体中扎根的东西，由于它们成为形成智力、个体特性的向导。从而，若依靠教育能给幼童以帮助的话，那么只能通过环境，而不能通过讲课实现。以文化形式被儿童吸收的东西，如同永久胜利让热情火焰越烧越旺，他们仿佛投入熊熊烈火之中。从这种儿童文化烈焰中爆出的火星，将会在未来燃起燎原大火（导致更有利发展，获取更大胜利）。

人们在幼年不知疲倦地工作，并从认识中吸取生命营养。若没有和心智特征（这是大自然给予的揭示人类智慧创造力秘密的钥匙）一致的可能发展，儿童会感到痛苦并会偏离正常状态。

今天的心理学家开始承认困难儿童存在一种"心智禁食"形式，他们显得发展滞后，并且偏离人类发展应当遵循的正路。

由此可见，本书描述的、我们学校取得的惊人成果，不是最佳教育方法的产物，而是一种特殊心智形式、成长创造期特有的心理感觉的表现。

因此，不应当迷信我们的科学工作，至少不应当迷信我们先为智障儿童、后为正常儿童的教育所采用的方法。为了真正理解我们方法，出发点不是把它视为一种"教育方法"，而是相反，方法是参与心理现象发展的结果，这些心理现象几千年来没有被观察，从而也没有被认识。

由此可见，问题不是教育学的，而是心理学的；帮助生命的教育是关乎人类的问题。

# 二十五 展示教具的次序和等级

在实际实施这一方法时，必须认识应当相继介绍给学童的练习的种类。

在本书阐述中，指出每种练习的进展；但在儿童之家多种不同练习同时开始；在整体上介绍教具时存在不同等级；等级如下：

### 第一等

在肃静中移动座椅，搬运物品，踮着脚尖走路（实际生活）。

扣件框。

立体插件（感觉教育）。

立体插件从易到难的进展如下：

a) 等高但截面不同的插件；

b) 三个维度都不同的插件；

c) 只有高度不同的插件。

### 第二等

实际生活：在肃静中起立和坐下，打扫灰尘，将水从一个容器倒入另一个容器。

沿线行走。

感觉练习。

三维教具，长杆，棱柱体，立方体。

在成双配对和对比强烈时的不同感觉练习。

### 第三等

实际生活：穿衣，脱衣，洗脸洗澡，等等。

打扫环境卫生。

正确使用餐具进食。

运动练习。

所有循序渐进的练习。

绘画。

各种肃静练习。

### 第四等

实际生活练习。

布置餐桌，清洗餐具，整理房间，等等。

运动练习：按节奏行进。

分析运动。

字母表。

绘画。

算术：使用教具的不同练习。

### 第五等

实际生活：上述所有实际生活练习，还应补充：

注意个人卫生，比如刷牙和剪指甲。

学习社会礼仪，比如问候、致敬等。

水彩和画图。

书写和阅读词语：命令。

算术笔算入门。

阅读科学、地理、历史、生物、几何等词汇。

伴随游戏、通过语法特征发展阅读。

应让三种年龄的学童在同一班级学习：这样，年龄小的孩子自发地对年龄大的孩子的工作感兴趣，并且向后者学习，还会得到后者的帮助。当一个孩子表现出学习和工作的意愿时，我们应当让他自由活动，即使活动不在教学大纲范围之内，教学大纲只供教师为一个班级开始授课使用。

# 附　录

## 1907 年"儿童之家"开学典礼上的讲话

今天在座的某些人可能从未认识到穷人生活如此悲惨。你们可能通过伟大著作的描述或伟大演员的响亮声音感受到赤贫的苦难。

我们假设此时有人向你们喊道：走！看看那些穷困潦倒的人家。由于在恐怖和痛苦的氛围中出现幸福、整洁、和平的绿洲。穷人有了自己的住房。在被贫困和恶习所笼罩的居民区内，正在开展道德救赎工作；居民意识正在摆脱恶习、麻木和愚昧的阴影。幼童也有了自己的"家"。新一代正昂首阔步迎接新时代，在这一时代贫困不再肆虐而将被消灭，恶习和罪恶的黑暗巢穴将消逝得无影无踪。我们怀着焕然一新的激动心情急匆匆来到这里，正如几位博士受到梦和星的指引，急匆匆地来到伯利恒。①

我这样说，是想让你们能理解这个简陋房间的重大意义和真正的美，它正如母亲亲手划出房子一部分供儿童玩乐。这是在声名狼藉的圣洛伦佐居民区开办的第二所"儿童之家"。

---

① 参阅《新约圣经》"马太福音"第 2 节博士朝拜。

## 发现儿童

这个居民区很有名：罗马各报几乎每天报道这里发生的坏事和罪行。然而，许多人仍不了解城市这部分的由来。

人们从未想过在这里建设平民居住区。事实上，圣洛伦佐不是平民居住区，而是贫民居住区。在这里生活着低收入工人和失业者，在罗马这样一座非工业城市里，游手好闲的懒汉和接受管制的刑满释放者也杂乱地混居这里。

圣洛伦佐区是在1884年至1888年间房地产热时形成的；新建住房不符合任何社会标准和卫生标准；建房只是为了让墙体圈起地盘；因为抢占地盘越大，银行和公司获得补助越多，它们根本不考虑未来造成的灾难性后果。由于，无论如何住房建设者不会成为住房所有者，自然他们就不关注建筑的坚固性了。

1888年至1890年间不可避免地爆发了房地产危机，那些最后建成的糟糕住房长时间无人居住；其后，由于住房紧张，才逐渐地住满房客。那些经济公寓的所有者不愿也不能投入新资本（业已损失投入资本），不符合卫生条件的房子雪上加霜，沦为临时性住房，最终成为首都最贫困阶层的栖身处。一套住房包括5至7间房间，房租和空间相比不算高，但对每个家庭来说则很高。于是，这里又产生转租和投机现象："蚁穴"群居、男女混居、伤风败俗。

当人们进入一套住房时，给人印象最深的是黑暗，中午时节两眼竟然看不清房间内的家具。当我们讨论社会问题时，我们是在想象的云雾中漫步，根本不打算实际观察现实状况，我们讨论小学生是否应当在家里学习和做作业，我们就想象穷人孩子趴在草垫上写字。我们想要成立流动图书馆，旨在让穷人在家阅读。我们想要印刷卫生常识小册子，以便作为家庭读物在穷人中间散发。我们显然对他们的需要不甚了了。他们连阅读所需的光线都没有。对这类无产者来说，和提高智力问题相比，另一深刻问题——生存问题是首要的。

当谈及这里出生的儿童，习惯说法应当改变。他们不是在光明中、而是在黑暗中来到人间，他们在黑暗和群居围帐中生长。他们必然浑身不洁，因为分配给一个可怜套房的水只够三四人使用，但这套房的各个房间却住满三四十人，刚够饮用，没有水供沐浴。

我们若思考教条式的、诗意的家的观念，往往要提升到英语"home"①具有的神圣含义，它是外人免进、亲人进入的圣殿，是氛围温馨、心灵平和的世外桃源。我们若考虑到巨大反差，想到将这种家庭感情作为教育情感灌输的残酷性，许多人根本没有家，只有肮脏不堪的四壁；这里生理活动和猥亵行为都暴露无遗，让众人耻笑；这里，没有个人隐私，没有以礼相待，没有光，没有气，没有水。从而，我们应当得出结论：我们不能抽象地说到家，不能把家变成群众教育的一般动机，不能说家是社会组合的坚实基础。

这样，比这些人更体面、更卫生的人们逃到马路上"避难"，他们的孩子通常住在街上。然而，街头往往成为流血冲突、污秽行为的表演舞台，简直令我们难以想象。

比野蛮还要可怕的极端残酷的场面，就发生在世界大都市（文明之母、艺术王后）的门前，这是由于过去数世纪所没有的新事实——贫困群众的隔离——所造成的。

在中世纪，麻风病人被隔离；天主教徒把希伯来人隔离在犹太人居住区；但从未把贫穷视为危险和可耻从而必须隔离。甚至穷人和富人混居，这成为直至维克多·雨果②、我童年时代文学的题材。在学校里听到的是穷人和富人的对立：宫殿挡住毗邻陋屋的光线，顶楼的悲剧和二楼的盛大舞会。通常进行道德教育的故事讲述：一位公主派人救助邻近小屋的穷人；或心地善良的富家小姑娘去帮助住在顶楼的女病人。所有这一切在今天都失去现实意义。穷人再不会从幸运邻居那里学习彬彬有礼，在紧要关头他们对富人邻居不抱前来救助的希望。过去给予穷人的就是这些小恩小惠，现在连这些也不给了。让他们远远地住在城外，并被隔离起来；让他们在绝望中、在恶习和暴行的相互感染中自暴自弃。

---

① 英文，含义是"家、家庭"。

② 维克多·雨果（Victor Hugo.1802—1885），法国著名作家，代表作有《悲惨世界》、《巴黎圣母院》。

我们就这样创造传染的病灶，对于有社会良心的人来说，这些病灶意味着城市的危险和威胁，而这座城市已经从内部清除一切丑陋，想要变得美丽整洁，力求成为具有审美趣味的理想贵族，但实际上已身患毒疽。

当我第一次走进这个居民区的街道时，街上连个人影都没有，我的印象是置身于一座发生过大灾难的城市。事实上，这座城市边缘的面貌就是如此，这座城市就建筑在与贫民窟为邻的土地上。

我觉得最近的哀伤仍沉重地压迫着居民心灵，他们在街头沉默不语地游荡，表情呆滞、几乎惊惶失措。死一般的寂静仿佛意味着集体生活被中断、被摧毁：没有一辆马车，甚至没有流动商贩欢快的叫卖声，没有卖艺的流浪艺人的手风琴声。在这里甚至没有罗马城内被禁止的穷人的不文明粗话，以打破这种沉闷的、忧伤的死寂。

看着下陷的路面和从下层冒出的石子，人们可以设想那灾难是一次大洪灾，它洗劫了整个大地。当看到房屋被拆毁门庭，没有屋顶或墙体残破，会让人想到发生过破坏整个居民区的地震灾害。

当看到居民众多却没有一个商店，甚至连出售廉价（低得人人可接受）生活必需品小卖部都没有。这里没有商店，没有消费，只有肮脏的小酒馆，向过往行人张开嘴发散着臭气。这一切使我们的心灵感到，让这些居民备受折磨的灾难是贫困和恶习。

这样痛苦和危险的状况触动许多人的心灵，唤起许多人的良知，有人在这里开始从事慈善事业。可以说每种贫困启示一种补救方式，一切都尝试过，从房间卫生到托儿所、幼儿园、诊疗所。然而，成效呢？慈善仿佛只表达哀悼；是转化为行动的怜悯。由于手段和方针缺乏连续性，慈善事业的成效甚微，不得不保留并压缩救助的有限人数。相反，这种不幸的严重性和危险性要求解救集体的事业，其活动方向及其手段丰富多样，并且能够让自己创造的繁荣昌盛局面永远延续。

罗马不动产协会提出规划，购买城市不动产，以便使它们具有价值并按特殊标准管理。该协会购入第一批房产包括圣洛伦佐区大部分建筑。该协会决定按现代标准——无论从建筑角度，还是从卫生和道德角度——改造这些住房。

住房的改造，尤其是将大单元房改为小单元房，从而将各个家庭分开居住，完成了一项社会事业。

然而，协会规划不断改进，它懂得不仅要提供通风透光的自由住房，而且还要整洁、舒适，几乎一尘不染。但享受舒适住房和整洁环境，住户不是没有负担，他们必须为关怀和善意支付物业费。很好维护住房的住户可以获得年度奖；从而所有住户都参与健康并高尚的比赛，结果保护住房和环境的任务变得容易和可行。住房得到很好保护，做到完好无损、没有一点儿污秽，就像历史悠久大教堂的大理石地面和墙面完好无损、光洁如初。我们今天置身于并为第二所"儿童之家"揭幕的建筑，两年来得到住户的认真维护和特别保护。在整洁和完好方面，就是中产阶级的住房也很少能和这些穷人住房相比。

可见，试验结果显著，平民不仅有了家庭观念，而且讲究清洁卫生，这属于美感范畴，这种美感通过自然装饰得到培养：协会在庭院里栽种上花花草草，移栽上紫藤和爬山虎，摆放上鲜花盛开的花盆。

于是，住户产生对居民区焕然一新的自豪感：很好维护公寓，这是达到文明更高程度的集体自豪感。他们不仅住在公寓里，而且知道爱护并珍视公寓。

这是第一次推动人们向善；人们从家里走出来。他们不能容忍在整洁房屋内摆放肮脏家具，在整洁的家中人们产生讲究个人卫生的意愿。

协会还为每座公寓提供浴室：专门用以沐浴的场所，配有浴盆和淋浴，供应冷热水。所有房客都可轮流去浴室洗澡，正如轮流去公寓的水池洗衣服。

然而，协会在努力实现半免费维修公寓的目标时，却遇到学龄前儿童的问题，他们在父母上班时往往被留在家里，他们不可能理解竞赛意义和双亲获取奖金的意愿，奖金只是教育其父母爱家的刺激手段，于是他们不知不觉变成建筑物的破坏者。

这样，协会进行另一项改革，间接属于公寓物业费，可以称作公寓物业费的最成功的改革。"儿童之家"的经费来自节约的物业费，由儿童的父母负责公寓的卫生和维修。这是慈善美德的神奇一笔。

# 发现儿童

"儿童之家"只收公寓内的学龄前儿童，母亲把孩子交给"儿童之家"，她们可以安心工作，减轻劳累，享用更多自由，总之受益匪浅。但这一善举也不免除关怀和善意的"费用"：贴在"儿童之家"墙上的规程写道："母亲有义务把孩子干干净净地送到'儿童之家'，并协助教师的教育工作。"

两个义务：母亲对自己的孩子在身体和道德上关怀。若孩子的言行显现出在他家使学校教育成果受到损坏，那么孩子将被断然地交还给他的懒散的、不思进取的父母。也就是让家长懂得自己的言行应当得体，这才配享有孩子在家上学的好处。

只要父母有"善意"足矣，因为这涉及知行关系，规章规定母亲每周至少同女教师交流一次，把孩子在家的表现通报给女教师，女教师给她们提出有益的建议。这些建议涉及学童的身体和教育，既清晰又具体；由于在"儿童之家"有一位主任、一位女教师和一位医生。

女教师总要和学童的母亲们交流。女教师作为有文化的、文明的人，其生活永远是公寓居民的榜样，因为她有"义不容辞的责任"——住在公寓，从而也是所有学童的家庭的邻居。这是意义重大的事情。在穷人中，在夜里无人敢赤手空拳地活动的公寓里，一位彬彬有礼、富有文化修养的妇女过着和他们一样的生活，一位职业教育工作者把她的时间和生命都投入教育工作。她是平民中真正的"传教士"和道德女王。如果她能充分接触群众，如果她拥有充分爱心，她的社会事业一定会结出丰硕果实。

这确实是一种新情况。在此之前志士仁人也曾尝试过，他们曾到穷人中生活以教育他们；但这些工作不切实际，因为穷人住房不卫生，社会阶层更高的人们不可能和他们同居一楼；若没有强制手段以改善生活环境，若没有利用种种益处迫使整个公寓的居民心甘情愿地接受文明的限制，教育他们的目标也不可能实现。

这是一种新情况，还由于"儿童之家"的教育组织。这一组织不是儿童的被动收容所，而是一所真正的教育学校，其方法得到科学教育学合理原则的启示。这里，学童的身体发育受到学校的指导和跟踪，我们从人类学的角度研究每个孩子。语言的、感觉的、实际生活的各种练习构成认识能力的主要基础。教学是直观的，使用丰富的、独特的教具。然而，对此我们不可能详述，只限于提及学校附设一个澡堂，可供孩子们洗冷水浴和温水浴；学校还有一块空地，专供孩子们种实验田。

这里，必须指出至关重要的是，"儿童之家"作为教育机构取得的教育领域的进步。熟悉学校及其主要教育问题的人都知道，一个伟大原则（现实的又是几乎不可实现的）——家庭和学校之间教育目标的和谐一致——如何被关注。然而，家庭总是某种遥远并几乎叛逆的东西，它成了学校不可触及的幽灵。家庭不仅对教育进步是封闭的，而且对社会环境进步也是封闭的。因此，人们首次看到实现著名教育学原则的实际可能性。我们把学校设在住宅里，而住宅作为集体财产；女教师把为履行其崇高使命的全部生活都展现在学童家长眼前。

学童的父母知道，"儿童之家"是他们的财产，是靠他们支付的部分房租开支的。母亲们每天可随时监督、管理、思考"儿童之家"。无论如何，"儿童之家"不断促使她们反思，她们认识到"儿童之家"是幸福的源泉，是改善自己及其子女境况的福地。事实上，可以说母亲们崇拜"儿童之家"及其女教师。这些乐观的平民母亲们，对其年幼子女的女教师怀有意想不到的温情，她们往往把甜点和鲜花放在学校的窗台上，表达无言的敬意，作为宗教般虔诚的馈赠。在经过三年的"见习期"，母亲们把她们的子女送到小学学习。此时她们已具备协助学校教育的能力，她们还拥有一种崇高情感，就是更高阶层的母亲们也少有的情感：必须以自己的行为和品德无愧于一个受教育孩子母亲的称号。

"儿童之家"取得的进步还涉及科学教育学。迄今，科学教育学基于对学生的人类学研究，但这仅仅触及教育改革实际问题的一部分。由于人不仅仅是生物产物，而且是社会产物，个体在教育过程中的社会环境是家庭。现在，若没有实现对新一代出生和成长的环境的影响，探索提高新一代素质的科学教育学将一无所获。如果家庭被迫与任何进步隔绝，那么实施所有卫生教育都会成为毫无结果的试验。因此，我认为理解家庭是文明进步的主要工具，也就解决能直接改变新一代环境的问题，从而可能实施科学教育学的基本原则。

"儿童之家"取得的另一个进步：它是迈向家庭社会化的第一步。居民在自己的住所享有把幼儿寄托在安全地方的好处，不仅如此，还使学童素质提高，所有母亲都能放心离家去上班，从而受益匪浅。

迄今只有一个社会阶层享有这种特权，只有富家妇女才能把孩子交给家庭教师或保姆，自己去参加社交活动。今天，居住在改良公寓中的平民妇女可以自豪地说，享有富家妇女的那种特权。不仅如此，她们还可补充说，"儿童之家"的医生每天看护她们的孩子，并指导他们健康成长。只有英国贵妇人才有"子女成长记录卡"，医生把其子女发育的主要日期和主要数据记录在卡。现在，平民妇女也拥有其子女的"成长大事记"，由教师和医生根据科学标准填写，这种卡片比"子女成长记录卡"更完备。

我们清楚地知道环境社会化有哪些优越性。例如，公共电车、公共路灯，这些社会事业使交通更加便利，从而延长白天生活的时间，成为巨大财富的源泉。此外，随着工业的进步，产品的极大丰富有利于实现：人人拥有新衣、地毯、窗帘、甜点、马约利卡彩陶盘[①]、金属餐勺，诸如此类，不一而足。伴随福利事业的发展，产生一种表面上消除不同社会阶层差异的倾向。在现实中，在集体福利中，在生产的巨大财富中，人们可以发现这一切。然而，"人员"尚未实现社会化，比如服务人员和职员，正像保姆和家庭教师——所谓"家人"一样没有实现社会化。

现在，无论在意大利还是国外，"儿童之家"首次提供这一新事物的唯一范例。由于它符合时代的需要，其意义重大、深远。事实上，人们不能说，"儿童之家"提供的方便剥夺母亲首要的天然社会职责——照看和教育年幼子女。完全不是这样，因为在今天社会和经济的发展召

---

① 意大利文艺复兴时期开始生产的彩色花饰陶器。

唤劳动妇女走进社会环境，强迫她们放弃那些无比珍视的职责。母亲同样应当离开自己的子女，虽然她们由于远离子女感到痛苦。我们这种学校的优越性，不仅局限于从事体力劳动的妇女，而且扩展到中产阶级中从事脑力劳动的妇女。所有女教师和女教授往往课余还要给私人授课，这样只能把孩子托给一个粗俗无知的女佣（有的就是女仆兼厨娘）照看。事实上，一听到"儿童之家"开办的消息，许多中产阶级人士强烈要求，把这种远见卓识的改革扩展到他们的居住区。

由此可见，我们正把"母亲职责"、妇女的一种家庭职责社会化。这样，我们就以实际行动解决了女权运动的某些问题，那些问题多数似乎没有解决。于是，有人发问 如果妇女远离了家，那么家成为什么呢？我们回答：家被改造，并且履行妇女的传统职责。

我认为，在未来社会还会实现其他形式的社会化，比如医务室。妇女是自己家人的天然护士。然而，谁不知道，今天的妇女为了跑去上班而被迫忍痛离开卧病在床的亲人？竞争是如此激烈，脱离工作岗位会严重威胁赖以生存的社会地位的稳定。如果把患病的亲人留在"社区医务室"，她就可以短时间脱离工作岗位去探望亲人，下班后晚上还可守护病人，从而使她受益匪浅。"社区医务室"可以进行隔离和消毒，这对家庭卫生来说是巨大进步。谁不知道，穷人家一个孩子患上传染病，家长因无法隔离其他孩子而焦虑万分？因为，这样的家庭在城里没有亲戚朋友，从而不可能立即转移健康的孩子。

同样，人们提及"社会化厨房"（此事在未来我们这里似乎可以实现，但现在不是不可能，因为在美国试验业已成功），把客户早晨预订的饭菜通过电梯送到各家各户温馨、安静的餐厅。中产阶级人士肯定比其他人更能感受到此种社会化的优惠性（人人面带微笑），以往他们把用餐的快乐和身体的健康交给一个无知的厨娘负责，而她往往令人失望，或者不得不让远方的餐馆送来"当天菜肴"。

最终，由于妇女成为社会劳动者，致使家庭缺少主妇，可见住房改革也应采取补救措施。

住房还可履行数不胜数的社会功能。

# 发现儿童

　　因此，我们不要因为家庭需要主妇，就惧怕家庭解体。伴随环境的社会、经济的发展，妇女要从事有报偿的工作。住房本身具有履行家务使命所需的温柔女性特征；将来有一天，当房客付给房东一笔钱，就能享用舒适生活所需的一切服务，就像现在交给家庭主妇一笔钱就能得到家庭生活的幸福和舒适。

　　由此可见，住房在进化过程中，倾向于具有比现代英文中的"home"更崇高的意义。它不仅仅由四壁构成，即使很整洁，还应是隐私的可爱卫士、家庭的神圣象征。

　　它活着，有灵魂，长着女性的、柔软的、给人温馨和安慰的双臂。它给人以道德力量和幸福，它关怀、教育年幼子女，若为学童提供免费午餐，还给予成长所需营养：让儿童心旷神怡、欢欣鼓舞。

　　新型的妇女，如同脱蛹而出的蝴蝶，摆脱以往男人所设的全部羁绊，男人只把她们视为生命的幸福源泉。妇女将和男人一样，是自由的人类个体、社会劳动者，她们像男人一样，在更新和改革的住房内探寻幸福和恬适。妇女本身希望被爱，不愿做幸福和恬适的工具；她们渴望爱情，摆脱任何形式的奴役性劳动。人类爱情的目的不是保证个人安逸的私欲。爱情的目的是让自由精神力量倍增，从而爱情变得神圣，在光辉灿烂中让子孙后代永恒延续。

　　这种理想爱情在尼采①笔下的查拉斯图拉②的女人身上体现出来。她自觉地希望自己的儿女比自己优秀。她问那个男人："你为什么需要我？你或许惧怕孤独？……也就是为了避免生活的不适？如果是这样，请远离我。我想要的是一位战胜自我并具有崇高精神的男人。我想要的男人体格健壮、魁梧。我想要的男人希望在灵魂和肉体上和我结合以生儿育女！他们要比现有的所有儿女更优秀、更完美、更强壮！"

　　自觉地提高自身素质，锻炼自己健康体魄和修炼自己美德；这就是

---

① 尼采（F.W.Nietzshe,1844—1900），德国哲学家，《查拉斯图拉如是说》是其代表作。

② 查拉斯图拉（Zaratustra），伊朗先知，琐罗亚斯德教创始人。大约生活在公元前1000 年至前 600 年。

人类婚姻的目标，迄今我们尚未深思过的崇高思想。

　　未来的住房将会生机勃勃、远见卓识、温馨祥和，它是教育的学校、安慰的港湾，是人类夫妻真正的、名副其实的安乐窝，他们希望在这里子孙后代永远优秀，从而让整个人类永远繁荣昌盛。

责任编辑：张伟珍
封面设计：王春峥
责任校对：张　彦

**图书在版编目（CIP）数据**

发现儿童 / ［意］蒙台梭利（Montessori, M.）著；
　田时纲　译 . – 北京：人民出版社，2014.2（2022.8 重印）
（蒙台梭利文集；1）
ISBN 978 – 7 – 01 – 010848 – 3

I. ①发… II. ①蒙… ②田… III. ①儿童教育 – 教学法　 IV. ① G612

中国版本图书馆 CIP 数据核字（2012）第 079635 号

**蒙台梭利文集**

MENGTAISUOLI WENJI

第一卷

发现儿童

［意］蒙台梭利　著　田时纲　译

人民大版社 出版发行

（100706　北京市东城区隆福寺街 99 号）

北京汇林印务有限公司印刷　新华书店经销

2014 年 2 月第 1 版　2022 年 8 月北京第 4 次印刷
开本：710 毫米 × 1000 毫米 1/16　印张：20.5
字数：290 千字　印数：8,001 – 9,000 册

ISBN 978 – 7 – 01 – 010848 – 3　定价：50.00 元

邮购地址 100706　北京市东城区隆福寺街 99 号
人民东方图书销售中心　电话（010）65250042　65289539